东北师范大学文库

日本的"万国公法"
受容与"霸权体系"构想

陈秀武　著

东北师范大学出版社

长　春

图书在版编目（CIP）数据

日本的"万国公法"受容与"霸权体系"构想/
陈秀武著. —长春：东北师范大学出版社，2014.12
（2024.1重印）
ISBN 978 - 7 - 5681 - 0615 - 3

Ⅰ.①日… Ⅱ.①陈… Ⅲ.①国际法—法制史
—研究 Ⅳ.①D99-09

中国版本图书馆 CIP 数据核字(2015)第 002777 号

□责任编辑：吴应明 □封面设计：李冰彬
□责任校对：齐 磊 □责任印制：刘兆辉

东北师范大学出版社出版发行
长春净月经济开发区金宝街 118 号 （邮政编码：130117）
网址：http://www.nenup.com
东北师范大学出版社激光照排中心制版
河北省廊坊市永清县晔盛亚胶印有限公司
河北省廊坊市永清县燃气工业园榕花路 3 号 （065600）
2015 年 4 月第 1 版 2024 年 1 月第 2 次印刷
幅面尺寸：155mm×230mm 印张：16.25 字数：331 千

定价：50.00 元

本书系教育部人文社会科学青年基金项目

本书系东北师范大学
图书出版基金项目

目　录

前　言

不断追问如何确保东亚地域的安全、稳定与和谐发展，已成为当下的热门话题。虽说解决对策见仁见智，但也许求助于国际法是不可或缺的方策之一。然而一提起国际法，让人产生的连带思考如下所示：哪些国家参与制定国际法才有可能赋予其正义本性？在行使国际法以解决国际争端之际，哪些国家扮演着主要角色？在众多国际关系理论的支撑下，列强达成的共识与原生态的国际法之间有重合还是有冲撞？以"欧洲中心论"为指导思想而诞生的国际法，在东亚流播之际，与各国现实社会的脱节程度如何？一旦流入东亚，各国被迫纳入万国公法体系的实际状况如何？换言之，东亚各国与"万国公法"① 接触之际，"万国公法"是思想资源还是概念工具等诸多问题，都亟待厘清。

带着这样的问题，在教育部人文社会科学基金会的鼓励下，《日本的"万国公法"受容与"霸权体系"构想》的选题成立了。

很显然，结合目前东亚国际关系的现实，本选题具有以下意义：

第一，"万国公法"在近代被传入东亚社会后，中日朝三国都表现出接受"万国公法"的后进性。起初，中朝对"万国公法"的认识相对肤浅，待加深认识后转而对其"愚忠愚信"。与之相反，在认清"万国公法"的本质后，日本却在反向利用"万国公法"上获得了成功。这种将"万国公法"作为工具加以恶用的历史，不时地警告世人："万国公法"充当侵略工具的实际行为背离了合理解决国际争端的初衷。因而，造成国际法律与解决现实问题没能发生很好的对接，由此便产生了国际偏袒行为。而国际偏袒行为往往又是造成地域范围内不和谐现象产生的原因之一。

第二，在理论上，当国际偏袒与国家利益发生连接时，一切都成为达成目的的工具。此时的"万国公法"成为徘徊在国家利益之

---

① 在"万国公法"概念的使用上，行文中涉及的具体书名以带有书名号的《万国公法》来体现。而当这一概念特指一类法律著述时，则以带引号的"万国公法"来体现。

间的一种存在。几个国家集团在利益驱动下不断争夺地域霸权的过程中，"霸权体系"便产生了。因此，每个国家都在思忖着自我与"霸权体系"的远近亲疏，从而作出取舍。有的国家吸吮着"霸权体系"带来的雨露甘霖，而有的国家则惨遭"霸权体系"的蹂躏。因此，本课题的研究将有助于加深对"万国公法"与"霸权体系"关系的认识。

第三，《万国公法》被传入东亚后，无论是从催生各国译著的诞生，还是敦促东亚各国"万国公法"著述的生产等方面看，都发挥了作用。这些译著、著述等，体现了东亚国际法的特点，是国际法发展史的有机构成。近年来，在研究领域中围绕"万国公法"在东亚的流播及其后果而展开研究的著述逐渐增多，而且其成果多集中在日本。相反，中朝两国的相关研究尚处于起步阶段。因此，本课题具有一定的研究价值。

尽管如此，我们在对与本课题相关的研究史进行回顾时发现，中日朝三国学界的研究大体集中在以下两个方面：

其一，"万国公法"在东亚的受容与适用。

在中国，蒋廷黻的《国际公法输入中国之起始》，可谓是探讨国际公法输入中国的最早研究。文章关注的焦点在国际公法传入中国的时间以及在运用解决问题的具体时日上。该文认为，在古代中国的战国时代，战争、联盟、遣使、馈赠等与近代国际公法的诸多规定相类似，但由于闭关自守，鸦片战争后中国人才有机会接触西洋的国际公法。亦即美国传教士丁韪良与美国驻华公使蒲安臣以及恭亲王奕䜣、总理各国事务衙门文祥等在 1864 年译介与出版惠顿著的《国际法原理》等事业上作出了贡献。而清政府在处理普鲁士掳掠丹麦商船事件时对国际公法的运用，则是近代国人最初运用国际公法解决问题的实例。此外，文章中有两处提及了丁译本《万国公法》的影响：其一"此书出版即为日人所得，在其国内翻印，影响其维新事业巨甚"；其二"丁氏的译稿不但裨益了中国的'洋务'，而且影响了日本的维新。俾斯麦一手经营的普丹战争不但建立了德意志帝国的基础，而且帮助了国际公法之应用于中国"。① 这种说法直接影响了后世学者的观点。

---

① 蒋廷黻．国际公法输入中国之起始．政治学报，1932（2）：63-64．

与之相对，李抱宏的《国际公法之初次输入中国问题》一文则认为，早在鸦片战争前，钦差大臣林则徐查办英商鸦片以及处理林维喜案件之际，便援引国际公法据理力争并获得成功。因此，林则徐成为近代中国引进西方国际法的第一人。① 这将中国输入万国公法时间又向前推进了 20 余年。二人的学术观点为张劲草和王维俭等人在 20 世纪 80 年代撰写的学术论文所继承。② 由此可见，在 20 世纪 80 年代中国学者关注西方国际法之际，国际法输入的时间、传播者等仍是学者们关注的主要话题。

然而，自 20 世纪 30 年代来，还有一批学者为构筑中国的国际法体系贡献着自己的力量，以周鲠生、刘达人、袁国钦及王铁崖等为代表。周鲠生的主要著作有《国际公法大纲》与《国际公法之新发展》等。刘达人、袁国钦合作撰写的《国际法发达史》由商务印书馆于 1937 年出版，是一部国际法的发展史著作。王铁崖自 1933 年师从周鲠生以来，发表了诸多与国际法相关的学术论文，后来收录编辑为《王铁崖文选》，由中国政法大学出版社于 1993 年出版。此外，王铁崖撰写的《国际法引论》，于 1998 年由北京大学出版社刊出发行，为编撰中国人自己的现代国际法著作作出了突出的贡献。

20 世纪 90 年代以来，学者们各有侧重地探讨了国际法在中国的发展历程。田涛的《国际法输入与晚清中国》和《丁韪良与"万国公法"》，勾勒出晚清国际法输入中国后知识界对国际法的认识历程，并分析了国际法对晚清外交的影响。何勤华则在法的移植和法的本土化研究上著述丰厚，他的《〈万国公法〉与清末国际法》和《法律翻译在中国近代的第一次完整实践——以 1864 年〈万国公法〉的翻译为中心》为主要代表。2009 年由上海古籍出版社出版的林学忠的《从万国公法到公法外交——晚清国际法的传入、诠释与应用》一书，从清政府引进《万国公法》到利用公法展开外交，再现了晚清中国与国际公法的纠葛，反映了晚清政府国际思维转换的艰难历程，是从文明转换的角度探讨万国公法的一部力作。

---

① 李抱宏. 国际公法之初次输入中国问题. 外交问题研究会编辑出版：外交研究 1939（6）：54.

② 张劲草观点参见：张劲草. 国际法最早的汉文译著者是林则徐. 法学，1982（5）. 王维俭观点参见：王维俭. 林则徐翻译西方国际法著作考略. 中山大学学报，1985（1）.

在日本，佐藤慎一的《近代中国的知识分子与文明》一书，专设"文明与万国公法"与"近代中国的体制构想"等章节，从晚清帝国的诸多层面与万国公法的连接的视角，集中探讨了知识分子的国际公法观念以及"万国公法"所发挥的工具作用等。而"万国公法"所体现出的"文明意识"自然而然地为自由民主观念的引入奠定了基础。这体现了20世纪八九十年代日本的中国思想史学界的研究走势，即从文明史角度考究晚清帝国的文明进程。

20世纪末，日本学界掀起了一股重新探讨万国公法在近代亚洲社会的思想价值的研究热潮。1998年与1999年，学界先后两次召开了"东亚的万国公法受容与适用"与"亚洲近代国际法"等国际学术研讨会。从两次研讨会的名称可以看出研究视角的拓宽与变化。作为研讨会的学术成果，1999年第2号《东亚近代史》刊载了大畑笃四郎的《东亚国际法（万国公法）的受容与适用》、安冈昭男的《日本的万国公法受容与适用》、川岛真的《中国的万国公法受容与适用——"朝贡与条约"的研究动向与问题提起》等专栏文章。2000年第3号《东亚近代史》成为"亚洲近代国际法"特辑，共刊出了10篇文章。① 其中，铃木童的《伊斯兰世界秩序及其变容——世界秩序比较史的一个视点》，探讨了奥斯曼土耳其对近代国际法的认识与吸收，并列为特集首篇刊出。之所以将其列为论文集的第一篇，是由于土耳其自18世纪起就致力于吸收万国公法的缘故。藤田久一的《关于〈东亚近代史的展开〉的诸报告》，是对1999年度国际学术讨论会上各报告的总结，并指出"土耳其、中国以及日本对待近代国际法的态度及其根本差异的成因"将是学界新的研究课题。②

---

① 10篇文章分别是：铃木童的《伊斯兰世界秩序及其变容——世界秩序比较史的一个视点》；茂木敏夫的《中国的近代国际法受容》；川岛真的《中国的万国公法受容与适用·再考》；野泽基恭的《日本的近代国际法的受容与适用——高桥作卫与近代国际法》；伊藤信哉的《19世纪后半期日本的近代国际法的适用事例》；塚本孝的《日本领域确定的近代国际法的适用事例——以先占法理与竹岛领土编入为中心》；广濑和子的《亚洲的国际法受容与适用》；藤田久一的《关于〈东亚近代史的展开〉的诸报告》（该文是对1999年度国际学术讨论会上各报告的总结）；入江昭的《世界史中的国际关系》；原田环的《亚洲的近代国际法受容与使用》等。

② 藤田久一. 关于《东亚近代史的展开》的诸报告. 东亚近代史, 2000 (3): 101.

在朝鲜半岛，也有学者在关注近代朝鲜对万国公法的受容情况。金凤珍的《朝鲜的万国公法受容——从开港前夜到甲申政变》和《东亚三国的"开国"与万国公法的受容》，从比较史学的角度探讨了东亚三国吸收万国公法的阶段性及特点。金世民发表的《19世纪末开化派的万国公法认识》以及金容九的《朝鲜的万国公法受容与适用》等专栏文章，都是描述东亚各国吸收"万国公法"实态的著述。徐贤燮的《近代朝鲜的外交与国际法受容》则梳理了万国公法初传朝鲜半岛的时间、朝鲜官方与知识分子的接受态度，以及由此而引发的华夷秩序的空心化等内容。

以上情况说明，"万国公法在东亚"的相关研究已日臻成熟，但都是在文明视角下对万国公法展开的实态考察。因而，存在单项考察有余而横向比较不足的局面，或疏于对地域范围内万国公法交互作用的考察。这为本文探究万国公法输入后的东亚三国关系留下了空间。

其二，"万国公法"与"朝贡体系"。

"万国公法"传入东亚后，不仅刺激了东亚人的国际意识，还对原有的国际秩序，即以"朝贡体系"所维系的"华夷秩序"提出了挑战。对这一话题的关注，学者们多采取了思想史研究视角。

自20世纪90年代起，中国学者们开始探讨"华夷秩序"的特点及得失问题，以何芳川的《"华夷秩序"论》为代表。文章强调"华夷秩序是自汉代直至晚清在古代世界大大小小国际关系格局中发展得最为完整、在古代世界的社会条件下产生的一个有理念、有原则和有着自身一套比较完备体制的国家关系体系。和平、友好、积极，是华夷秩序的主流。"[①] 这一观点不仅对后世研究者产生了深远影响，而且在以"和平"与"发展"为主题的区域稳定上，华夷秩序体现出的正能量也应该被大力提倡。

进入新世纪以来，以韩东育的《关于东亚近世"华夷观"的非对称畸变》、《"华夷秩序"的东亚构架与自解体内情》、《关于东亚研究的新思考》、《对"东亚共同体的"回溯与展望》、《关于前近代东

---

①　何芳川."华夷秩序"论.北京大学学报，1998（6）：30.

亚体系中的伦理问题》以及专著《从"脱儒"到"脱亚"——日本近世以来"去中心化"之思想历程》等为代表，从地域文明史、思想史的角度对东亚国际秩序的变迁展开了深入的研究。其中，《"华夷秩序"的东亚构架与自解体内情》一文告诉读者，"自民族中心主义"和"利益中心主义"是华夷秩序组建与解体的核心内情。而专著《从"脱儒"到"脱亚"——日本近世以来"去中心化"之思想历程》的"'朝贡体系'和'条约体系'的遭遇与变容"的章节则强调，"万国公法"为日本脱中国"华夷秩序"找到了"功效立现的'解药'。"这些著述的确抓住了东亚各国国民性格的特性，同时深化了有关"华夷秩序"与"朝贡体系"的研究。

在日本，20世纪80年代以来，大江志乃夫、丸山真男和山室信一等成为日本学界的代表人物。大江志乃夫在《东亚新旧帝国的交替》一文中，强调"万国公法"发挥的实际效用之一便是促使东亚新旧帝国发生了替换，即由古代中华帝国替换为以"本土为同心圆"的日本帝国。丸山真男的《开国》一文，则阐释了幕末日本人以儒教的"天理天道"观念嫁接"万国公法"的事实，从而指出了日本在超越性的规范意识上承认了西方"国际秩序"。山室信一在《日俄战争的世纪——从连锁视角看日本与世界》一书中则认为，日本对"万国公法的受容"为"日本近代化＝参入国际社会"提供了决定性的"契机"，并提出了"日韩合并"乃是遵守"西欧国际公法"前提下的对"册封、朝贡体制"回归的论点。由此观之，关于这一话题的见解，日本学界有客观的论点，亦有为以公法实施侵略的举动进行诡辩的论说。

上述的先行研究各有侧重，但关乎"万国公法"与"霸权体系"对接的思想过程与实际行动的论著的缺如，为本课题的探究留下了广阔的空间。

2010年10月，本选题的研究工作正式启动。在课题组成员的努力下，笔者对搜集到的资料进行甄别、分类与整理后，用了近两年的时间完成了本课题的写作。概括起来，本课题所用资料如下：

（1）以丁韪良汉译本《万国公法》为中心，中日不同版本的"万国公法"译著以及相关著述的原本，都成为展开本课题研究所仰赖的原始资料。例如，美国法学家吴尔玺的《国际法引论》在中国被翻译为《公法便览》，而在日本则被翻译为《训点公法便览》和五卷本的《国际法·一名万国公法》等。因此，本课题设置专门章节对《万国公法》的版本进行介绍。

（2）外交方面的原始资料。由于本课题涉及了东亚国际秩序的变迁，因此与东亚外交领域相关的原始资料也是本课题所用的基础资料。例如，《清季外交史料》（光绪朝23卷）、郭廷以主编的《清季中日韩关系史料》（卷2、卷3）、《筹办夷务始末》（咸丰朝卷14；同治朝5：卷42、44、45、47；同治朝8：卷77、78）以及《日本外交文书》等原始资料，为了解历史真相提供了可靠的解读文本，并增强了本课题研究的客观性。

（3）相关研究资料。中日韩三国学者的研究著作和论文，同样为本课题的研究奠定了基础。那些资料所反映出的研究视角、研究方法、资料运用等方面的变化，不仅可以了解该国某一阶段的研究走势与核心观点等基本概况，还可以为本研究找到新的可能的探究方向。

本课题的时间断限大致从幕末维新期的1853年到日本退出国际联盟的1933年。根据占有的三类资料，笔者将本课题设计为三编八章。第一编"幕末维新期的'万国公法'认知与布达"，阐释了幕末思想家的国际秩序观，探究了不同版本的《万国公法》在幕末维新期的传播实态。第二编"'万国公法'与日本'霸权体系'构想的细部关联"，解决的主要问题是"万国公法"在哪些方面为日本构筑"霸权体系"提供了思想契机。第三编"'万国公法'与东亚国际秩序"，论述了东亚三国被纳入"万国公法体系"的过程，考究了日本退出国际联盟的"法理依据"等。

其中，再现日本将"万国公法"与"霸权体系"构想对接的思想过程既是本课题研究的重点，也是难点所在。"万国公法"之于东亚而言，具有对古代东亚国际秩序提出挑战的意义，同时还具有将重新规范国际秩序的法理依据引入的思想史意义。然而，中、朝两国没有哪个国家能像日本那样，在充分体得"万国公法"的"本质意义"后，在利用与破坏"万国公法"的二元空间里追求自身利益最大化，将"万国公法"的规范意识与"霸权"构想加以对接。这种对"万国公法"的日本式运用，为日本侵略者发动战争找到了"合理"依据，也为学者们对中日关系的理解带来了持久的困难。解决这种理解难题，是本课题的宗旨。

因此，通过对本课题的综合探究与分析，可以认为在幕末日本思想史上有两个事件值得关注：其一是美国海军上将培理打开日本锁国大门的"黑船事件"；其二是美国驻日总领事哈里斯于 1856 年 8 月在下田开设领事馆后，不断以"万国公法"为后盾，将美国在日的利益最大化事件。这两个事件，掀起了幕府探究"万国公法"的热潮，并通过幕僚们低声下气地向哈里斯请教、派留学生前往欧洲学习等手段，了解与迫近"万国公法"。1864 年清政府的译本《万国公法》一出版，1865 年幕府便迅速将其翻刻至日本。这样，从幕末至明治初期，《万国公法》曾一度成为政府处理外交事务的法律准绳。后来 1871 年出访的欧美使节团聆听了俾斯麦对"万国公法"的认识后，改变了价值取向，转而利用乃至破坏"万国公法"来谋求自身利益。其主要走向便是将"万国公法"与殖民扩张对接起来，在破除古代东亚"朝贡体系"的同时，想要建立以日本为中心的东亚帝国体制。因此，"万国公法"在近代日本人那里已经沦为招之即来、挥之即去的工具。换言之，近代以来的日本人，在将"万国公法"作为法理工具的过程中，体现出了比之西方列强有过之而无不及的狡黠与投机。而且，这种带有强词夺理的刁蛮惯性地延续至今天。

为了得出客观的结论，在研究方法的选择上，本课题以马克思历史唯物主义为理论指南，辅以思想史与国际关系理论；以原始文献、第一手研究资料为依据，实事求是，并通过国际互联网络同日、韩学界的专家学者保持密切联系，多视角、多层次地勾勒出"万国公法"在近代日本殖民扩张过程中所发挥的"作用"。

从同类课题的相关成果看，中、日、韩学者往往只重视"万国公法"的正面效用，而忽视了利用者破坏"万国公法"对其进行恶用的客观事实。此外，"万国公法"在东亚社会营造了一个怎样的"霸权体系"话语，是中、日、韩学者都鲜有问津的思想理论范畴。

因此，出现了实证研究有余而理论建树不足的缺陷。然而，实证考察和理论建树对历史学科中任何一个领域的研究来说都同等重要，理论建树是一个课题的灵魂，而实证考察则是揭示灵魂并支撑起这一课题的另一必要手段，二者应紧密合作，缺一不可。本课题的研究将马克思主义史学理论与生动丰富的第一手资料有机地结合起来，希望在思想史研究领域有所突破，使研究成果更接近于历史的本来面目。

作　者

2014 年 7 月于长春

第一编 幕末维新期的"万国公法" 认知与布达

如果说 1648 年的《威斯特伐利亚和约》是欧洲近代国际体系确立的标志性条约，并且是一次解决国家间关系、约束各国行为的实践活动的话，那么荷兰人格老秀斯（Hugo Grotius，1583～1645 年）在 1625 年写下的《战争与和平法》则是理论上构建近代国际法体系的奠基之作。此后，西方国家的法学家们站在格老秀斯的肩上，适时地提出了各具特色的"国际法"学说。例如，1758 年瑞士法学家滑达尔（Emmerich de Vattel）出版的《国际法，或运用在国家和主权的行为和事务上的自然法原则》① 和 1836 年美国人惠顿（H. Wheaton，1785～1848 年）出版的《国际法原理》等。其中，惠顿的《国际法原理》（丁韪良将其汉译为《万国公法》），距离西方列强入侵东亚的时间最近，因而被作为"最实用"的国际法著作而备受关注。西方列强对它的利用是以寻找海外市场和伺机强占殖民地为目的，从而将"万国公法"工具化。而东亚各国对它的关注，起初是在摆脱殖民地危机和遵守国际规范的欲求下，为谋求国家独立并适应世界形势而为之，因而将"万国公法"作为认知对象。

实际上，无论从"万国公法"提供了可以规范国际秩序的话语语境来看，还是从为解决国际纷争提供了便利工具的实际"作为"来说，它是西方社会累积下来的、曾在入侵东方社会时发挥了巨大"效力"的"思想资源"，也是"概念工具"。尤其在列强活用"万国公法"，为侵略行为寻找法理上的依据时，"万国公法"提供的不仅仅是"概念工具"，也是侵略工具。正因为如此，列强的入侵才激起了东亚国家（尤以中国与日本为迫切）在思想意识上迫近"万国公法"的欲望。然而，在何种意义上解读"万国公法"、在何种方向上发挥"万国公法"的"效用"等，是摆在东亚各国面前的课题。从

---

① 田涛. 国际法输入与晚清中国. 济南：济南出版社，2001：25

1

近代东亚国际关系来看，在应对国际复杂形势方面，中国与日本表现出明显的差异，即在东亚各国参入"万国公法体系"之际，是教条地接受，还是灵活地运用它将本国的利益最大化，成为检验东亚国家近代化道程快慢的又一指标。

东亚三国的近代化，都是在被动局面下开始的。仅就日本来说，它的近代化在时间上始于幕末维新期。即在西方列强刺激下，佐幕派和倒幕派围绕国家主权和外交主导权展开激烈争夺的时期。这种争夺在外来势力的参与下，情况复杂而多变。因而在这一时期，以横井小楠、胜海舟为代表的敏感的思想家们从重新考察东亚原有国际秩序的角度提出了诸多应对外夷的策略。与此同时，各国驻日公使以日本的外事活动不符"公法"等为借口百般刁难，引起了幕僚们对"万国公法"的关注，促使幕府围绕输入"万国公法"作出种种努力。比之幕府更为进步的是，维新政府成立后，近代日本迎来了多版本"万国公法"的译介与编撰活动的繁荣期，并在向广大民众普及"万国公法"知识上做得更为彻底。

第一章　幕末思想家的"外夷"应对策略

以 1853 年的"黑船事件"为发端，日本进入了思想转换的幕末维新期。这一时期的思想界以回应"西力东渐"的挑战为己任，思想家们大都在自己的想象空间中观察并思索现实社会。其中，吉田松阴试图打破藩国意识，以整体性日本国家意识对抗"西洋各国"的侵略，并在重塑"国体"的论述中，探讨日本应有的外交主体。

与此同时，在"锁国攘夷"与"开国攘夷"、"尊王攘夷"与"倒幕攘夷"的思想纠缠中，探索适合日本的发展之路，是幕末维新期日本思想界的主要课题。幕末思想先驱横井小楠的"开国论"与"攘夷论"对后世影响很大，其思想中"代表世界发展方向者等于华"与"落伍者等于夷"的逻辑构图，蕴藏着灵活的外交战术，今天看来仍有一定的启示意义。

然而，当"开国"成为"必须"，而"攘夷"逐渐退位之际，日本思想界却出现了"逆转"。"开国"是为日后彻底"攘夷"的思想产生。其表现形态，追随列强并向"法（万国公法）"与"力（武力）"皈依的主张涌现出来。其带来的结果是对东亚其他国家的蔑视，乃至于对东亚邻国的征讨。这一点，由明治初年的征台、征朝活动及论说所暴露。与之相对，胜海舟所主倡的"三国同盟论"，却带有重新整合东亚国际秩序的意义，在当时具有一定的进步意义。

第一节　横井小楠的"外夷"应对策略

培理来航事件引发了幕末危机并带来了思想界的转换，在以回应"西力东渐"为己任的现实下，"锁国攘夷"与"开国攘夷"、"尊王攘夷"与"倒幕攘夷"的思想纠缠，表现出幕末思想转换的时代特征。在探寻适合日本发展道路的思想历程上，横井小楠的"开国攘夷论"对后世影响很大，其思想变化代表了时代的趋势，符合客观事物发展的规律。

"尊王攘夷"既是一种思想，也是一种运动。在江户时代，"尊王"曾有一段时间被限定在"尊将军"等于"尊王"的逻辑之中；"攘夷"之"夷"则被规定为东亚概念范畴外的一切"外部民族"。然而在"西力东渐"的国际背景下，"外族"凭借真实力不断进犯东亚地区并屡次发挥侵略效用的时候,"尊王攘夷"的内容便发生了实质性的变化。促成这一变化的是当时敏感的、视野宽泛的思想家们,其代表人物有横井小楠与佐久间象山等。本论试图以横井小楠为中心,从"西力东渐"与"东力回应"的角度,探讨在幕末特殊的历史时期,生活在东亚原有国际秩序下的知识分子在面临外族入侵的危机时,提出了怎样的主张并是如何发挥作用的。

1. "开国攘夷"的内涵

在幕末期(本文特指 1853～1867 年),"尊王攘夷"与"锁国开国"之争纠缠在一起。"尊王"是口号,"攘夷"是目的,"锁国"与"开国"是方式方法。随着幕末日本人对西洋认识的加深,"锁国攘夷"转而为"开国攘夷"所取代。尤其在一批开明思想家们的鼓噪与宣传下,"开国攘夷"成为时代的主流思潮。

相对于"锁国攘夷","开国攘夷"给人们留下的理解难题有:一是"开国"究竟意味着什么;二是"攘夷"的真正逻辑何在。

如果说"锁国攘夷"是以"闭关"为前提,断绝与西方各国往来,从而达到排斥外夷目的的话;那么,"开国攘夷"则包含着打开国门与外国交往,并在这一过程中追求与外夷对等乃至平等地位的深层含义。实际上,有学者认为在所谓的"锁国"阶段,江户幕府也并非断绝了与外界的交往,只因感到来自传教(基督教布教日本)的威胁而采取了锁国,因此在这个意义上的"锁国论"应该被称为"禁教体制"。[①] 客观地说,"江户锁国论"是学者们在研究中归并或想象出的一种论说。依我理解,在江户时代,只要不构成对幕府统治的威胁,一切存在皆有可能。换言之,在"锁国论"盛行的时代,因实际需要"开国交往"也是存在的,只不过是这种存在转化为现实的最大可能性在幕末期凸显出来罢了。

那么,"攘夷"究竟包含着怎样的逻辑呢?如果按照"锁国论"等于"禁教体制"的公式展开推理的话,"攘夷"的"夷"应该所指传教士。但"夷"的指向又并非一成不变,是随着时代变化而不断更换内容的一种存在。在幕末维新期,"夷"所包含的内容已经指向了西方列强的"侵略行径、霸权意识以及条约体系",而绝非指向西方的"坚船利炮"。然而,当《万国公法》所代表的条约体系被强行

---

① 赵德宇.日本"江户锁国论"质疑.南开大学学报,2001(4).

套在日本人的头上时，“攘夷”本身却发生了动摇并在明治政府“求知识于世界”的政治纲领中被消解掉，进而转到“尊王学夷”① 的轨道上来。

归纳起来，“开国”与“攘夷”之间的逻辑关系，似乎可以归并在想要达到真“攘夷”就必须“开国”的框架内。在这个逻辑范式下，“开国攘夷”的内涵丰富起来。一方面，“开国”的涵义扩展至将“西洋技艺”、西洋法律制度以及西洋外交手段等内容囊括进来；另一方面，“攘夷”的内涵也不断增加。值得注意的是，刺杀外国人的“生麦事件”② 发生在攘夷激化期，并将“攘夷”运动推向高潮。以此为契机，为摆脱殖民枷锁，“攘夷”内涵逐渐向追求他我认同的心理诉求上转化。与此同时，“生麦事件”还带来了另一个重要结果，即攘夷志士们对幕府的态度发生了变化，由“敬幕”向“讨幕”、“倒幕”的方向转变，并以1862年福冈藩藩士平野国臣撰写的《培覆论》为指导思想。其中的“培”意即“培植皇基”，“覆”乃“颠覆幕府”之意，主张以“天皇亲征来恢复天朝”。③ 此后的“萨英战争”带有实践这一思想的意义。如此一来，“开国攘夷”与“尊王倒幕”发生了关联，以“天皇”为日本外交主体的“自我认同”得到了再确认，并将“自我认同”的完善任务嫁接到“他我认同”上来。

2. “夷虏应接”的真意

与尊攘志士的激进行为相比，幕末维新期的思想家们更多地将自己的能量消耗在为志士们提供行动指南的理论构建上。在围绕

---

① 冯玮. 从“尊王攘夷”到“尊王扩张”——对日本近代国家战略思想演变轨迹的探析. 日本学刊，2002（2）：133.

② 生麦事件：1862年萨摩藩的尊攘志士刺杀英国商人的事件。这一事件在日本思想史上的地位在于，它标志着“尊王攘夷”运动的激化。以萨、长等藩的志士为核心，迫使幕府拒绝了英国提出的诸如谢罪、逮捕犯人、引渡、支付赔偿金等苛刻条件，并且在尊攘志士的压力下，幕府将1863年5月10日确定为“攘夷实行日”。但同时幕府又私下答应英国的赔偿事宜以避免与英国的正面冲突。幕府的“佯装攘夷”计谋被识破后，长州藩便炮轰了英国舰队。1863年7月，为追究生麦事件的责任，英国舰队驶入鹿儿岛湾与萨摩藩之间发生了“萨英战争”。这一战争将“尊王攘夷”运动推向高潮。

③ 平野国臣. 培覆論//佐藤誠三郎. 日本思想大系56 幕末政治論. 東京：岩波書店，1976：264.

"开国"问题涌现出的一批思想家中,横井小楠、佐久间象山、胜海舟、吉田松阴、桥本左内等都是显赫一时的名家。其中,横井小楠与佐久间象山是思想先驱,而其他几位都直接或间接受到二人的影响。

这些思想家们都是"开国论"者,命运大抵相似,或惨遭暗杀(佐久间象山、横井小楠分别于 1864、1869 年被暗杀),或受牵连被捕入狱(安政大狱中被斩的有吉田松阴、桥本左内等)。只有胜海舟一人成功地逃脱了被暗杀的命运成为幕府重臣,并在江户无血开城时举措非凡。简单说来,他们的贡献在于:横井小楠创立"小楠学",宣扬"公议舆论政体论"和"开国殖产交易论"①;佐久间象山提出"东洋道德,西洋技艺"的思想论断;胜海舟于 1853 年为幕府呈上《海防意见书》,并在 1864 年组建了近代意义上的海军操练所(带有近代海军学校的性质)②;吉田松阴开办"松下村塾",培养出一批建设明治国家的栋梁之才;而桥本左内受到福井藩主的重用,改革藩政、变革藩校学制,富有远见地提出了"抛弃锁国陋习、基于万国公法与世界万国交换公使"③ 的构想,并将这一构想写入福井藩主给德川将军的建议书中。本论仅以横井小楠为中心,探讨其"开国论"与"攘夷论"的思想内涵及特质。

横井小楠(1809～1869 年),熊本藩出身,曾在藩校实习馆学习。1839 年来江户游学之际与藤田东湖结交,受到其尊王思想的影响,回藩后组建改革色彩浓厚的实学党,以"时务策"为纲领进行藩政改革,结果以失败告终。1843 年,小楠招收第一个门徒德富一敬(德富苏峰、德富芦花的父亲)后建立小楠塾,以宣扬"学政一致"与"经世济民"的实学为宗旨。1853 年培理来航后,他写下了《夷虏应接大意》。1858 年受聘于越前福井藩,指导藩政改革,提倡"富国策",1860 年将其主张整理为《国是三论》。1862 年来江户工作,主张废除参觐交代制度,建立雄藩联合政权。在"攘夷"情绪

---

① 内藤俊彦. 论横井小楠"开国与殖产兴业"的哲学. 国际政治研究, 1998 (3): 93.

② 陈秀武. 日本幕末维新期的"三国同盟论". 史学集刊, 2012 (1): 88.

③ 荒川久寿男. 近代日本思想史研究. 伊势: 皇学馆大学出版部, 1975: 10.

高涨的文久年间（1861～1864 年），小楠的"对夷"策略随着时势而发生变化，并于 1862 年 12 月写下了《攘夷三策》。1863 年 3 月，松平庆永①辞去幕府的政治总裁职务后，为了消除福井藩内的顾虑，小楠写下了《处时变议》。1865 年，幕府翻刻了清政府翻译出版的《万国公法》，小楠读后深受启发，深感有必要将《万国公法》作为一门独立的学科加以弘扬，并力主将"尧舜禹的政治"推广至全世界，即"将大义布于四海"。1868 年，他出任明治政府的参与，可以说这是他实现理想的关键一步。只可惜天有不测风云，小楠因被怀疑是基督教徒和共和论者，于 1869 年被暗杀。

从简单概述的横井小楠的人生经历看，在瞬息万变的国际国内环境中，他的想法前后发生了变化。那么，其想法是变得更适应现实社会，还是变得更符合所谓的"道理"，我们需要从其留下的著述中寻找蛛丝马迹。其中，《夷虏应接大意》的主体思想，能够证明小楠是个彻头彻尾的朱子学者，而且还是个积极的"攘夷论"者。

《夷虏应接大意》是 1853 年 6 月 3 日美国使节培理来航与 7 月 18 日俄国使节普提雅廷来长崎要求通商后，小楠着手写给担任海防挂的幕府重臣川路圣谟②的。由于种种原因，这份文件并没有送到川路的手中。

在对待"夷虏"的问题上，他认为："我国之所以被称为优于世界万国之君子国，是由于我国能够体认天地之心，并尊重仁义的缘故。所以对待美、俄使节，必须贯彻天地仁义之大道。如果不贯彻道理而缔结条约，将有损国体；如果发生战事必败无疑。此两种形势显而易见，无须言说。"③ 可见，横井小楠强调以朱子学的自然秩序观处理国家间关系，试图将美俄等西方国家纳入到东方世界的

---

① 松平庆永（1828～1890 年），幕末福井藩藩主，号春岳，为德川御三卿（一桥、清水、田安）三家中的田安家后代。他极力反对与外国缔结条约，主张强藩联合，拥护德川庆喜。曾因"安政大狱"遭"禁闭"处分。1862 年任幕府的政治总裁后，与德川庆喜一起帮助 14 代将军改革幕政。1863 年因德川庆喜无意攘夷而辞职。

② 川路圣谟（1801～1868 年），丰后人，幕末重臣。1852 年起担任勘定奉行与海防挂，负责与来航的美、俄使节进行谈判。在认识到幕府的实力远不敌西方时，采取了迂回手段与模糊的外交技巧，保住了一定的民族利益。1853 年以后致力于财政与国防并重的内政改革，因遭排挤而收效不大。在外交上，他主张"开国攘夷"。

③ 横井小楠. 夷虏应接大意//松浦玲. 佐久间象山、横井小楠. 東京：中央公論社，1984：369.

"仁义道理"中来。这是久居"华夷秩序"体系下的东亚思想家们，在接触西方各国之初的普遍逻辑思维。在他们看来，"仁义"这一朱子学概念，似乎成了东亚流行的判断事物的哲学基础。那么，关乎具体应该与哪些国家交往时，小楠仍回归到朱子学世界中寻找学理支持。他将世界各国划分为"有道"与"无道"两种类型，将不失信于世界各国、没有侵略暴行、不违背"天地之心"的国家视为"有道之国"；反之则为"无道之国"。"有道之国"的原型是"中国与荷兰"，当"有道之国"渴望与日本交往时，日本应该欣然接受。可见，在小楠的交往意识中，仍存有"与朝鲜、琉球通信，与中国、荷兰通商，其他国家一律却之"① 的理念。从这个意义上说，小楠的想法仍沿袭了德川幕府创始人的外交思想，认为只有中国与荷兰是可以与日本通商交往的"有道之国"。所以他提出的国家交往的基本方针是与"有道"之国交，与"无道"之国断。"道"之有无，成为小楠判断国际交往的标准。比起一味攘夷的思想，应该说小楠的"有条件"攘夷论具有一定的进步意义。

但是小楠直面的现实难题是，美、俄诸国擅自闯入日本的港口甚至以武力威胁时，日本将如何应对等问题。在《夷虏应接大意》中，小楠提出了下述的解决方案：

首先，应严斥其（美俄等国）无礼之举，严正声明与其断绝往来。这样，这些国家就会叩首谢罪，改变其强硬态度而乞求与日本通商。可以认为，这里反映出小楠对当时的国际关系的估计有所不足，因而其想法有空想或幼稚的成分。

其次，他主张以所谓的"道"说服众夷，即"凡天地之间有道理，以道理说教，即便夷狄禽兽也不得不从。"② 虽然没有明确指出所谓的"道"究竟所指何物，但是"道"应该是东洋之"道"，并非西洋之"道"，应该特指朱子学的"天地间之仁义大道"。③

再次，他对"夷虏应接"的四种对策一一进行了评说："其一，安于现状，委曲求全，缔结和约，此乃最下等。其二，拘泥锁国之

---

① 中田易直. 近世对外关係史论（增补版）. 东京：有信堂高文社，1979：182.
② 横井小楠. 夷虏应接大意//松浦玲. 佐久间象山、横井小楠. 东京：中央公论社，1984：371.
③ 荒川纮. 横井小楠的教育、政治思想. 东邦学志. 2011（40—1）：113.

旧习，不分理非拒绝一切外夷，并以战争待之。虽强于前者，但不知天地自然之理，必败无疑。其三，憎恨外夷的无礼，欲与之开战；担心因 250 年来太平盛世士气颓废、多为骄兵，暂委屈求和待加紧备兵后与之开战，但人心涣散，士气怠惰，三令五申而无益，天下遂趋于瓦解；其四，幕府各藩必须以录用人才为第一要务；举贤改政，知晓天下之人心大义，士气一新，精兵强将。……故要怀有战斗必死的心情，奉天地之大义应对外夷乃今日之良策。"①

横井小楠以"攘夷论者"姿态提出的外交建议，客观上维护了幕府的传统政策。而且，他是一个"有条件攘夷论者"。文中虽然选用了"百夷千蛮"、"万国丑虏"等词语来形容西方列强，带有对西方列强的蔑视心理，但他憎恶的是美国式的"恫吓外交"，认为"有道信义"之国是可以成为日本的开国对象的。这为其"外夷"观念的转变奠定了思想基础。

3."外夷观念"的转变

如果说《夷虏应接大意》集中体现了小楠的"外夷应对"策略，那么《国是三论》则提出了与之相应的国政调整对策。这个内政调整方案以改变原有的西方认识为前提，反映出横井小楠"外夷观念"的流动性与变化性的特点。

1855 年，在横井小楠接触了魏源的《海国图志》后，拓宽了其对世界的认知，增进了对国际形势的了解。这样，1855 年在横井小楠的思想发展历程上具有了重要意义，使他从一个积极的攘夷论者转变为开国论者。然而他的"开国论"是为了彻底的攘夷，1860 年他在《国是三论》中所做的阐述是最好的佐证。

《国是三论》是藩政改革的指导性著作，其中蕴藏着横井小楠建设国家的整体构想，对后世影响很大。在其著作中，他将"富国"、"强兵"、"士道"作为"藩"建设的三大纲领，其中的"富国强兵"又成为明治初期的三大口号之一。

首先，针对 19 世纪 60 年代的"攘夷论"与"开国论"之争，小楠的对外观发生了变化。他在围绕"通商"与"富国"问题，对幕末期的"开国"与"攘夷"论进行梳理时，将自己的"外夷"观

① 横井小楠.夷虏应接大意//松浦玲.佐久间象山、横井小楠.东京：中央公论社，1984：371-372.

9

念清楚地表述出来。他批判了盲目排外的举措，强调前水户藩主德川齐昭是倡导与外国贸易通商"有害无益论的魁首"，并将"有害论者"的核心主张归列为五点："自他国进口之物乃无用之物，自日本出口之物乃有用之物。以有用之物易无用之物，乃第一害；增加出口物品会引起国内消费品不足，乃第二害；消费品不足便会引起物价上涨，乃第三害；实际获利者为极少数商人，全国人民是真正的实际受损者，乃第四害；纵使以出口物品易金银，但仍难以补足流失部分，导致入不敷出，乃第五害。"① 与之相反，"贸易有利论"者则力主在追随幕府方针政策的前提下实行通商开国，并扩大与世界各国的交往。这与锁国时代的对外举措有相通之处。

可见，横井小楠在充分肯定了开国带来种种弊端的基础上，一针见血地指出了锁国的弊端要远大于开国。他说："锁国历经 200 余年其害尤大，而众人又无所察觉。"那么，既然开国有害锁国也有害，日本应该采取何种经世济民之策呢？小楠主张"因万国之形势非人力而能得之（不以人的意志为转移），故日本应该顺应天地之气运（时势），不能一国固守锁国。且即便开国，亦不能以锁国之见而行开国之策。开国锁国，弊端过大，社会都难以长治久安。乘天地之气运从万国之事情，以'公共之道'治理天下则万方无碍，今日所虑之处都无以为虑。"② 由此可见，原来用的"夷蛮"、"丑虏"等词语已经被置换为"万国"；"道"的内涵被置换为世界各国遵守的"公共之道"。很显然，这里的"公共之道"是美国驻日总领事哈里斯在 1856～1858 年动辄以"万国公法"刁难日本的法理依据③，也是"条约体系"得以成立的学理基础。

其次，比照西洋诸国，分析东亚国家（中国、日本）的发展现状。针对培理以"无政事之国"评价日本的措辞，横井小楠在认真地进行了反思后予以赞同，并在《国是三论》中，将幕府批判为"霸府、德川家的便利私营之机构"。而在言及美、英、俄等国家时，小楠的评价大体如下：在美利坚，自华盛顿总统以来确立了三大政

---

① 横井小楠．国是三論//佐藤昌介、植手通有、山口宗之等编．日本思想大系 55 渡辺華山、高野長英、佐久間象山、横井小楠、橋本佐内．東京：岩波書店，1982：438.

② 横井小楠．国是三論//佐藤昌介、植手通有、山口宗之等编．日本思想大系 55 渡辺華山、高野長英、佐久間象山、横井小楠、橋本佐内．東京：岩波書店，1982：441.

③ 陈秀武．万国公法在明治初期的日本．东北师范大学学报，2009（2）：19.

策，"其一，根据天意平息宇内战争；其二，求知识于世界，以裨益治教（政治、教育）；其三，大总统之权柄让贤不传子，废君臣之义以求公共和平。"① 因而，他将美国视为"善美"之国。关乎英国，小楠盛赞"英国政治决策根据民情而定"的民主体制。至于俄国，小楠将目光对准了其医院、幼儿园、聋哑院等人性化设施，并赞叹不已。正因为美、英、俄三国具有上述长处，小楠才将它们评价为"符合三代（夏、商、周）治教"之国。

与之相反，他在回望东亚的日本与中国时则大加批判。他指出，在各国来航欲以"公共之道"打开日本国门之际，如果日本仍固守锁国旧习，不知交易之理，实属愚钝。在评价中国的时候，他在肯定中国古代辉煌业绩的同时，对近代以来清政府的腐败无能则给予无情地揭露。他强调，古代中国乃"亚洲大国"，文物发达，对"九夷八蛮"施以怀柔之策成就起"中国华域"。可是到了近代的道光、咸丰年间，世风流于"骄傲文弱"，虽在鸦片战争失败后签订条约，但仍旧"骄惰侮慢"，因而战事不断。②

第三，从将美、英、俄视为"符合三代治教"的表述看，小楠的华夷秩序观发生了变化。原本的"三代"概念指向中国古代"夏、商、周"的圣贤世界，但随着时代的变迁，其传承性在东亚一度中断。按照"三代"的盛世模式，当时的美、英、俄符合标准，而中国与日本已然落伍。因此可将"华夷"之"华"替换为"美、英、俄"，将"夷"替换为"中国与日本"了。③ 我们认为，从横井小楠的外夷观的前后变化，能够推导出"代表世界发展方向者等于华"、"落伍者等于夷"的逻辑。横井小楠为了使日本能够跻身于"华"的行列，为了帮助日本寻找跻身于"华"之行列的良方，写下了《国是三论》。

同时期的思想家佐久间象山也是"开国攘夷论"的持有者。

---

① 横井小楠. 国是三論//佐藤昌介、植手通有、山口宗之等編. 日本思想大系55 渡辺華山、高野長英、佐久間象山、横井小楠、橋本佐内. 東京：岩波書店，1982：448.

② 横井小楠. 国是三論//佐藤昌介、植手通有、山口宗之等編. 日本思想大系55 渡辺華山、高野長英、佐久間象山、横井小楠、橋本佐内. 東京：岩波書店，1982：449-450.

③ 李少军. 魏源、冯桂芬与横井小楠对外观之比较. 武汉大学学报，1998（3）：79.

1854 年，佐久间象山因受门徒吉田松阴偷渡事件影响而连坐入狱。他在狱中写下的《省愆录》中，提出了"东洋道德，西洋技艺（技术）"的著名论断，主张在精神层面仍然固守日本传统，在技术装备上要放手学习西洋。这是其"开国论"的核心。此外，为完成"大攘夷"的目的，他还阐释了"强兵论"，并在文中指出："中国传统的海防在于加固城池，防守陆地，不让近海之敌登陆。与之相反，我却认为宜制军舰、造大炮，于海上击敌以海战决定胜负。这一点正是我与魏源的不同点。为顺畅应对夷狄必先知其国情，为知晓夷狄之国情必精通夷狄之语言。……海防之要在于大炮和军舰，尤其大炮至为关键。"① 可见，重视敌情与加固海防的"强兵论"成为佐久间象山的"开国攘夷"思想的主调。

与佐久间象山宣扬在"器物"层面要高于敌国的主张相比，横井小楠重视在"人情"道理上与西方国家缩短差距，以求可以在对等或平等的基础上进行交往。这是佐久间象山与横井小楠的"开国论"的主要差别。明治时期的思想家德富苏峰在对二人进行比较之际，强调指出："横井重视天理人情的精妙而提倡开国，佐久间则立足国防军备论及无谋攘夷之非。"② 这一概括是恰如其分的。

4. "攘夷三策"的实质

正因为横井小楠意识到中日之间存有"唇亡齿寒"的地缘关系，所以他在《国是三论》中对清朝没落所进行的评判，实际是在为日本敲警钟。说到底，他真正的目的在于"顺天德据圣教，察万国情状，开经纶之道，政教一新，富国强兵，以御外侮。"③ 即达到"真攘夷"的目的。在国内"攘夷"情绪高涨之际，小楠写下了《攘夷三策》。

单纯地认为横井小楠在《国是三论》中的说教是彻底转向"开国"的标志，容易犯误导错误。在"攘夷"运动高涨的文久年间，他的"攘夷"思想带有"东洋对抗西洋"的分庭抗礼情绪与提升本国国际地位的热切期望。而且，这种情绪与期望被朝廷的举动所点

---

① 佐久间象山. 省愆録//松浦玲. 佐久間象山、横井小楠. 東京：中央公論社，1984：102.

② 德富蘇峰. 吉田松陰. 東京：岩波書店，2001：94.

③ 横井小楠. 国是三論//佐藤昌介、植手通有、山口宗之等编. 日本思想大系 55 渡辺華山、高野長英、佐久間象山、横井小楠、橋本佐内. 東京：岩波書店，1982：450.

燃。即当朝廷敕使大原重德奉命东下江户，催逼幕府将军践行"征夷大将军"的职责征讨"外夷"时，横井小楠便策划好"攘夷"的三条基本原则。概括说来，"攘夷三策"想要解决的主要问题如下：

第一，幕府要知罪与治罪。知罪有两个层面的含义，其一是培理来航后，幕府应该认识到，在没有得到天皇敕许的情况下私自与外国缔结条约是犯了"欺君罔上"罪；其二要使幕府清楚，让"天皇烦恼"、"万民激愤"，让"日本陷于窘境"也是一种犯罪。相应地，治罪也包括两个方面的含义，其一是明确大老、老中等幕臣责任者的罪行，将他们撤职查办，以求"人事一新"；其二是将军上洛（赴京都）负荆请罪，具体要求将军要表现出"尊崇天皇的诚意"，并告知天下"天皇贵、外夷贱"，真正付诸攘夷实践等。这是小楠提出的"第一攘夷对策"①，大有一种想从根本上清算幕府的意味。

第二，国家外交主导权的问题。因为签约、开港等事情没有得到天皇的敕许，加之幕府犯下的大错还需要解决，所以小楠将第二策略指向各国外交官在日本的驻留事宜上，即主张"必须将中止开港的方针严正告知外国。"中止的理由在于国家外交主导权在天皇手中，而不在将军手中，故由将军作为外交主体而签下的条约不具有合法性。在具体操作方法上，有三点值得注意：一是召集外国公使、朝廷的使者、将军、诸藩大名等，由幕府方面通告"开港签约乃欺诈行为"。因之，国民愤慨之极便暗杀大老、老中以及刺杀无罪之外国人。二是天皇派遣正义之公卿、大名等辅佐将军，惩罚缔结条约的幕府重臣以刷新政治。三是外国宜从未经敕许之港口撤离，日本将就此事另派使节前往各国说明情况。这是小楠提出的"第二攘夷对策"②，其核心在于让幕臣们主动承认签约举动乃奸佞之人所为因而缺乏合理性，并将这种非合理性告知条约各国。

第三，加强建设海岸防备体制。幕末除了在江户湾、伊豆半岛和相模等海岸设有防御外，在"日本咽喉"地带，即靠近京都的大阪湾则没有任何防御。因此，小楠主张在派出使节向各国进行交涉

---

① 横井小楠.攘夷三策//松浦玲.佐久間象山、横井小楠.東京：中央公論社，1984：406.

② 横井小楠.攘夷三策//松浦玲.佐久間象山、横井小楠.東京：中央公論社，1984：406.

中止开港事宜的同时，在"和泉、纪伊、播磨、淡路"等地构筑炮台，从"大阪至伏见沿淀川建立要塞"。即小楠所强调的"向世界伸展信义的同时，加紧国内的战事准备"，这是小楠提出的"第三攘夷对策"。① 从江户湾、大阪湾对于日本的重要性来看，可以认为其地位不相上下。可为什么在江户湾设有海防而大阪湾没有？原因在于幕府的真实地位凌驾于天皇之上。然而，在天皇以及雄藩的主导下，日本的攘夷情绪高涨。因此，天皇派出敕使的举动以及小楠力主在大阪设防的主张等，都表明了"攘夷"与"尊王"的实质性关联，暗含了如果幕府处理不好"攘夷"的事情就有被推翻的可能。

由此观之，在随着世界形势变化、"开国"交往已成为必然趋势的前提下，横井小楠轻而易举地将"开国论"与"攘夷论"结合了起来，并在1863年的《关乎外交问题致幕府》的建议书中，突出了"富国强兵"的重要性。由此，在小楠的思想体系里，"强国"就能"攘夷"的思维范式得以成立。

从《夷虏应接大意》、《国是三论》及《攘夷三策》的主体内容看，幕末时期小楠的思想不断发生变化，并沿着"护幕攘夷"——"开国攘夷"——"尊王攘夷"——"富国强兵攘夷"的路线展开。他从"攘夷论"者转变为"开国论"者，进而西洋观发生变化等，都是其"真攘夷"思想周边的一种存在。他的思想深度被同时代的思想家胜海舟评价为"无法企及"②，暗指国家的建设应该以小楠一类的思想家们的深邃思想为指导。

综上，横井小楠的"开国攘夷"思想主要涉及如下几个问题：①对华夷秩序观的肢解与重建。小楠思想中存有的"进步者乃华"、"落后者乃夷"的图示，在无限丰富了"华夷"内涵的同时，也扩大了"华夷"的外延。②儒教与基督教的抗衡③是小楠思考问题的哲学基础。小楠探讨一切问题的基点还在于朱子学，说他借用朱子学的概念说教也好，抑或凭借朱子学的概念嫁接西方的思想资源也罢，应该说是成功的。③"万国公法"与"三代治教"的对接。他主张

① 横井小楠.攘夷三策//松浦玲.佐久間象山、横井小楠.東京：中央公論社，1984：407.

② 勝海舟.古今人物論.江藤淳编.日本の名著32勝海舟.東京：中央公論社，1984：66.

③ 岛田虔次.黄宗羲、横井小楠、孙文.宁波党校学报，2008（1）：112.

建构"万国一体四海皆兄弟"的政治，认为如果日本建立起华盛顿式的民主政治（美国），那便实现了中国古代的"三代治教"，只有这样才能超越西洋，领导全世界。他有句名言，"明确尧舜孔子之道，习西洋器械之术，富国强兵，将大义布达于四海。"小楠的这一思想，侧面地预示了日本近代国家对外扩张的发展方向。④外交心理学的暗示与启示。我们认为，在被沦为殖民地半殖民地的特殊时段，追求国家关系中的对等意识与"他者"认同的外交心理暗示，对一个民族摆脱危局直至成长壮大至关重要。

实际上，研究横井小楠的"外夷应对"，还应引起我们足够重视的是顺应世界形势变化、采取灵活的外交策略，才是发展国家间关系的合理途径。这一点，或许是探讨"外夷应对"这一主题所带来的现实意义。

第二节　胜海舟的"三国同盟论"

与横井小楠不同，胜海舟将目光投放到整个东亚地域，提出"三国同盟论"以解决外夷危机。该论说提倡东亚三国横纵联合、共建强大海军、互通有无及共同进行学术研究等。

从历史连续性看，以中日韩三国为主体的"东亚共同体"构想的原生态，可以追溯至胜海舟所主倡的"三国同盟论"。它们之间具有相似的思想特质。自 2001 年起，以不断呼吁构建"东亚共同体"为发端的设想及其活动，已经开展十多年了。但是，无论从实际收效来看，还是从东亚学者共同研究的相关成果来说，自说自话、有神无髓的特点暴露无遗。究其实质，症结出在到底谁更具有资格主宰这一共同体等问题上。作为"东亚共同体"思想的历史源头，幕末维新期的"三国同盟论"不仅是解决幕末危局的方策之一，还是今天"东亚共同体"理论的思想根源。从这个意义上讲，考究"三国同盟论"诞生的历史背景、主要内容及其夭折的历史要因，无疑具有启示意义及现实意义。

1. "三国同盟论"的历史前提

进入 21 世纪以来，构建"东亚共同体"成为地域文明建设的新动向。日本前首相小泉纯一郎是"东亚共同体"的倡导者，而鸠山由纪夫则将这一构想推向国际关系层面。从最初的想法来看，东亚是中日韩三国的代名词，但几经演绎外延不断扩大，甚至有人主张将新西兰、澳大利亚等大洋洲以及南亚国家也吸纳进来。但是，无论是以统一货币为主旨的"东亚经济共同体"，抑或是以汉字文化代表的具有共同价值理念的"东亚知识共同体"，都只是人为想象的共同体，带有与欧共体比肩的意味。追溯历史可发现，幕末欧美列强武力迫近东亚的侵略活动，为与之对抗的共同体设想——"三国同盟论"的出台提供了历史前提。

幕末时期，思想家胜海舟首倡"三国同盟论"，该论说不仅在幕末维新时期得到了发展，此后对整个近代日本都产生了深远影响。

"三国同盟论"的产生源于思想家们对国内外环境的认知。幕末错综复杂的国际环境迫使他们思考的核心问题有三个：其一，如何认知原有的东亚国际秩序，能否将这一秩序再生下去，如果难以再生的话，日本将如何找寻自己的国际位置；其二，"锁国"与"开国"、"尊王"与"攘夷"的问题；其三，"脱亚"与"兴亚"的问题。

很明显，以上三个问题密切相关：第一个是关乎东亚国际秩序"破"与"立"的问题；第二个"锁国与开国"是应对外来势力以求自强的方式抉择问题，这一问题又与"谁更有资格成为日本外交主体（即天皇抑或将军谁更能代表日本）的主旨密切相关"，即"尊王"与"攘夷"被对接；第三个"脱亚"与"兴亚"直接牵扯的是在欧美强势力量所带来的冲击下，如何梳理日本与亚洲的关系问题，实际涉及的是在传统的东亚国际秩序受到挑战之际，日本是从亚洲游离出去还是继续参与重建亚洲秩序的问题。

从第一个层面来讲，近代以前东亚国际关系的原型与范式，是已被普遍认可的"华夷秩序与朝贡体系"，在此无需赘言。但是，当与这一体系完全异质的外来硬势力与软势力逐渐靠近或骚扰该体系时，便带来了该体系的主体成员国原有地位的松动，甚至原有关系的瓦解。这样一来，体系内部的成员国追求对等的欲望与外来势力迫近所提供的契机，便很容易找到连接点。易言之，1648 年欧洲各国缔结的《威斯特伐利亚和约》所代表的"条约体系"，在 19 世纪伴随着"血"与"火"的战争被强行纳入东亚的那一刻，华夷秩序被打开了缺口，"朝贡体系"发生了动摇。敏感的幕末思想家们捕捉到这一变化，并在付诸思想诉求时，纷纷提出各种论说以应对外部环境的变化。

从第二个层面来看，闭关锁国的大门被打开了，"开国"成为历史发展的必然归趋。然而，天皇和将军谁更能代表开国后的国家并成为外交的主体，是幕末维新期的日本思想家们反复论证并纠缠不休的难题。当时日本国内的"尊王"呼声甚嚣尘上，澎湃成潮，与"攘夷"对接后形成了轰轰烈烈的"尊王攘夷"运动。"尊王"容易理解，通俗意义上的"尊天皇"就是"尊王"。但是，"攘夷"的内涵界定却出现了问题，"攘谁"才叫"攘夷"？在以亚洲主体对抗欧洲意识为思考问题的前提时，可以认为排斥欧美列强叫"攘夷"；但如果单纯地以日本为独立个体，将日本以外的国家都视为"夷狄"的话，那么排斥日本以外的国家都叫"攘夷"。

因此，界定"攘夷"概念出现的歧义，为第三个层面的"脱亚"与"兴亚"提供了思想基础。"脱亚"论者以"日本乃独立个体"为理解前提，提出这一个体可以模仿欧美国家向亚洲近邻扩张的思想；"兴亚"论者则以"日本乃亚洲整体中之一员"为思想根基，对抗欧美列强。因此，"兴亚"论者可能沿着"兴亚"或"亚洲联合"的路线前行，并以再生或恢复东亚国际秩序为目标。

然而，在幕末特殊的历史时期，东亚的"朝鲜"成为思想家们思考的重点。实际上，在18世纪的日朝交往中，针对朝鲜通信使的"格"的问题，日本思想家就有过论证，代表人物是新井白石与荻生徂徕。二人先后担任过将军的智囊，在将军等同于国王的逻辑上产生了共鸣。但在日朝交往中，与新井白石相比，荻生徂徕的思路更为清晰。他主张将军与朝鲜国王"同格"，朝鲜向日本行称臣之礼，所以应该按家臣格接待，朝鲜的使者在地位上属于陪臣级别。① 这意味着，在江户时代的中后期，日本凌驾于朝鲜之上的主观意识在思想界形成了。及至佐藤信渊（1769~1850年），则提出"出兵朝鲜东海与南海"的侵略计划。继承其主张的吉田松阴，更为露骨地表示"取易取之朝鲜、满洲、支那，进行交易，将失之于俄国者，补偿于鲜满之地"。②

可见，近代以来的东亚国际关系，曾在"与朝鲜琉球通信，与

---

① 荻生徂徕．政談//尾藤正英．日本の名著 16 荻生徂徕．東京：中央公論社，1983：457.

② 井上清．日本军国主义 第2册．北京：商务印书馆，1985：7.

中国荷兰通商,其他国家一律却之"① 的指导下展开。明清鼎革之际,江户幕府暂时从"华夷秩序"中游离出来,和清政府维系的只是通商关系。而锁国大门被打开后,幕府也曾想恢复和清政府的关系,并于 1862 年向上海派出使节团,结果无功而返。明治维新后,两国才为达成"中日提携",在 1871 年签订了《中日修好条规》,缔结了"对等同盟条约"。至于日朝关系,仍旧维持着"朝贡体系"内的对等关系。之后围绕朝鲜使臣的接待问题,日本暴露出优位意识及侵略野心,日朝关系开始转到日本高于朝鲜的地位上来。1853 年培理来航后,经过 1858 年的《安政五国条约》,日本步中国后尘被拉了欧美的"条约体系"之中,东亚的"朝贡体系"走向解体。文久年间(1861~1864 年),各阶层对朝鲜态度进一步发生变化,西乡隆盛倡导的"小中华主义征韩论",曾在明治初期一度带来了政局的变动;木户孝允主张的以"《万国公法》为准则的朝鲜开国论"和榎本武扬的"战略的朝鲜进出论",是试图拉朝鲜进入"条约体系"的说教与侵略言论。② 1861 年发生的俄国强占对马岛事件③,凸显出对马岛在东亚海域中的战略地位。受该事件的刺激,胜海舟在强烈的"民族危机意识"的促使下,提出了与木户孝允、榎本武扬截然相反的"三国同盟论"。④ 可以认为,在当时的国际环境下,"三国同盟论"是众多论说中的一种特殊的存在。其特殊性在于,与以"日本的'亚洲主义'对抗强敌"不同,胜海舟主张以"亚洲的'亚洲主义'来抵抗侵略",即其构想意在联合东亚各国以对抗欧美列强,具有地区和平主义的成分。

2. "三国同盟论"的主要内容

说"三国同盟论"在幕末维新期具有特殊性,是与其他思想比较而言的,它所包含的全局意识与东亚整体意识在当时是无法比拟的。直到今天,这种特殊性仍不断地被重新提起或重新演绎着。在思想特质上,虽然"三国同盟论"与近年来的"东亚共同体"有相似之处,但是从出现的时间上看,它比"东亚共同体"早了 150 多

---

① 中田易直. 近世对外关系史论(增补版). 東京:有信堂高文社,1979:182.

② 石井孝编. 幕末维新期の研究. 東京:吉川弘文館,1978:32.

③ 对马岛事件:1861 年 2 月,俄国军舰保萨多尼克号强占对马岛,后在英国的介入下于 1861 年 8 月撤离。

④ 石井孝. 勝海舟. 東京:吉川弘文館,1974:252.

年。幕府重臣胜海舟的思想主张构成了幕末维新期"三国同盟论"的核心内容。

胜海舟，1823 年出生于江户的一个旗本家庭，幕末与明治初期的政治家。1846 年接受佐久间象山的建议学习西洋兵学。1853 年培理来航后，胜海舟于 7 月撰写了《海防意见书》，1854 年向幕府提出后受到重视，并进入长崎海军传习所。1860 年与福泽谕吉等人乘坐咸临丸远渡美国。1862 年担任军舰奉行。① 1864 年在神户设立海军操练所，担任总理职务。1868 年 3 月 14 日，他以陆军总裁身份代表幕府与西乡隆盛在江户藩邸谈判，使得江户无血开城。后来曾担任新政府的参议、海军卿、枢密顾问官等。1899 年因脑溢血去世。

"三国同盟论"的思想主张形成于培理来航后，成熟于创建神户海军操练所时期。这种思想断断续续散见于胜海舟的书简、意见书与日记中。关于其主要内容，应该有以下几点：

第一，"海防"是"三国同盟论"最本质的内容。

胜海舟关于东亚国际关系带有现代意义的思考，主要集中在 1853 年（嘉永六年）至 1864 年（元治元年）的十余年时间里。不言而喻，1853 年的"黑船事件"给他以强烈的刺激，这种刺激带来的结果是同年 7 月《海防意见书》的出台。《海防意见书》集中体现了胜海舟的"海防"思想。

可是，"海防意见"也好，"海防论"② 也罢，并非单纯的一国防守问题，涉及的层面很广。例如，林子平在《海国兵谈》中提及的"水战"问题，即"海国之武备在海边，海边之兵法在水战，水战之关键在大炮，此乃海国自然兵制"的思想，是针对北部劲敌俄国的，是集防备、战争与武器装备于一体的海防思想。因林子平的民间思想家身份，还不能将其思想规定为海防政策。但是，1792 年拉格斯曼来航要求通商的事件给幕府以震动，"海防"开始被纳入幕府政策层面加以考虑。可以认为，日本的海防论，经历了类似江户幕府由锁国走向开国的模式转变。尤其是 1853 年以后，幕府采取广

---

① 1859 年由幕府设立的一个官职，主要统领海军，制造和购入军舰，培养操练技术人员等。

② 海防论，作为一种海防政策，已经不仅仅局限于军事层面，更重要的是还涉及到对外关系及内政方面的政治论及政策等内容。

泛征集海防意见的政策，为胜海舟的崭露头角提供了契机。即是说，胜海舟凭借"录用人材、以海外通商贸易建设海防、加固江户的防守、救济贫穷的旗本、改建西洋式兵制、在江户等地创建教练学校、制造用于火药的硝石"① 等意见，受到幕府的重用。可见，在幕末维新期的日本，国际联合"海防"的思想便成为"三国同盟论"的主要内容之一。

第二，"海防自救"与"清俄朝联合"思想的结合，成为"三国同盟论"的基本内容。

胜海舟提倡的海防思想并没有停留在一国防守上，在意识到东亚各国的命运具有同病相怜的特质后，便将"海防自救"的主张与东亚各国联合抗敌的思想联系起来。这里最初的"东亚"概念包含在远东具有一定实力的俄国。

在《海防意见书》中，胜海舟强调"制造坚船，速定商法。以杂谷杂货运往与清国、俄国濒临之国境以及朝鲜，交换其各种上等物品，以开贸易。"② 其平实的语言表现出的思想精华在于：胜海舟主张在商法的前提下，日本与中国、俄国以及朝鲜半岛展开贸易，以求达到"海防"的实际目的。与主张侵略亚洲的论调相比，他的思想无疑从一开始就不存在以军事力量进行海外侵略的构想，而包含着试图寻找与日本地缘上接近的远东地区、东亚地区的国家进行协调或合作的内涵。我们理解，这是胜海舟"三国同盟论"的思想前提；也可以认为，此时的"海防自救"加上"东亚各国联合"加上俄国才是胜海舟联合构想的主旨所在。

第三，将俄国从原有的构想中排除，强调"中日朝"三国联合，成为"三国同盟论"的核心内容。

由原先设计的远东地区、东亚三国的协调合作构想中，将俄国这一国际因素剔除掉，是在"对马岛事件"发生以后的事情。这一事件给胜海舟带来了认知上的变化，他不仅认识到对马岛之于日本的重要性，还认识到对马岛是包括俄国在内的列强（英、法等国）的觊觎之地。所以，当他积极联合英国公使规劝俄国撤离对马岛时，

① 塩田道夫. 人間勝海舟. 東京：弘済出版社，1973：59.

② 仲尾宏. 坂本竜馬と勝海舟——立憲政体と三国同盟論の先駆け. 世界人権問題研究センター編. 講座·人権ゆかりの地をたずねて，131.

"三国同盟论"的内容发生了实质性变化。

因此，针对新的国际形势，1862年8月胜海舟提出对策，以应付日本的对外关系。他强调，"之于我对马，英法乃有恳望之意。此乃压制俄国自西进犯之大策。宜立即将此岛奉为上地、开辟良港，以为贸易之地。当此之际，大开与朝鲜、中国之往来贸易，同时大开海军壮大之端倪。"① 在国际形势的威逼下，胜海舟的外交谋略可以用"以彼制彼"② 加以概括，具体地说是以英法压制俄国。同时他还清醒地意识到，也只有在增强东亚三国贸易往来的前提下，防御列强入侵才有可能。在此后的实践中，胜海舟的"三国同盟论"思想逐渐得到了完善。

第四，提倡"共建海军、研究学术"，以为实现"三国同盟论"的途径。

"三国同盟论"形成后，就如何将想法付诸行动，胜海舟提出了"共同开发与研究"的建议。在其1863年4月27日的日记中，他将构建"三国同盟论"的有效途径明确记录下来：

"今晨，桂小五郎（木户孝允）、对马藩大岛友之允同道而来，论及朝鲜之议。吾策观之，当今亚洲能与欧罗巴抗衡者无。原因概在于：亚洲者规模狭小，远不及欧洲者方策之远大。今宜由我邦驶出舰船，广泛于亚洲各主干国游说，使之合纵联合、共建强大海军、互通有无、研究学术，以求免遭彼等之蹂躏。自说服邻国朝鲜始；后及于支那。在座无不赞同。"③

这样，中国古代的"合纵连横"思想被胜海舟加以活用，用到了带有"兄弟阋于墙，外御其侮"意味的东亚地域中。

第五，"海军局"的成立是践行"三国同盟论"的发端，标志"三国同盟论"思想走向成熟。

"三国同盟论"的主体内涵确立后，胜海舟便着手将其付诸实践。他选择的方式是向幕府提议建设"海军局"。"为进行海军演习，欲往支那、朝鲜地方渡航。宜事先于神户设立海军局，集合此辈

---

① 仲尾宏．坂本竜馬と勝海舟——立憲政体と三国同盟論の先駆け．131．

② 勝海舟．氷川清話//江藤淳．日本の名著32 勝海舟．東京：中央公論社，1984：126．

③ 勝安房．勝海舟全集1．幕末日記．東京：講談社，1976：86-87．

（志向相投者）以从事船舶之实地运转。远至上海、天津、朝鲜地方，观察其地理，洞察其人事。幸有土州人坂本龙马入我私塾，可完成此举，以激励众徒。邦内有志之辈多有赞同"。① 1864 年 5 月成立的神户海军操练所，成为"三国同盟论"的最大成果。

至于"三国同盟论"与建设海军局（神户海军操练所）的关系，前者是思想理论，后者是实践活动；也可以认为，前者是目标，后者是手段。关于这一点，胜海舟在书简《解难录》中表露得十分清楚：

文久之初，攘夷论盛行，摄海守卫之说甚嚣尘上。予谏言曰："宜扩大规模、扩充海军，将兵营置于兵库、对马。可将其一置于朝鲜，终及支那，三国合纵连横以抗西洋。

对此，朝廷赞赏予之谏言，昭德公（14 代将军德川家茂）予以嘉纳。三年癸亥四月（1863 年 4 月），公乘坐蒸汽船，巡视大坂至播州之海滨，自兵库登陆，至神户小野浜，亲自指画海军兵营所之建筑用地。恐其床几遗迹之淹没，予不顾才疏学浅，遂记文于石碑。其文如下：

大君驾火轮船，巡览摄播海滨。至神户察看地形，命臣义邦，使作海军兵营之基。夫吾邦方今之急务，莫急于海军，将以此兵营为始。英国士风振作概在于此。可谓当时之宏图，千载之鸿基也。唯大君指画建筑之地，恐其久而淹没也。臣义邦谨刻于石碑，以传永世。

元治元年岁次甲子冬十月八日

军舰奉行　安房守　胜物部义邦撰

从这段文字不难看出，实现"三国同盟论"是创建神户海军操练所的目的所在。② 而神户海军操练所是以神户为中心，以对马、朝鲜、中国为其外围的"一大共有之海局"，带有构筑"中日朝三国联合舰队"③ 的实质意义。

3. "三国同盟论"夭折的原因

客观地讲，胜海舟的"三国同盟论"以对等关系为前提、以东

---

① 仲尾宏. 坂本竜馬と勝海舟——立憲政体と三国同盟論の先駆け. 131.

② 松浦玲. 明治の海舟とアジア. 東京：岩波書店，1987：103.

③ 仲尾宏. 坂本竜馬と勝海舟——立憲政体と三国同盟論の先駆け. 113.

亚合作为目标，在"亚洲↔欧洲"的对抗模式中，寻求东亚各国的生存之道。然而，该思想没有被付诸实践，其真正的原因何在，值得我们深思。

如果说"三国同盟论"以设立神户海军操练所为其思想成熟的主要标志，那么在短短的一年时间里，神户海军操练所被强行关闭则意味着"三国同盟论"只能停留在论说的层面了。要想厘清"三国同盟论"夭折的原因，似乎从探讨神户海军操练所被关闭的缘由出发更能迫近问题的本质。

神户海军操练所，是 1864 年 5 月由幕府在神户设立的培养海军官兵的机构。其参与成员大多是尊王攘夷志士，以土佐藩和长州藩居多。因 1863 年的"8 月 18 日政变"，长州藩志士及部分公卿遭到流放，长州藩志士遂于 1864 年 8 月发起报复举动——"禁门之变"。因之，长州藩的志士被追究责任，与长州藩关系密切的胜海舟也被罢免了军舰奉行职务。这样，原本由幕府建立的海军操练所也表现出一定的反幕府倾向，遂于 1865 年被幕府强行关闭。

以上的概述只能说明"三国同盟论"夭折的直接原因，实际上背后还有复杂的客观原因，我们可以从国内与国际两个层面来考虑。

从国内角度观之，"三国同盟论"的践行活动遭遇的最大障碍是攘夷派。攘夷派要轰轰烈烈地执行"攘夷"，"夷"的目标指向与"三国同盟论"的合纵连横构想发生了冲突。即是说，"三国同盟论"直面的主要问题，乃是东亚国际秩序的重建或再生问题，提倡的是三国之间要对等地进行合作。而攘夷论的"夷"的目标指向之一是朝鲜，这样便需要胜海舟和攘夷派进行协调。其中，代表幕府的胜海舟与代表对马藩的大岛友之允，就"征朝（韩）"问题所达成的妥协颇有意味。胜海舟为了将日益高涨的攘夷情绪转移至海外，表面上同意了大岛友之允的"征韩"计划，实际上与朝鲜进行贸易才是胜海舟的真实意图，亦即他自己所宣称的"武装的经商"。[①] 即表面上支持攘夷派的武力"征韩"，为消耗武士们的能量找到了方向。这样，既满足了攘夷派武士们试图发动战争的野性需要，又能收到交往获利的实际效益。

①　八木清治. 幕末日本的亚洲联合思想——围绕胜海舟的三国同盟论//杨栋梁. 变动期的东亚社会与文化. 天津：天津人民出版社，2002：270.

而"对马岛事件"发生后，对马的防卫问题与对朝政策成为幕府面临的紧迫课题。为此，1864 年幕府派遣幕僚前往对马以求对朝政策之际，大岛友之允便于 10 月 26 日提出了《对朝关系意见书》，主要内容有："第一策，改革两国交际规则；第二策，致力于征服对方民心；第三策，破除两国之禁；第四策，开发彼我之物产；第五策，展示神州之威武勇气；第六策，开通北京（清国）之商路；第七策，大兴海军。"① 由此观之，胜海舟表面上接受了大岛友之允的"征韩"计划，作为交换，大岛友之允在"开发物产、与清国通商以及大兴海军"等方面接受了胜海舟的思想。但实际上，胜海舟的目的则在于以"征韩论"转移视线，以求进行对等贸易。而大岛友之允的目的在于以通商来控制朝鲜乃至中国，"以三国交易之盈利所得发展海军，再以强大的海军制服彼等（朝鲜、清国）"。② 在这个意义上，大岛友之允已将"三国同盟论"策略化。③

从国际角度观之，"三国同盟论"的提议虽然很好，但谁更有资格成为同盟的"盟主"问题马上浮出水面。尤其是 1865 年丁韪良译本《万国公法》被幕府翻刻后，由《万国公法》所代表的"条约体系"逐渐取代了朝贡体系，"三国同盟论"的主张能否得到中国和朝鲜的信任，成为又一问题。

很明显，从胜海舟构想的"三国同盟论"及其实践活动看，神户是创建三国同盟的海军大本营，然后兵营的建设沿着兵库、对马、朝鲜以及中国等次第展开。不言而喻，日本是盟主。然而两千多年来，中国一直是"华夷秩序"的主宰，是"朝贡体系"的核心，是东亚国际关系的灵魂。因此，对中国来说，无论之于情感，抑或之于颜面，一时间还难以接受在以日本为盟主的前提下构建东亚联盟的主张。朝鲜的情况也一样，它是清政府的忠诚的附属国，与日本同为"华夷秩序"的一员，同为朝贡国，在地位上是对等的。因此要打破与日本的对等关系而承认日本为盟主，自然也存在心理障碍。

---

① 田中彰编. 日本近代思想大系 1 开国. 东京：岩波书店，1991：110-116.
② 田中彰编. 日本近代思想大系 1 开国. 东京：岩波书店，1991：116.
③ 八木清治. 幕末日本的亚洲联合思想——围绕胜海舟的三国同盟论//杨栋梁. 变动期的东亚社会与文化. 天津：天津人民出版社，2002：274.

另一方面，《万国公法》被传入日本后，带来了日本外交理念的变革。即在寻找日本的未来出路时，"脱亚论"、"征韩论"等舆论高涨。"脱亚论"是明治维新后由福泽谕吉提出的，而"征韩论"在幕末就已出现。所以，在"文明—野蛮"的对立模式中，日本跻身于文明行列的欲望，促使其走向了脱离"野蛮亚洲"的道路，并由此加快了向亚洲侵略的步伐。因此，幕末的"征韩论"，在攘夷志士们的宣传鼓噪下，最终得到了幕府的认同。而胜海舟在 1864 年被免职，预示了"三国同盟论"夭折的命运。

不过，从一国外交思想的普遍规律看，"三国同盟论"的夭折具有必然性。"外交思想一般是指处于执政地位的政治家的思想，它具有比一般的政治思想大得多的现实可行性，它更加直接地代表这个国家的占主导地位的意图和这个国家的'总体利益'，在涉及主权、领土之类的民族权益等问题上，外交思想并不具有明显的'阶级特色'，外交思想具有较大的连续性。"① 胜海舟被免职，说明他失去了执政地位，因而"三国同盟论"的可行性被弱化。与之相对，"征韩论"被明治政府继承并付诸实践，恰好说明了外交思想的连续性。也就是说，《万国公法》深化了日本人对"力量"的认识，同时为日本人带来了将力量的发挥纳入到公法原则中去的可能。这样，《万国公法》便成为日本对外扩张的工具。可见，明治政府的"开拓万里波涛，扬国威于四方"的志向不仅有了法理依据，而且同大岛友之允提出的"展示神州之威武勇气"的主张产生了共鸣。从这个意义上分析，明治年间的攻打朝鲜、挑起甲午战争的思想祸根，实际上在幕末就已经存在了。

当福泽谕吉在"文明对野蛮"开战的思想范式中思考甲午战争时，胜海舟则以"不义之战"对战争大加批判。可悲的是，胜海舟的"三国同盟论"没有拯救过日本，也没有拯救过东亚。

归纳起来，"三国同盟论"与"征韩论"、"东洋盟主论"②、"脱亚论"、"大东合邦论"（为了抵抗白人的侵略，樽井藤吉提出的与

---

① 陈乐民.西方外交思想史.北京：中国社会科学出版社，1995：2.

② 东洋盟主论：福泽谕吉提出的思想，认为东洋文明国日本应以东洋盟主的身份，帮助中国、朝鲜实现文明化，以遏制西方列强的殖民扩张。

韩国合并、与清国"合纵"的主张)①、二战期间的"东亚协同体"（为配合"东亚新秩序"的侵略构想，蜡山正道、三木清、尾崎秀实等提出的具体方策)②、"大东亚共荣圈"以及近年来的"东亚共同体"等，都可以在"亚洲主义"③ 范畴中找到共性。

　　既然"亚洲主义"包含的内容纷繁复杂，就不能一概而论地将其性质评价为进步或落后、侵略或联合等，只能将其带入时代的话语语境之中进行具体分析。在评价与把握"三国同盟论"的时候也应该如此。说"三国同盟论"具有进步意义，是由于胜海舟在"武力"与"道德"的选择上倾向于后者，即他将"三国同盟论"置于东亚儒教"和为贵"的道德观念下进行说教与宣传。在"华夷秩序"为主体的东亚国际关系走向解体过程中，其理念是试图对其进行完善乃至再生的应对措施。

　　然而，带有进步意义的"三国同盟论"，在明治政府开展的侵略计划中被消解得干干净净。具体说来，在整个明治时代的东亚国际关系中，中日两国围绕着朝鲜问题发生了对立，日俄两国则围绕朝鲜及满洲问题发生了对立。④ 明治政府想要维护所谓的"主权线与利益线"，而清政府奉行的则是"宗主权的再编与强化路线"⑤，这成为双方矛盾不断深化的根本原因。因此，在遭遇欧美列强的侵略后，随着 1874 年日本入侵台湾、1875 年制造"江华岛事件"入侵朝鲜、1879 年出兵占领琉球以及 1894 年发动甲午战争等，日本模仿欧美列强将殖民枷锁套在了东亚其他国家的头上。这也是日本一味追随"万国公法"代表的"条约体系"带来的必然结果。也正是这个结果，彻底摧毁了构建同盟所需的"诚信"。

　　今天看来，重新提起幕末维新期的"三国同盟论"，能够促使我

　　① 樽井藤吉．大東合邦論//竹内好．アジア主義　現代日本思想大系 9．東京：筑摩書房，1963：106-124．

　　② 尾崎秀実．'東亜協同体'の理念とその成立の客観的基礎//竹内好．アジア主義　現代日本思想大系 9．322．

　　③ 亚洲主义：亚洲主义是歧义性概念，内涵繁杂。本文的亚洲主义概念取狭义，即主张为了抵抗欧美列强对亚洲的侵略，亚洲各民族应团结在日本的周围。它有许多的变身说法。

　　④ 坂野潤治．明治．思想の実像．東京：創文社，1977：19．

　　⑤ 芝原拓自．日本近代化の世界史的位置——その方法論的研究．東京：岩波書店，1981：430．

们进一步思考以下几个方面的问题：第一，"东亚"在多大程度或意义上才能一体化？追求一体化首先要克服的障碍是历史问题与民族主义问题，历史上东亚三国存在的特殊关系及"侵略—被侵略"的实际存在，给中韩两国留下的阴影并非短时间内会消解掉，这一切都会延缓东亚一体化进程。另外，能否找到有效排除民族主义情绪干扰的确实可行之路，也是左右东亚一体化进程的主要因素。第二，"东亚共同体"也好，"东亚经济共同体"或"知识共同体"也罢，是否已经构建起彼此可以信赖的"诚信"机制？构建"诚信"机制，要有广阔的胸怀与度量；要有共同的心理认同感与文化遗产；要有能够取代人民币、日元、韩元的"东亚元"等。这些问题没有解决，彼此之间很难取得"诚信"。第三，如果这种诚信机制还难以确立的话，除了"东亚经济共同体"在经济利益的驱动下具有实质性外，"东亚共同体"或"东亚知识共同体"是否只有学理上的意义，抑或它们只能被界定为想象的共同体。我们以为，这些问题对理解当前的东亚国际关系无疑具有参考价值和借鉴意义。

第二章　不同版本《万国公法》的译介与受容

自西方列强迫近东亚的那一刻起，东亚国家对"万国公法"的关注与吸收就已经开始了。虽然在对《万国公法》的引进上，中国走在了日本前面。但在灵活运用"万国公法"以追求外交利益最大化上，日本却收到了比之更具实在意义的效果。尤其是在幕末期（1853～1867年），日本对《万国公法》的认知、理解、翻刻、应用以及传播，都具有深远意义。

第一节　日本幕末期的"万国公法"受容

对近代的东亚国家而言，"万国公法"的传来意味着东亚各国找到了建立新型国际秩序的法理依据。今天看来，这种法理依据带有强迫性和欺诈性。不管东亚各国是否愿意，当西方列强武力迫近时，与东亚传统"华夷秩序"异质的、以"万国公法"为交际原则的"条约体系"占据了上风，并使得"华夷秩序"走向坍塌。面对如此严峻的国际形势，东亚各国采取的措施大同小异，目的只有一个，那就是追求主权的独立与领土的完整，以便在对等的意义上与西方列强签约。为此，幕府也曾多次派出了"遣外使节团"与留学生。他们吸纳与介绍的多样化国际法学及理论，丰富了幕末日本国际法的内容。最终，幕末日本的"万国公法"受容，以幕府翻刻清政府出版的丁韪良译本《万国公法》为最大成果。那么，不断被援引的"万国公法"是否给幕末日本带来了"福音"，幕末日本对"万国公法"受容的契机、过程及特点等，都成为学者们无可规避的话题。

1. "被迫开国"与"被动接受"

1864年，清政府为了寻找"规范国际秩序的法典"①，将美国人惠顿的著作《Elements of International Law》（《国际法原理》）翻译出版为《万国公法》。1865年，幕府马上命令洋学机构开成所翻刻了这一汉译本《万国公法》。两国的相同举动，为一种新的国际秩序被引入东亚提供了可能。此后的东亚国际关系，逐渐地被纳入以

---

① 佐藤慎一. 文明と"万国公法"——近代中国における国際法受容の一側面//祖川武夫. 国際政治思想と対外意識. 東京：創文社，昭和52年，184.

《万国公法》为依据处理国际事务的框架之中。

1865年幕府翻刻的《万国公法》，是其在认知"万国公法"上的一大带有总结性的成果。为了这一成果，幕府至少付出了12年的时间。幕末日本与"万国公法"发生关联，确切地说始于1853年培理来航以后。即在日本闭关锁国的大门被打开后，在"被迫开国"与"自发开国"的纠结与矛盾中，寻找"准则"已成为时势必需之际，"万国公法"的"实际"作用得以凸显出来。"开国"的概念，在整个东亚地区具有共同的内涵，即具有被西方各国强行打开大门的同一性。同时，还具有基于"万国公法"缔结"通商条约"，并被纳入欧美国际秩序的客观实在性。既然是"被迫开国"，因此决定了"开国"带来的结果是国家的"殖民地或半殖民地化"。①

实际上，早在1807年日俄两国在择捉岛冲突之际，幕府对西方各国处理国际关系的普遍法就已经有了朦胧的认识。当幕府咨询荷兰商馆长有关海战事宜时，被告知投降的标志是将悬挂在船尾的国旗降下，取而代之应以悬挂白旗示之。1853年培理来航时，舰队中佐警告幕吏给以4天的考虑时间，并赠给幕府"白旗"，在允诺或战争乞降时，要求幕府以悬挂白旗明示。② 这里提及的海战规则，涉及的是西方国际法中的海战法，虽然是只言片语，但足以说明"万国公法"进入东亚之初，是以解决国家间的冲突为目的。

1854年3月31日，美国强迫日本签订了《日美和亲条约》（《神奈川条约》）。1854年，在英法两国加入对俄的克里米亚战争之际，英国曾有四艘海军舰队来到长崎，告知英国对俄开战事宜，并要求日本"恪守中立"，旋即与日本签订了条约，即1854年9月7日的《日英协定》。大约同期，俄国使节普提雅廷于1855年在下田向幕吏进行国际法知识的说教，并于同年2月7日与日本签订了《日俄亲善条约》（《下田条约》）。荷兰则于1856年1月30日与日本签订了《日荷亲善条约》。在与西方列强缔结条约的同时，幕府也了解到"平时国际法"与"战时国际法"的存在。我们认为，1854～1856年

---

① 金凤珍. 東アジア三国の「開国」と万国公法の受容. 北九州大学外国語学部紀要. 北九州大学外国語学部編集出版（通号84），1995（8）：60.

② 安岡昭男. 日本における万国公法の受容と適用//東アジア近代史第2号特集 東アジアにおける万国公法の受容と適用. 東京：ゆまに書房，1999：45.

签订的一系列条约，说明继中国之后，以"万国公法"为准绳，日本也被迫参入了"条约体系"。因其处理国际事务的原则是"万国公法"，故我们将这一"条约体系"概括为"万国公法体系"。严格意义上讲，这里提到的"万国公法"并非特指惠顿的《国际法原理》，而是泛指欧洲国家共同遵守的法律规范的总称。

尽管日本与他国签订了诸多条约，但幕府对"万国公法"的认知活动，尚处于朦胧的探索阶段，也处于"被他国告知"与"叮嘱"阶段，表现出明显的"受动性"。这一"受动性"与"被迫开国"在本质上是一脉相承的，这也是东亚共有的普遍现象。

2. "受动性"与"主动性"的交替

与前一阶段"受动性"居主导地位的情况不同，1856 年以后，幕府在引进"万国公法"上，表现出极大的热情。其特点为"受动性"与"主动性"的交替，并向以"主动性"为主转变。为这种转换提供契机的是美国初代驻日总领事哈里斯。①

如果说培理来航在"打乱幕府统治秩序"、"提高日本人的民族危机意识"、"促使'尊王'与'攘夷'意识的变迁"、"加快近代日本'国家意识'的萌生"以及"使朝廷越来越意识到自身存在的价值"② 等方面发挥了重要作用的话，那么哈里斯来航及其与幕僚的交往则在摧毁幕府的法律制度以及引进"万国公法"上起到了至为关键的作用。自 1856 年 8 月哈里斯在伊豆的下田开设领事馆（下田玉泉寺，今静冈县），到 1858 年在江户与幕府签订《日美修好通商条约》，哈里斯一直以"万国公法"为挡箭牌，以威胁与利诱并重的手段达成了签约目的。每当与日本的现行体制或地方规矩发生冲突的时候，他都会用不符合"国际通用之规则"加以拒绝，而且都获得了成功。哈里斯的百般刁难，刺激了日本人强烈的好奇心，从而使得幕吏们纷纷求教哈里斯，并在引进"万国公法"的态势上转为积极主动。

根据史料记载，哈里斯的刁难之处恰好成为幕府择取"万国公

---

① 哈里斯（1804~1878 年）：美国外交官，1856 年美国初代驻日总领事，后任公使。代表美国政府与幕府签订了《日美修好通商条约》及《贸易章程》，著有《日本滞在记》。

② 陈秀武. 近代日本国家意识的形成. 北京：商务印书馆，2008.

法"的首选内容。主要有以下几个方面:

第一,他强调有条约签订的国家之间,接待使节的原则应该按照"各国共通的礼式"进行。这里的"各国共通的礼式",是一种秩序,也是一种规范,即暗指"万国公法"。

第二,1856 年 9 月 27 日,哈里斯提出了前往江户拜见将军、递交美国国书的请求。遭到拒绝后,哈里斯便以"国际公法赋予的特权"为由,不断申请。最终,幕府在 1857 年 8 月 14 日下发的"政令书"中,以"缔约国之使节来都城参拜之事,符合万国普通常例"① 而同意了哈里斯的请求。因此,1857 年 10 月 7 日,哈里斯从美国驻日领事馆出发,10 月 10 日在江户出府②的途中,针对箱根关所③的检查,哈里斯以维护"公法特权"为由加以拒绝。他强调:"日本的臣民应该遵守日本的国法。我是美国的代表者,拥有国际公法上的特权,不应接受检查。"④ 这里的"国际公法特权"指外交官特权,实际带有"治外法权"的意味。哈里斯以公法赋予的特权威胁幕府的官员,警告如果无视特权被迫接受检查的话,就马上返回下田。因此,在交涉了两个多小时后,哈里斯没有接受检查而通关。

第三,以拥有"人身自由权"和"请求护卫权"拒绝接受幕府安排的警卫人员。1857 年 10 月 14 日,哈里斯到达下榻的蕃书调所后,因为当时日本的"攘夷"情绪高涨,井上清直(1809~1868 年,当时担任下田奉行负责接待哈里斯)出于好意告诉哈里斯不要到街上走动,但是哈里斯却以"我的人身自由不受日本的国法限制"为由执意拒绝;当幕府安排警卫人员对其进行保护的时候,他又以"我有请求护卫进行保护的权利,在我没有提出申请的时候,你们没有权利安排警卫在我的住所周边",并强调这是"国际公法中的治外

---

① 乾宏巳编集.史料大系 日本の歴史 第 6 卷 幕末・維新.大阪:大阪書籍,1980:87.

② 出府:有两种含义,其一是指江户时代来幕府所在地江户,即为出府;其二是指从地方来到城市为出府。

③ 关所,在要地或国境设立的机构,对过往的行人及货物进行检查,以确认是逃亡或是入侵。律令时代为了维持治安而被制度化;中世纪时为了征收通关费,一度被朝廷、幕府、神社、寺院、土豪等滥用;在近代为了维持治安,幕府和诸藩纷纷设置关所。

④ 松本健一.ハリスの後ろ楯となった『万国公法』.エコノミスト.東京毎日新聞社,1994:86.

法权"。无奈之下，井上清直写了保证书，内容如下："依据诸国民之法（万国公法），亚美利加合众国使节乃旅馆之主人。兹日本政府承诺：彼等拥有任何人未有其许诺不得入内之权。安政四年十一月三日 井上信浓守花押。"①

在短短一年多的时间里，哈里斯以"各国共通的礼式"、"公法特权"、"人身自由权"以及"请求护卫权"等公法知识，对幕府及幕吏们进行约束与要求，屡获成功。这里有哈里斯的外交技巧，也有幕僚们的无知所造成的盲从因素在其中。因哈里斯的出现，一时间幕僚们的思想被弄得杂乱无章，他们退到只有满足哈里斯的种种要求和在思想意识上绝对服从的境地。

第四，哈里斯的演讲，使幕僚们大开眼界，并激发起他们进一步了解"万国公法"的欲望。

1857 年 10 月 21 日，哈里斯拜见了十三代将军德川家定，递交了美国总统富兰克林·皮尔斯的国书（内容有两点，其一是要求缔结通商条约；其二是将签约事宜全权委任给哈里斯）。10 月 22 日，哈里斯致书老中堀田正睦要求会面。10 月 26 日于堀田正睦的官邸，当着在场的众多幕僚的面，哈里斯绘声绘色地做了外交演讲（有人认为持续两个小时，还有人认为持续六个小时）②，力说缔结通商条约的必要性，并提出了"日美修好通商条约"草案。演说内容涉及"外国公使驻扎江户"、"承认贸易"、"开港"等。归纳起来，其要点大体如下：

（1）阐述美国的对日政策及态度。哈里斯强调，"美国对日本没有私心杂念"，"在东洋没有殖民地，也不想拥有"，"武力强占殖民地是美国的'国禁'"等，企图以此安慰日本放心地与美国进行交往。

（2）要求日美两国在对方都城互派领事。哈里斯介绍了机器文明为国际贸易的兴隆带来的便利条件，陈述了世界各国成为"世界国家中的一员"已成为必然趋势，并强调要想成为"世界国家中的

---

① 香西茂．幕末開国期における国際法の導入．京都大学法学会編．法律論叢．第97卷第5号，昭和50年，28.

② 明治大学史資料センター監修．維新史 1 尾佐竹猛著作集 第十三巻．東京：ゆまに書房，平成18年，29.

一员"，必须具备"在彼此都城互派使节"、"民间进行自由贸易"这两个前提条件。

（3）提醒日本注意英国入侵的可能性。哈里斯曾在香港见到英国总督包令，包令曾告知结束中国的战事后，将前往日本。哈里斯将英国的这一实情告知幕僚。

（4）将两次鸦片战争的原因，解释为是由于"没有让公使驻扎北京"的缘故，否则的话可以避免。哈里斯援引中国鸦片战争的实例，担心日本可能同样会遭受鸦片之灾，并提醒其多加防范。

（5）对缔结条约的情况进行分类，一是战败后缔结的条约，二是没有战事而缔结的条约。"我国总统希冀最初以相互敬信之礼与日本缔结对等之条约"，以此暗示日本与其发生战事后签约不如率先签约。

（6）明确日本的出路。"日本最大的可能性除了与我国迅速缔结条约外并无良策。"①

为了达到签约目的，哈里斯费尽了苦心。他所说的"在东洋没有殖民地也不想拥有"，实际情况是由于美国的动作迟于英国造成的。帝国主义国家在本质上没有不同，从中美《望厦条约》中的"最惠国待遇"特权的相关规定看，就一目了然了。哈里斯巧妙地利用英国对清政府的政策恫吓日本，说是不久将在日本实施同样的殖民政策，给原本就有生存危机感的日本人增添了心理负担，迫使其早做决定。哈里斯将"没有使节驻扎北京"说成是鸦片战争爆发的首要原因，这严重违背了历史事实。帝国主义的本质是为获利不择手段，向中国市场大量倾销鸦片才是战争爆发的根本原因。另外，哈里斯还强调，战争的最终结果是签约，与其如此还不如在所谓"和睦友好、互通有无"的前提下签订条约。可见，哈里斯像演员一样在幕僚们的面前表演，用西方流行的"万国公法"摧毁了幕僚思想中的固有观念，用中国惨败的事实恐吓和威胁日本。

哈里斯富于刺激性与启发性的长篇演讲，真正触动了幕僚们的内心深处。在10天后的11月6日，老中堀田正睦派出当时负责接待任务的土歧赖旨（1805～1884年）、川路圣谟（1801～1868年）、

①　吉野作造．我国近代史に於ける政治意識の発生//吉野作造．吉野作造選集11 開国と明治文化．東京：岩波書店，1995：251-254．

井上清直（川路圣谟的弟弟）、鹈殿长锐（1808～1869 年）、永井尚志（1816～1891 年）等前去蕃书调所（哈里斯当时的居住地），请教有关签署条约的相关手续问题。

根据《哈里斯日记》记载，前去访问的幕僚们提出的问题，归纳起来集中在"让全权公使驻扎在外国的目的"、"驻扎的义务"以及"国际公法上的权利"等三点上。哈里斯一一给予解释，并强调如果外国公使有侮辱驻在国政府的行为，政府可以断绝与该公使的交涉，并命其回国；在这种情况下，政府可以向公使本身的国家政府控诉其行为，要求将其召回。紧接着，哈里斯对幕僚们提出的通商的性质、私人贸易等问题进行了回答。幕僚们虚心、诚恳地接受了哈里斯的说教，并恳求"因我等如同无知的小儿，希望贵使能够耐心地教给我们"。① 因此，哈里斯将记载通商条约基础条款的文书交给了幕僚们，以便他们好好研读。

1858 年 6 月 19 日，幕府代表井上清直（信浓守）和岩濑忠震（肥后守）与美国领事哈里斯签订了《日美修好通商条约》，随之与荷兰、俄国、英国、法国也签订了类似的条约，总称为"安政五国条约"。应该说，哈里斯获得了成功。而幕僚们在对"万国公法"的理解与认知上，由"受动"转为"主动"，在向吸收与援引"万国公法"的道路上迈出了坚实的一步。

3. 幕府的海外派遣活动

求知欲一旦被撩拨起来，就会产生强大的动力。哈里斯于日本的"作为"，恰好激发了幕府研习"万国公法"的积极性。在这一点上，应该说以老中堀田正睦为首的幕僚们是最早接触"万国公法"的日本人，他们在对国际法的认知道路上走在了前列。由于堀田等人是权力的所有者，所以在认识到日本急需"万国公法"的迫切性后，便容易采取相应的措施。

第一，自 1860～1867 年，幕府多次派出"遣外使节团"，围绕着"万国公法"体系中的条约事宜，与西方各国进行交涉。其中主要的有下述的六次：

（1）1860 年 1 月 22 日，为了与美国交换通商条约的批准书，幕

---

① ハリス日記．転引自明治大学史資料センター監修．維新史 2 尾佐竹猛著作集第十四巻．ゆまに書房，平成 18 年，36．

府派出以外国奉行（相当于今天的外务大臣）、丰前守（负责丰前政务的长官）新见正兴（1822～1869年）为正使的"遣美使节团"，咸临丸号（胜海舟为指挥，福泽谕吉同行）作为附属舰船同行，一行总计81人①。这是幕末日本的第一次外派使节活动。5月15日，新见一行到达美国首都华盛顿，拜见了美国总统詹姆斯·布坎南。5月23日，与美国国务长官交换了"条约批准文书"。1860年11月9日返回日本。

（2）1862年1月30日，为了交涉"延期开市开港"事宜，幕府派出以竹内保德（1807～1867年，幕府重臣，下野的行政长官）为正使的第二次遣外使节团。这一次的出访地是欧洲各国，因此也被称为"幕末第一次遣欧使节团"。竹内一行乘坐英国军舰从长崎出发，4月7日到达巴黎，4月29日到达伦敦，6月6日交换"伦敦备忘录"。后经荷兰、普鲁士、俄国重抵巴黎，又从巴黎前往葡萄牙，于1863年1月28日乘坐法国军舰回到品川②。虽然与法国的交涉不顺，但与英国的交往却如愿以偿，签署了对兵库、新潟、江户、大阪等延期5年开港开市的"备忘录"。

（3）1864年2月6日，幕府派出了以池田长发（1837～1879年，筑后国的地方长官）为正使的第二次"遣欧使节团"，主要任务是与法国商谈"关闭横滨港"事宜。法国方面认为横滨是法国对日交易的据点，拒绝了池田一行的主张。尽管如此，池田本人因受西方文明的强烈刺激，认识到开国的重要性，故于3月13日和拿破仑三世会面后，私自代表幕府签订了包括下关战争的赔偿请求、横滨港自由化以及增开新港等内容的《巴黎协定》；并在回到横滨后，于8月23日将《巴黎协定》呈给将军，结果遭到了俸禄减半与蛰居的处分。

（4）1865年5月5日，幕府派出以外国奉行、日向国行政长官柴田刚中（1823～1877年）为正使的"遣欧使节团"，目的是为了调查法、英军事制度和建设横须贺钢铁厂。7月，柴田一行成功地与法

---

① 久保田恭平. 幕末遣外使節と万国公法//函館大学論究. 通号3，函館大学，1968：24.

② 久保田恭平. 幕末遣外使節と万国公法//函館大学論究. 通号3，函館大学，1968：27.

国缔结了关于指挥建厂与聘请军事教练的协定，并于 1866 年 1 月回国。

（5）1866 年 10 月 12 日，幕府派出了以外国奉行兼箱馆奉行的小出秀实（1834～1869 年）为正使的"遣俄使节团"，目的在于交涉库页岛的国境问题。1867 年 3 月 30 日，使节团与俄国签订了"维持库页岛乃日本、俄国两国共有之现状"的《日俄桦太岛规则》后回国。

（6）1867 年 4 月，幕府派出了以民部大辅德川昭武（1853～1910 年，十五代将军德川庆喜的弟弟）为首的遣法使节团，参加"巴黎万国博览会"，目的在于将新将军德川庆喜的国际感觉诏告世人，并企图重振将军权威。但事与愿违，在万国博览会如火如荼地进行期间，日本十五代将军被迫将"大政"奉还于天皇，德川幕府倒台。

第二，幕末派遣海外留学生，引进西方的"公法"学问。

幕末日本的第一批海外留学生是 1862 年派往荷兰的。在派出的人员中有军人、医生和思想家等。在具体分工上，榎本武扬和泽太郎左卫门负责学习与研究西方海军；伊东玄伯和林研海负责研究医学；而津田真道和西周负责研究西方政治学。其中，西周和津田真道对政治学中的"公法"学情有独钟，值得关注。

因荷兰是国际法学的起源地，所以西周和津田真道等日本留学生于 1863 年到达荷兰。在苦学三个月荷兰语后，便师从毕洒林教授学习五科（法理学、国际法、国法、经济学及统计学），为摧毁原有的国际观念而在西方政治学的林泽中吸吮着。其积极的学习意欲形象地展现于西周在《五科口诀纪略》的表述中。他说：

"文久壬戌 6 月，鱼人（西周的谦称）与津田真道共奉朝命，与海军士官生发于江户，癸亥 4 月抵荷兰，驻于来登。……我邦近来与外国订交，时务所急，遂于江户设开成所，以令演习洋语、地理、算术、格物化学诸科。唯至西方政事一科，则未有传之者。然讲明万国交际之通义、究查四洲政治之得失，乃今日所急。……谋之于来登大学法学博士毕洒林氏，此乃我二人所师事也。……博士示教授之法：一曰性法学，其二曰万国公法，其三曰国法学，其四曰经济学，其五曰政表学。凡此五科，讲之宜至简至明，务示其根基，并使二君解其旨趣利用。"① 由此可见,西周和津田学习的是荷兰的政治学。

在认识上,西周还指出:"第一论性法,乃百法之根源也;第二至第三论万国公法并国法,是推广性法;外以律万国之交际,内以纪国家之治理也;而第四论经济学,是富国安民之术。终之以第五论政表学,是察一国之情状如何,而致其详密之术也。"② 很明显,西周对荷兰法学的认识是深刻透彻的。

1866 年,学有所成的西周将译出的"万国公法",以四卷本《荷兰毕洒林氏万国公法》公开发行,并赶赴京都直接奉献给将军。1867 年,西周又将"法理学"翻译命名为《性法口诀》。但因战乱丢失译稿未曾发表于世。现今流传下来的是神田孝平的译本。关于这一译本出版的来龙去脉,神田在绪言中有所表露:

"毕氏云:万国公法乃性法之万国间通用者也。国法乃性法之官民间通用者也。由是观之,诸种法律最趣意相异,究其根源均由性法出。……两氏(指西周和津田真一郎)归朝后,译国法及万国公法,已刊行于世。尔后,西氏(指西周)亦译此书命名为'性法口诀'。但未及刊出,遭遇时变,其译稿丢失。以后两氏为尘世奔走无暇秉笔再译。余恐世人不知此书,故不顾拙陋而译之。"③

几与西周将《万国公法》献给将军的同期,津田真道将"国法学"译出,并于 1868 年以《泰西国法论》刊行。与西周、津田真道不同,榎本武扬则在荷兰的海军培训学校学习。在五稜郭战败后,他将视若珍宝的《海上国际法》奉献给政府军。

第三,向英法两国派出使团的同时,也派出随员学习"万国公法"。

在时间上晚于遣荷留学生三年,幕府于 1865 年向英法两国派出了使节团,以柴田日向守为代表。其中,使节团随员福地源一郎(1841~1906 年、幕臣、新闻记者、剧作家)受幕府之命前往法国,学习与研究"万国公法"及国际关系史。他在回忆往昔留学经历时说:"先生们十分惊讶于我对法律政令的无知无识。他们认为,如果

---

① 森鸥外. 西周伝//鸥外全集第三卷. 東京:岩波书店,1987:84-85.
② 森鸥外. 西周伝//鸥外全集第三卷. 東京:岩波书店,1987:85.
③ 大久保利谦. 西周全集第二卷. 東京:宗高书房,1961:104-105.

不知晓普通的法理及国际历史知识,那就根本谈不到对万国公法的学习。所以,必须先学习国际关系史,然后学习普通的法律。因语言是工具,故先从学习法语开始了。"① 这样,在法国等先进文化的洗礼下,根据留学时代的积累,福地源一郎在 1868 年、1869 年分别出版了《外国事务》和《外国交际公法》。

可见,开始于 1860 年的"幕末遣外使节团"的出访活动,表明幕府在思想上已经接受了"万国公法体系"。实际上,这是幕府应对"开国"的政策选择,派出的随员或留学生学习"公法"知识,又是应对"开国"的真实反映。在这个意义上,将不断吸收与引进的"万国公法"视为"开国论"的"指导原理"② 已毫无疑义。

4. 幕府对《万国公法》的传播

幕府进行海外派遣的同时,在内部则倾力宣传"万国公法"。虽说"万国公法"在内容上指西方国际法的整体,但清政府出版的汉译本《万国公法》于 1865 年被译介到日本后,在相当长的时间内成为幕府的宣传对象。其手段主要有以下两点:

第一,组织人员翻刻丁韪良的汉译本《万国公法》。

根据学者们的研究,晚清中国对《万国公法》的认知比日本早,通常认为林则徐是第一人。他在禁烟运动中,认识到国际法的重要性,想从中找到抵抗英国向中国运输与贩卖鸦片的国际根据。他曾经佯装看病求助当时美国在华医生伯驾(Dr·Peter Parker)帮助翻译有关国际法的内容。根据病历报告,"案例号 6565:林长官 7 月的依赖不是医疗问题,他是让我帮助翻译从洋商那里得到的'国际法'中有关战时封锁和战时管制品等与敌国手段相关之部分。"在译后,伯驾还添加了"所有国家都可以禁止来自外国的商品,外国对此没有抵抗权。所有国家都拥有禁止走私品并对其实施没收的权利"③等内容。这一记载充分反映出晚清中国爱国志士的不懈努力。

1864 年,清政府出版的美国传教士丁韪良的汉译本《万国公法》,很快被幕府引进,并由江户老皂馆的万屋兵四郎翻刻。此后在

---

① 福地源一郎. 伝記叢書 110 懐事往談(伝記福地源一郎). 東京:大空社,1993:131.

② 尾佐竹猛. 明治維新上卷. 東京:宗高書房.1978:127.

③ 住吉良人. 明治初期における国際法意識//明治大学法律研究所編. 法律論叢. 東京:明治大学法律研究所,1975(48-2):7.

相当长的一段时间里，丁译本的《万国公法》给予幕末维新期的日本以很大影响，其后日本陆续刊出的《万国公法》译本或解释著作大多以丁译本为基础。此时，在日本掀起了《万国公法》的译介热潮。

第二，鼓励翻刻《万国公法》，并将其纳入学校教育的主体框架中。

幕府在引进汉译本的《万国公法》后，为每个实力强藩分发一册[①]，并鼓励各藩对其进行再翻刻，这使得汉译本《万国公法》的翻刻本在世间广为传播。明治维新前后，延冈、松江、出石、田边、淀、三日市、神户、金泽、土佐等地区和诸藩都有过翻刻史。与此同时，包括上述藩的藩校和乡校在内的许多教育机构还将《万国公法》列为学校的教授科目。根据文部省的调查，淀藩的"明心馆"、郡山藩的"造士馆"、岸和田藩的"讲习馆"、神户藩的"教伦堂"、佐仓藩的"成德书院"、加贺藩的"金泽学校"、三日市藩的"教授所"、出石藩的"弘文馆"、松江藩的"修道馆"、田边藩的"修道馆"、延冈藩的"广业馆"、小田原藩的"日新馆"以及肥前国福江本校、乡校，武藏国北多摩郡布田乡学校[②]，伊势国度会学校等，都设置了法科，将《万国公法》作为教授的主要内容之一。可见，"万国公法"的普及活动始于幕末维新期，以藩校和乡校等教育机构为媒介，从小学阶段做起，从中央向地方传播公法知识。

从幕府采取的上述措施看，在对待《万国公法》上，幕僚们已表现出的开明性和先见性，成就了近代之初日本人的公法意识观念。而这种意识观念折射出日本人外交上的敏感度在当时的东亚地区，是强于其他国家的。虽然清政府也有"《万国公法》乃规范国际秩序法典"的认识，但普及公法的意识淡薄，行动迟缓，在活学活用方面被日本甩在了后面。

综上所述，《万国公法》传入日本后，为日本社会的各个方面都注入了鲜活的因素。而在这种因素的不断浸润下，原有的东亚国际

---

① 松本健一.世界へのまなざし——『万国公法』をめぐって//日本及日本人，東京：J&Jコーポレーション出版，（通号1619），1995：76.

② 安岡昭男.慶応、明治初期の万国公法点描//日本古書通信.東京：日本古書通信社，1999（840）：4.

秩序在内部遭到了破坏。破坏归破坏,"日本幕末期的'万国公法'受容"这一客观存在却处于原有东亚国际秩序的"破"与新秩序"立"的转换期上。以长远的视角观之,这一转换期恰好是东亚国际秩序发展史上中间阶段的重要一环。历史性地思考东亚地区,可以将该地区的国际秩序发展史概括为以下三个时段:①隋唐时期兴起、明清时代达到鼎盛的,以中国为中心的"华夷秩序"(包括侧重经济层面的朝贡关系与政治层面的册封关系)时段;②西方列强武力迫近东亚后,"华夷秩序"走向解体、"万国公法体系"取而代之的时段;③自2001年以来,东亚各国追求的所谓"东亚共同体"的时段。三个时段直面的共性问题在于,东亚各国在这一地区的地位如何、在地区事务中扮演着什么样的角色,以及各国利益的平衡点在何处等。仅就第二个时段而言,作为"万国公法体系"法律准绳的《万国公法》,究竟给东亚带来了什么,有理由成为我们进一步思考的问题。

第二节　日本近代法体系中的"万国公法"

西方列强以"万国公法"为理论工具打开日本锁国大门后,日本的思想家、政治家们便采取了多种手段引进西方的法律制度。其中,多版本的《万国公法》在近代之初的日本纷纷登场,成为日本近代法体系的有机构成。与此同时,其自身伴随着近代日本社会的变化而变化,并表现出不同的阶段性特征。这种不同阶段的特征所表现出的实质意义在于:为日本社会不同时段的需求提供了理论武器。因此,考察近代日本的多版本《万国公法》,可以找出日本走上战争道路的法理原因。

《万国公法》在日本近代初期的传播,掀起了一股译介与著述公法的热潮。本论拟从"以《万国公法》为中心的近代法体系"、"以《万国公法》译介为中心的法律体系构成"以及"以《万国公法》著述为中心的结构特征"等方面展开论述,从而客观地再现国际法在近代日本社会的存在实态。

1. 以《万国公法》为中心的近代法体系概观

本文涉及的版本学①意义上的《万国公法》，并非单纯地指翻刻清政府刊出的丁韪良汉译本《万国公法》，而是泛指在西方法律东传过程中，日本的思想家们对与《万国公法》相关的西方法律进行移植与传播的成果实态。因为在他们的思想意识中，凡是西方的法律制度都有"放之四海而皆准"的功效，所以虽然不是同一本著作，但在译介过来的时候，采用同一名称的情况却大量存在，往往会出现同一本书被译介之后产生了不同译本，而不同著作被译介过来时却采用了同一名称的现象。

虽说 1865 年开成所翻刻清政府出版的汉译本《万国公法》，被约定成俗地认为是"近代日本国际法受容"的起点。但是，最初接触与吸纳西方法律的时间，应该是幕末维新期的 1859 年。作为背景，1858 年幕府与美国、荷兰、俄国、英国及法国签订的《安政五国条约》，被迫承认了外国有在日本设定"居留地"、享有领事裁判权、协定关税率以及片面的最惠国待遇等内容。尤其是"领事裁判权"一项被认为是"非文明国度"的象征，故在条约签订的同时，"条约改正"就成为幕府及其后明治政府的主要任务。

可以说，在日本构筑近代法体系的过程中，《万国公法》只不过是处理外交事务的通则，因此它只是日本近代法体系的一个组成部分。除此之外，涉及宪政、民法等带有进步意义的法律也同时在日本开花结果，为近代法体系增添了丰富的内涵。下表是按照时间顺序整理的近代日本法体系的具体构成，似乎能够说明些问题。

日本近代法体系构成一览表

序号	著者或译者	资料名	出版年代	备注
1	菊屋幸三郎	《亚墨利加国条约并税则》《阿兰陀国条约并税则》《鲁西亚国条约并税则》《英吉利国条约并税则》《佛兰西国条约并税则》	合称为《安政五国条约》，安政六年（1859 年）和装本	与政府间的换文所不同的是，菊屋幸三郎的编辑整理工作是试图发现近代西洋法律制度的发端

---

① 版本学，是对图书的形态特征与流播过程中的变化以及真伪等进行研究辨别的学问。主要内容包括版本的源流体系、异时空的翻刻特点以及识别鉴定等。一般说来，版本学也特指针对同一部著作在几经刻印后产生的不同本子进行研究，以求寻找规律的学问。

2	万屋兵四郎	《地球说略》	中国刊出时间为1856年（咸丰六年），文久年间（1861~1864年）由江户老皂馆翻刻至日本	在华洋人传教士翻译的汉译本著作一经出版，便很快被翻刻至幕末维新期的日本
3	万屋兵四郎	《联邦制略》	中国刊出时间为1861年（咸丰十一年），文久年间（1861~1864年）由江户老皂馆翻刻至日本	（同上）
4	万屋兵四郎	《官版万国公法》（全六册，由西周训点，开成所版）	中国刊出时间为1864年（同治三年），1865年由江户老皂馆翻刻至日本	根据丁韪良汉译本《万国公法》
5	吴硕三郎、郑硕十郎翻译；平井义十郎校阅	《和解万国公法》	1868年完成，未出版	根据丁韪良汉译本《万国公法》
6	加藤弘之	《立宪政体论》	纪伊国屋源兵卫，1868年	从"天赋人权论"角度阐述立宪政治思想的力作
7	毕洒林氏著、西周译述	《毕洒林氏万国公法》	大阪敦贺屋，1868年	西周根据他在荷兰莱丁大学留学之际的课堂笔记作成
8	堤毂士志译	《万国公法译义》（全四册）	御用御书物版，1868年	根据丁韪良汉译本《万国公法》
9	津田真一郎译	《泰西国法论》	1868年出版	根据毕洒林氏的讲课笔记
10	（美）惠顿著、瓜生三寅译	《交道起源·一名万国公法全书》	京都竹苞楼，1868年	抛开丁韪良译本，直接根据惠顿原著翻译而成

11	福地源一郎翻译	《外国交际公法》（上下卷）（G. F. DE. Martin, Diplomatic Guide）	1869 年	根据德国法学家马尔顿斯的《外交手册》译出
12	重野安绎译	《和译万国公法》（全三册）	鹿儿岛藩版，1870 年	根据丁韪良汉译本《万国公法》
13	毕洒林氏著、神田孟恪译述	《性法略》	纪伊国屋源兵卫，1871 年	根据毕洒林氏的讲课笔记
14	箕作麟祥口译、十士革执笔	《法兰西法律书 民法》（十六册）	大学南校（东京大学），1871 年	是对拿破仑《民法典》的翻译
15	（美）吴尔玺著、箕作麟祥译	《国际法·一名万国公法》（五册）Woolsey: introduction to the study of international law	1873～1875 年刊印，弘文堂	第一次译出"国际法"一词
16	（美）惠顿著、大筑拙藏译	《惠顿氏万国公法》（二册）	司法省 1875 年。起初只翻译了有关战争的部分，1876 年全译后，1882 年刊行	1874 年出兵台湾后翻译的著作，目的在于了解国际法的战争规定、搜集情报以及理论武装等
17		《电信万国公法》	1875 年于俄国比特堡（彼得堡）府议定，电信局	
18	马屋原彰译	《万国公法略》		
19	何礼之译	《万法精理》（十八册）《万法精理》（二册）	1875 年1876 年	根据（法）孟德斯鸠的《法的精神》翻译
20	蕃地事务局译、大音龙太郎校正	《坚氏万国公法》（一册）	蕃地事务局，1876 年	根据（美）坚土氏（詹姆斯）·甘德（James. Kent）的著作，为出兵台湾而译

21	秋吉省吾译	《波氏万国公法》（全六卷）	有麟堂，1876年	根据（美）亨利·瓦格·波勒克的《国际法原理》译出
22	高谷龙州注释、中村正直批阅	《万国公法蠡管》（全八册）	济美黌，1876年	根据丁韪良汉译本《万国公法》
23	丁韪良汉译	《公法便览》，日本人训点后以《训点公法便览》刊出	丁韪良译本刊于1877年，日本的训点本刊于1878年	根据吴尔玺本译出，1889年西村茂树侍讲著作
24	荒川邦蔵、木下周一合译	《海氏万国公法》（一册）	司法省，1877年	根据（德）奥古斯特·威尔海姆·海弗得的著作译出
25	名村泰蔵译	《法国刑法讲义》	司法省，1878年	根据（法）波伊索纳德 Gustave Emile Boissonade 的授课内容译出
26	（英）亚么士著、海军兵学校译	《万国公法》	东京海军兵学校，1879年	
27	箕作麟祥译	《法兰西法律书》（二册）上卷：宪法、民法 下卷：诉讼法、商法、治罪法、刑法	大野尧运报告社，1880年	
28	中村孟著、沼崎甚三记	《万国公法问答》	东京海军兵学校，1887年	
29	沼崎甚三编	《万国公法要诀》	东京博闻社，1888年	
30	三宅恒德译	《浩氏国际法》	1888年	
31	有贺长雄编	《万国战时公法：陆战条规》	陆军大学校，1894年	
32	有贺长雄	《赤十字条约编》	日本赤十字社，1894年	
33	有贺长雄	《国际公法讲义录：将校教育资料》	海军教育本部，1900年	

34	有贺长雄	《日清战役国际法论》	哲学书院，1903 年	初版 1896 年以法语刊出
35	有贺长雄	《文明战争法规》	金港堂书籍，1904 年	
36	有贺长雄	《战时国际公法》（上、下卷）	早稻田大学出版部，1906 年	
37	有贺长雄	《日俄陆战国际法论》	东京偕行社，1911 年	
38	高桥作卫	《日清战争国际法事件论》	1899 年于伦敦刊出英文版	
39	高桥作卫	《战时国际公法》	哲学书院，1902 年	
40	高桥作卫	《平时国际公法》	日本法律学校，1903 年	
41	高桥作卫	《战时国际法理先例论》	东京法学院大学，1904 年	
42	高桥作卫	《战时国际法要论》	1905 年	
43	高桥作卫	《日俄战争国际事件要论》	清水书店，1905 年	
44	高桥作卫	《纂注国际法外交条规》	清水书店，1912 年	
45	高桥作卫	《国际法大意》	清水书店，1913 年	
46	文信社编辑部	《平时国际公法便览》	文信社出版部，1926 年	初版刊于 1918 年
47	板仓卓造	《近世国际法史论》	严松堂书店，1927 年	
48	立作太郎	《战时国际法：全战时国际法》	有斐阁书房，1917 年	
49	立作太郎	《平时国际法论》	日本评论社，1930 年	
50	立作太郎	《战时国际法论》	日本评论社，1931 年	
51	立作太郎	《国际联盟规约论》	国联联盟协会，1932 年	
52	立作太郎	《时局国际法论》	日本评论社，1934 年	
53	立作太郎	《现实国际法诸问题》	岩波书店，1937 年	

54	立作太郎	《支那事变国际法论》	松华堂书店，1939 年第三版	
55	松原一雄	《国际公法 国际私法》	非凡阁，1935 年	非凡阁大众法律讲座第十卷
56	信夫淳平	《战时国际法讲义》（全四册）	东京丸善社，1941 年	
57	安井郁	《大东亚国际法丛书Ⅰ欧洲广域国际法的基础理念》	东京有斐阁，1942 年	
58	松下正寿	《大东亚国际法丛书Ⅱ美洲广域国际法的基础理念》	东京有斐阁，1942 年	
59	英修道	《大东亚国际法丛书Ⅲ日本的在华治外法权》	东京有斐阁，1943 年	
60	大平善梧	《大东亚国际法丛书Ⅳ支那的航行权问题》	东京有斐阁，1943 年	

2. 以公法译介为中心的近代法体系的结构特征

上表的统计结果显示，自 1859 年起，基于对与西方签订的近代条约的关注，整理出版条约集的同时，相关西方法律著作也相继被译介到日本。因此，外交问题在幕末维新时期的日本一直受到应有的重视。相应地，围绕外交问题的"万国公法"及国内法的译介活动频繁，成果显著。根据上表，大体可以从以下几个方面总结近代法体系在幕末维新期日本的结构特点：

第一，在签订不平等条约的同时，对条约进行归并整理，并试图从全新的国际视角加以探究的工作，是近代法体系进入日本的最初存在形态。上表中序号 1 的菊屋幸三郎所做的工作当属此类。

第二，关注中国的西方法律译著，并立刻将其翻刻至日本，成为日本近代法体系的有机构成。上表中的 2，3，4 属于此类。万屋兵四郎及出版机构老皂馆在这方面起到了不可忽视的作用，并因此而扬名。在其翻刻的著作中，《地球略说》旨在阐述全球的地理知识；《联邦制略》则触及了西方的政体模式；而《官版万国公法》的翻刻，则是幕末维新期的日本人在精神上向国际法迈进的主要标志。

第三，《官版万国公法》（原著者惠顿，由在华传教士丁韪良译成汉译本，1864 年由清政府出版）于 1865 年被翻刻至日本后影响非常大。以其为蓝本的训点、注释、和解、和译等译著不仅是近代法体系的一个重要分支，还奠定了国际法体系的基础，并给予明治政府的外交政策以影响。

上表中的5，8，12，22等属于此类。其中，吴硕三郎、郑硕十郎以及平井义十郎都是长崎"唐通事"（翻译）出身，《和解万国公法》是对翻刻本的训点著作。而堤殻土志译的《万国公法译义》（全四册），已经不是单纯的训点著作，而是彻底以假名文字进行的再译著作，只译至丁韪良本的第二卷第二章第十三节。该著作有京都书林和山城屋等不同版本。其特点有二：其一并非完全采用丁韪良的译语；其二将国际法解释为自然法，带有以朱子学的自然秩序原理加以诠释的倾向。可以看出，在日本引入外国法律制度之际，朱子学的相关概念、理念起到了嫁接的作用。重野安绎的《和译万国公法》（全三册）是对丁译本的重译，翻译至第一卷第二章，同样以自然法加以理解，并辅以儒教式的阐释。高谷龙州注释、中村正直批阅的《万国公法蠡管》（全八册）也是译注本，特点是注释多、在译语上功夫见长。

第四，抛开丁译本《万国公法》，直接从惠顿的原著入手进行的译介工作，为近代法尤其是国际法体系增添了特有的内涵。上表中的10，16属于此类。瓜生三寅翻译的《交道起源·一名万国公法全书》，译至原著的第一卷第一章第十二节，对丁译本进行了批判，并回避了"万国公法"用语，将"International Law"译为"交道起源"。大筑拙藏译的《惠顿氏万国公法》（二册）是对惠顿原著进行全译的最初尝试，同时为日本进犯东亚邻国提供了理论武器。

第五，幕末维新期派往欧洲的留学生学成回国后，将在欧洲听讲的法律笔记进行整理与译介成书的著作等，对日本帝国宪法的制定有着重要的意义。此外，向欧洲派出的使节团成员及翻译官等的译作同样具有现代意义。其特点是译介的范围宽泛，涉及的国别众多，几乎囊括了西方近代法学的所有经典著作。上表中的7，9，11，13，14，19，25，27属于此类。

在1862年幕府向荷兰派出的留学生中，有15名专攻法律与政治学，津田真一郎、西周是其中的两位。他们跟随荷兰莱丁大学教授毕洒林学习，回国后先后翻译出版《毕洒林氏万国公法》、《泰西国法论》和《性法略》。"性法"是自然法，《性法略》是基于自然法立场的法学原理著作;万国公法乃"适用于万国间之性法者也";"国法乃用于官民间之性法者也"。① 这三部著作各有分工,《性法略》阐述基本原理,《万国公法》规范外交指导原则,而《泰西国法论》则是一国的国内法。在意识形态领域,三部著作为充实当时有识之士的精神世界奠定了基础,为"明治文化"的形成提供了思想因子。从阐释世界秩序及道理法则的角度讲,三部著作将西方近代法学系统地介绍到日本,"照亮了黑暗时代"②,在近代日本法制史上占有极其重要的地位。

1865 年,幕府翻译官福地源一郎被派往英法等国学习"万国公法",他所取得的成就是根据德国法学家马尔顿斯的《外交手册》译出《外国交际公法》上下卷。而在中国,丁韪良于 1877 年将其翻译为《星轺执掌》。③

1867 年,末代将军德川庆喜派弟弟德川昭武赴法国巴黎参加万国博览会,随行人员有箕作麟祥与名村泰藏等。二人细心留意法国的民法与刑法。箕作麟祥回国后受江藤新平之命④,针对法国民法展开了译介活动,首次译出"动产"、"不动产"以及"相杀"等法律用语。为了顺畅完成翻译任务,他同西周与津田真一郎创作出造语"权利"与"义务",并使之在日本推广开来。另外,因将"Droit civil"译为"民权"一词,在太政官制度局民法编撰会议上引起了"民众手中的权力究竟为何物"的争论。他留下的翻译著作有十六册的《法兰西法律书——民法》和二卷本的《法兰西法律书》,几乎涉及了近代法学的所有分支法,并为幕府裁判体制向近代裁判制度的转型提供了法理依据。因而,箕作麟祥被同时代人评价为"日本的法律创始人"⑤。

---

① 石井良助.外国法对明治前期立法的影响//明治文化研究会编辑.明治文化全集第十三卷 法律篇.東京:日本评论新社,1957:3.
② 吉野作造.《性法略》《万国公法》《泰西国法论》解题//明治文化研究会编辑.明治文化全集第十三卷 法律篇.東京:日本评论新社,1957:9.
③ 邓正来.王铁崖学术文化随笔.北京:中国青年出版社,1999:22.
④ 江藤新平:肥前藩武士出身,佐贺七贤之一。明治初期的政治家、法学家、民权思想家,自由民权运动的支持者。1872~1873 年任司法卿之际,对近代日本的司法建设作出了卓有成效的贡献,崇尚法国民法典。1874 年被明治政府枭首示众。
⑤ 吉井苍生夫.西欧近代的受容与箕作麟祥//《明六杂志》及其周边——西洋文化的受容思想.思想与语言.東京:御茶水书房,2004.

名村泰藏主要着手翻译刑法。1873 年，他陪同日本聘请的法国学者波伊索纳德①归来，将波氏在 1875 年 9 月 25 日至 1876 年 4 月 8 日的全 32 回讲座内容译为《法国刑法讲义》。

1871 年，明治政府派出岩仓使节团，一等书记官何礼之一同前往。到达美国华盛顿后，何礼之向当地的法学家请教泰西法律知识，被劝告阅读孟德斯鸠的《论法的精神》。结果，他不但阅读了原著，还在 1875～1876 年将其译为《万法精理》。

第六，1860 年美国法学家吴尔玺出版了著作《国际法引论》，传至中日两国后影响很大。上表中的 15，23 属于该著的译本。1873～1875 年，箕作麟祥将其翻译为五卷本的《国际法·一名万国公法》。这是东亚国家首次将"International Law"翻译为"国际法"，此后迎来了一个"万国公法"概念与"国际法"概念并用的时期。在中国，1877 年丁韪良将《国际法引论》汉译为《公法便览》，随即 1878 年日本出版了丁译本《训点公法便览》。1889 年西村茂树就是用这一版本为天皇进讲的。史料记载："1889 年 1 月 7 日，枢密院顾问官元田永孚进讲大学治国平天下；式部次官兼御歌所长男爵高崎正风进讲万叶集卷八之元正天皇御制波太虚珠寸一首；宫中顾问官西村茂树进讲美国人吴尔玺著《公法便览》（丁译本）中之偃武三策。"② 由此可见，天皇积极学习最新的国际法知识，是日后国际法得到重视并被加快传播的政治原因。

第七，日本法学家们密切关注世界各国的法学发展状况，一方面不断挖掘以前曾忽略的国际法著作，一方面注意新作的出版动向，并试图尽快将它们译介到日本。因此，日本又产生了一批涉及军事、战争等内容的国际法译著。上表中的 20，21，24，26，30 当属此类。

1876 年，蕃地事务局组织大音龙太郎等人，根据美国法学家坚土氏（詹姆斯）·甘德（James，Kent）的《国际法解说》，翻译出版了《坚氏万国公法》。1876 年，秋吉省吾根据另一位美国法学家亨

---

① 波伊索纳德（Gustave Emile Boissonade，1825～1910 年）：法国的法学家，巴黎大学教授。1873 年受聘于明治政府，担任法制整备顾问，起草民法、刑法等。1895 年回国。

② 宫内厅．明治天皇纪：第七．東京：吉川弘文馆，1972：179.

利·瓦格·波勒克的《国际法原理》(1866 年)翻译出版了六卷本的《波氏万国公法》。1877 年,司法省翻译出版了德国法学家奥古斯特·威尔海姆·海弗得的著作《海氏万国公法》。1879 年,东京海军兵学校翻译出版了英国人亚么士的《万国公法》。1888 年,三宅恒德翻译出版了《浩氏国际法》一书。这些著作不仅丰富了近代国际法知识,还为日本人撰写新的国际法著作提供了思想源泉。

　　3. 以公法著述为中心的近代法体系的结构特征

　　自从"国际法"一词出现以后,日本便迎来了"万国公法"与"国际法"概念并用的历史时期。直至 20 世纪初期,日本出版的法律词典中存有"万国公法"、"公法"、"国际公法"与"国际法"①等概念不同而内涵同一的解释。在这种情况下,日本人撰写的《万国公法》著作,在概念的选用上很难达成一致,这说明日本人对"万国公法"的思考有所深入,同时也证明近代法体系在结构上得到了进一步的完善与充实。为了方便起见,本节标题选用了带有普遍意义的"公法"概念,以便易于问题的阐述。

　　第一,日本人编辑出版的问答、要诀类读本,是试图构建日本人自己的公法体系著作的尝试。上表中的 28,29 等当属此类。从译介"万国公法"到出版与"公法"相关的问答及要诀等读本,是建立在对"万国公法"彻底理解之上的实践活动。以中村孟著、沼崎甚三记的《万国公法问答》与沼崎甚三编著的《万国公法要诀》为代表。

　　第二,日本国际法学家撰写的国际公法著作和就某一事件展开的国际法论述等,成为近代日本人引进《万国公法》的实际"作为",其目标指向解决日本面临的实际问题。然而,不能忽视的是,这些著作中多半包含着为侵略战争提供理论依据的思想因子。上表中的 31～54 当属此类。

　　与上述两部著作相比,在明治时代掀起"万国公法"研究热潮的现实形势下,以更深入的视角探讨国际法以及以解决实际问题为目标的专家学者逐渐登上历史舞台。例如,有贺长雄、高桥作卫与立作太郎等,都是较为著名的法学专家、法学博士。

---

　　① 何勤华."万国公法"与清末国际法.法学研究,2001 (5):143.

有贺长雄①一度十分活跃，除了上表列出的 7 部著作外，还发表了大量关于国际法的论文及著作。其时局观及对国际法与国际事件的关联认识等，不断通过 1898 年创刊的《外交时报》杂志加以宣传。他的著述在丰富了近代日本国际法体系的同时，也为完善世界国际法作出了贡献。甲午战争结束后，有贺长雄去欧洲留学，为了向西方各国阐释战争的合理性，于 1896 年 3 月用法语写下了《日清战役国际法论》，回国后将其翻译为日文。其撰写该书的目的在于：将中国军队在战争中"无视战律"、日军"遵守文明交战条规"② 等实况告知欧洲国际法学家。可见，日本法学家在透彻地领悟到"万国公法"的本质后，马上将其功效发挥在曲解日本的侵略战争上来。相反，中国学者则在"盖国强则公法我得而废之，亦得而兴之；国弱则我欲用公法，而公法不为我用"③ 的哀怨之中徘徊。另外，在晚清中国，"国际法的主要任务是保障和补充不平等条约的执行，中国政府除了遵守条约之外别无其他求生方法。中国不能寻求国际法保护，而按照条约进行对外关系被认为是与西方国家保持'和平'和保护利益的唯一途径。"④ 可以认为，近代国际法无论在中国抑或日本，都表现出"强权政治"⑤ 这一本质特征，这也许是因为近代国际法在殖民主义兴起之际形成的缘故。

高桥作卫⑥是与有贺长雄齐名的同时代的国际法学家，上表中的 8 部著作奠定了其在日本国际法学界的地位。《日清战争国际法事件论》是他用英语写成的博士学位论文，于 1899 年在伦敦刊出，

---

① 有贺长雄（1860～1921 年），1860 年生于大阪，公法学家。1882 年东京大学毕业，1886 年自费留学欧洲，在德国师从施泰因学习国法学。1887 年回国后，曾在陆军大学校、海军大学校、庆应义塾大学、东京帝国大学以及早稻田大学讲授国际法。后进入政界担任甲午战争与日俄战争的法律顾问，1899 年曾代表日本出席"海牙万国和平会议"。1913 年起担任袁世凯的法律顾问，1915 年因反对侵华的"二十一条"与政府发生对立。

② 有贺长雄．日清战役国际法论．东京：哲学书院，1903：1.

③ 王韬．弢园文录外编．沈阳：辽宁人民出版社，1994：49.

④ 邓正来．王铁崖学术文化随笔．北京：中国青年出版社，1999：43.

⑤ 戚其章．国际法视角下的甲午战争．北京：人民出版社，2001：5.

⑥ 高桥作卫（1867～1920 年）：1894 年东京帝国大学法学专业毕业，甲午战争期间担任海军舰队司令的法律顾问和陆军翻译。1897 年赴欧洲留学。1900 年获得东京帝国大学法学博士学位，并于次年 6 月起担任东京帝国大学法学教授，主讲国际公法。他是日俄战前"对俄强硬论"的核心人物。1914 年 4 月，他就任法制局长官，1916 年 10 月起担任贵族院敕选议员。

1900 年获得博士学位。因其在甲午战争期间担任日本海军舰队司令的法律顾问，之后赴欧洲留学，把积累的"战争经验"与欧洲的学术风格结合起来，完成了这部著作。该书因得到英国牛津大学教授、国际法学家胡兰德（T. E. Holland）和剑桥大学教授韦斯特莱克（J. Westlake）的赠序而获得了的成功。与此同时，英国的报纸杂志相继刊载了对此书的相关评论。该书在德国出版后，得到了当时国际法协会秘书、国际法学会会员、教授等人的高度重视。在他们看来，高桥的博士论文有以下几个特点：①该著作是在完全领会欧洲学术成就与精神的前提下完成的力作。②作者本人是战争的参与者，他以"欧洲的文明精神"为解读问题的根据，以其"亲眼目睹"的现实存在，将东亚日本的强大与进步现状活灵活现地展现给西方世界，因而受到了好评。③书中宣扬，日本国民进行的是遵守"泰西国际法"的文明战争，是根据"法律及仁义"的原则进行的战争；而中国方面则是"野蛮战争"。① 由此可见，与有贺长雄的著作一样，高桥在论著中严重歪曲了事实，先入为主地将"日本人的甲午战争论"植入发达的西方国际法学界，以混淆视听、追求"道义"支持。④这部著作为完善欧洲法学家们的"连续航海论"提供了新案例。可见，在 19 世纪接近尾声之际，国际法在日本的发达与战争紧密结合在一起了，并已经成为解释战争合理性的工具。

　　与前两者相比，立作太郎②是日俄战争之际及其后十分活跃的国际法学家。他的著作多达 20 余部，上表中的 7 部仅是其著作总数的三分之一。他关注时事及外交动向，以《国家学会杂志》和《外交时报》为舆论阵地发表见解。自 1907 年起，他开始主讲国际公法，抛弃了以前使用的国外教材及外语教学模式，转而将现实事件与国际法理论结合，采取带有实证主义的讲授方法，从而在日本开创了真正意义上的国际法学。但是在涉及中国问题时，立作太郎的

　　① 有贺长雄. 法学博士高桥作卫著《日清战争国际法事件论》. 外交时报，1900（26）：177.

　　② 立作太郎：1874 年生于东京，1897 年东京帝国大学法律专业毕业，随后攻读国际法专业博士课程。1900 年，赴英、法、德等国家留学并研究外交史。日俄战争爆发后，被政府召回。1905 年获得博士学位。1906 年主讲外交史，1907 年起主讲国际公法。1934年从东京大学退休后，担任外务省的法律顾问，一直在日本侵略战争的"一线"工作。1943 年因病去世。

观点或明或暗地带有帝国主义倾向。早在 1900 年八国联军侵华战争后的善后处理问题上,立作太郎讲述英国人的观点时,暧昧地表达了对"支那分割论"① 的赞同。他在《(支那善后策之一)包罗杰氏(Demetrins. C. BouLger)② 的支那分割论》一文中指出:"介绍包罗杰的观点用意在于:(对于现状中国)虽应该采取支那保全论,但(根据形势)结局往往难以拘泥于此。此乃常理。"③ 即在国际形势的变迁下,采取"支那分割论"而放弃"支那保全论"是顺理成章的事情。此后,在日本走向帝国主义战争的道路上,立作太郎作为提供理论基础的法学家十分活跃。他的《支那事变国际法论》(1939年)一书,是以国际法理论为前提,为日本全面侵华战争制造了"侵略有理"之"法律依据"的"力作"。他认为,一般说来,"国际法上的战争是指由武力引起的国际纷争"。根据这一定义,"支那事变"构成了国际法上的战争,交战双方当然应该遵守"战时国际法","日支"理所应当遵守"交战法规"。④ 立作太郎没有考虑战争的"正义"与"非正义"性问题,只是在以"是否符合国际法"来要求中国应该怎样、应该如何等。

实际上,早在格老秀斯时代,就已经提出"开战前必须宣战的国际法原则",只是到了 1907 年的《海牙第三公约》,才明确地将"开战前应宣战"的国际条约纳入到国际法体系之中,并规定:"非有预先而明显之警告,其形式或用理由之宣战书,或用以宣战为条件之哀的美敦书外,彼此均不应开战。"其中的"哀的美敦书"是"最后通牒"⑤。因而在这个意义上,国际上的习惯做法是战争前必须宣战,而且是有条件的宣战。而立作太郎等人的所谓理论联系实际的国际法论说,无非是为日本的违法行为开脱罪责的辩解。这种

---

①　"支那分割论":帝国主义企图灭亡中国的瓜分政策。英国的包罗杰是首倡者,认为中国皇帝已经出逃山西,在群龙无首的状态下,应该在伦敦召开列国会议,由各国分割中国以指导政府的重建工作。

②　包罗杰(1853~1928 年):英国殖民主义的代言人和辩护士,近代英国亚洲史专家之一,英国著名的军事顾问。

③　立作太郎.(支那善后策之一)包罗杰氏的支那分割论,外交时报,1900(33):30.

④　立作太郎.支那事变国际法论.東京:松华堂书店,1939:1.

⑤　王铁崖.国际法.北京:法律出版社,1981.

为日本侵略进行狡辩的行径,用近代国际法学家霍尔的说法,可以轻而易举地将其戳穿。霍尔说:"如一外国在领土主权国境内享受一种特权,而与领土主权国争论此权之性质和范围时,该国所要求,类当假定为无理由,而绝对不能允许。"① 日本在全面侵华战争前,就已经在中国攫取了大量的权利,并缔造了伪满洲国傀儡政权。为了吞并整个中国而挑起全面侵华战争时,日本既没有"宣战"也没有发出"最后通牒",而是采取了突然袭击。这种做法违反了1907年的《海牙第三公约》,所以在纽伦堡国际军事法庭上,德国与日本都被判定为有罪。

第三,在战争期间,为了向大众普及法律知识,由位于东京小石川区的非凡阁出版发行了一套十二卷本的《大众法律讲座》。其构成如下:第一卷《民法总则》(东京地方裁判所长三宅正太郎、判事日冲宪郎著)、第二卷《物权法》(东京地方裁判所判事长野洁著)、第三卷《债权法》(东京地方裁判所判事藤岛利郎著)、第四卷《亲族法·相续法》(东京地方裁判所长三宅正太郎著)、第五卷《刑法总论》(司法书记官下村三郎著)、第六卷《刑法各论》(东京地方裁判所判事德冈一男著)、第七卷《商法总则·公司法》(法学博士、律师花冈敏夫著)、第八卷《保险法·证券法》(法学博士栗栖赳夫著)、第九卷《宪法·行政法》(早稻田大学教授中村弥三次著)、第十卷《国际公法·国际私法》(法学博士松原一雄著)、第十一卷《刑事诉讼法》(东京地方裁判所长判事日冲宪郎著)和第十二卷《民事诉讼法》(东京地方裁判所长判事下山四郎著)等。在这一套影响宏大的法律丛书中,国际法著作也位居其中,并成为普通民众认识国际争端的法理依据。上表中的55当属此类。

上述十二卷本法律著作的出版是以向大众普及法律知识为主要目的的。在撰写风格上,摒弃了以往生硬地介绍理论的模式,转而以小说风格撰写法律著作、介绍法律知识,以便让读者在轻松的语境下体会深邃的法律内涵。在内容的选择上,主要以事件、实例以及判例为核心,生动活泼地介绍法律常识。因而,这套丛书得到了包括普通民众、学生以及专家在内的各阶层的好评,并被多次再版印刷。

---

① 李广民. 准战争状态研究. 北京:社会科学文献出版社,2004:6.

　　仅就第十卷《国际公法》的内容看，主要涉及了九一八事变、"满洲国的承认"、"国际联盟"的成立及日本退出"国际联盟"等历史事件，并将对上述事件的解释纳入到国际法的理论范畴之中。例如，针对"国际联盟的满洲国不承认决议"问题，在一问一答的阐述风格中，作者认为"联盟（国际联盟）作出的不承认满洲国的决议属越权行为"，并针对《李顿调查报告书》，提出了日本方面的两点反对意见：其一，"日本在满洲的军事活动属于行使自卫权，并未违反联盟规约或不战条约"；其二，"满洲国作为独立国家是人民自发运动的结果，并非由日本或日本军成立的国家"，在这个意义上，"日本必须声明退出国际联盟"。① 再如，当谈及"日满关系"时，作者认为根据"1932 年 9 月 15 日的《日满议定书》，日本承认了满洲国。因此，日满拥有正式的外交关系"。② 可见，在时代形势以及营造特殊话语权的努力下，松原一雄及其著述《国际公法》，在歪曲事实，向更广泛的日本民众宣传九一八事变的"正义性"上，无疑增添了难以估量的助力。

　　第四，在战争期间，以日本自身的事件为背景撰写的国际法学著述诞生，为在理论上超越欧美法学提供了可能。上表中 56 为代表。其特色在于彻底摆脱对欧美国际法学的依附性，以构筑日本特色的国际法学。同期，为了与欧美流行的国际法学说抗衡，日本国际法学会着手研究"大东亚国际新秩序"，并刊行了四卷本《大东亚国际法丛书》。以上表中的 57，58，59，60 为代表。其目的在于为配合政府建设"大东亚共荣圈"进行法理辩护。战后，在对战犯进行提起公诉的同时，曾经支持战争的大学教授被处以剥夺公职的惩罚，以安井郁为代表。

　　综上所述，《万国公法》是日本近代法体系的主要构成部分。无论是对他国相关公法的译介活动，还是撰写日本自己公法著作的实践，在日本近代化道路上表现出的阶段性特点有以下三个：① 1859～1875 年，为大量译介与吸纳西方公法，并苦苦探索"条约改

---

　　① 松原一雄. 国际公法 国际私法. 非凡阁大众法律讲座第十卷. 東京：非凡阁，1935：56-58.

　　② 松原一雄. 国际公法 国际私法. 非凡阁大众法律讲座第十卷. 東京：非凡阁，1935：67.

正”良方妙计的阶段；②1875～1888年，为侵略亚洲国家寻找法理支持与不断丰富国内法并重的译介阶段；③1889～1939年，日本人编著的理论性很强的国际法著作以及大众化的国际法著作相继产生，伴随着日本走上帝国主义战争之路，这一时期是将西方国际法活用到解释甲午战争、日俄战争以及中日战争上来，为日本的侵略举动制造理论根据而撰写公法著作的阶段；④1940～1945年，日本法学家为对抗欧美国际法，积极构筑东亚国际法，为配合政府建设“东亚新秩序”寻找理论支撑。

今天看来，对公法在近代日本传承过程的梳理，可以使我们发现不同时期为日本发动侵略战争提供依据的法理著述以及日本人的外交心理变化。从这个意义上讲，本论的研究对警惕时下日本的外交走势具有一定的现实意义。

第三节　版本学意义上的《万国公法》

“版本学意义上的《万国公法》”想要阐释的主要问题是：考察与归并整理以“万国公法”冠名的多版本译著、著述等，考究其在近代日本的应用价值。

1. “时代任务思想论”

在不断追问《万国公法》对东亚社会何以必要；它存有怎样的魔力，致使近代日本社会刮起了一股翻译热潮等深层次思想要因时，笔者更倾向于用“时代任务思想论”的抽象化概念试图加以诠释。

“时代任务思想论”是笔者在教学与科研实践中，逐渐形成的对思想史研究的一种总结性的认识。即从思想史视角对某一时代进行分析的时候，首先要明确这个时代面临的主要任务是什么。对这些任务进行分析、归并、整理乃至于评价的过程叫“思维过程”，也可以叫作“思维方式”。然后，从具象化的实体或实例中，抽离出近于带有本质性的东西、论说，就产生了“思想论”。从这个意义上讲，我们认为研究思想史就是在探讨“时代任务思想论”的过程。用“时代任务思想论”去解读某一时代思想史，可能会发现与以往研究所不同的更有意义的时代区分与本质特征。

例如，松本三之介在探讨明治时代时，一针见血地指出其面临的两大主要任务：“其一是确保国家独立，以取得和欧美各国对等的国际地位";"其二是构筑新体制"。① 用两种任务去拆解明治时代的精神结构，构成了松本三之介对明治精神结构的有意义的划分。

同理，我们要想考察幕末维新期的精神状况，首先要明确幕末维新期的日本所面临的主要任务是什么。在强敌压境的现实面前，幕末日本的主要任务有两个：第一是要做到"知彼"，以便积累"修改不平等条约"的精神动力；第二是"知己"，即自救图强。那么，如何才能做到"知彼"？历史的经验告诉我们，途径似乎也有两个，即从晚清中国所遭遇的一切来"知彼（西洋列强的国力状况）"，另外从西洋的文献著作中来了解西洋各国的精神。正是在这个意义上，《万国公法》的译介被镶嵌在幕末维新期的精神结构之中。可以认为，《万国公法》的译介以及不同版本的《万国公法》在近代日本的传播过程中承载着重大的时代使命。

2.《万国公法》相关译本的介绍

在众多《万国公法》的译本中，幕府翻刻的丁韪良汉译本《万国公法》、西周翻译的《万国公法》、津田真道的译本《泰西国法论》、神田孝平翻译的《性法略》、瓜生三寅翻译的《交道起源·一名万国公法全书》以及箕作麟祥翻译的《国际法·一名万国公法》等著作，在幕末维新时期都具有代表性。

（1）幕府翻刻的丁韪良汉译本《万国公法》。

1864 年清政府出版丁韪良译本《万国公法》后，由长崎这一对外窗口引进，由开成所主持标点、注音及翻刻为六卷本，由老皂馆于 1865 年发行。这一版本通常被称为"开成所版"。1869 年、1871 年、1882 年先后三次再版发行。今天日本多处残存着六卷本"开成所版"。还有另一四卷丁韪良汉译翻刻本《万国公法》，今天仅存于日本东北大学附属图书馆狩野文库。这两个版本为后人译介《万国公法》奠定了基础。

我们参考的《万国公法》，是井上胜生根据"中国版"（丁译本）、"开成所版"以及重野安绎的《和译万国公法》为蓝本进行校注的本子。我们将井上胜生的校注本与 2002 年上海书店出版社出版的《近代文献丛刊——万国公法》加以比照，发现二者内容大致

① 松本三之介.国权与民权的变奏：日本明治精神结构.李冬君，译.北京：东方出版社，2005：12.

相同。

从全书的目录看，井上胜生的校注本和汉译本的《万国公法》几乎没有出入。全书由四卷构成，其细目如下：

第一卷　释公法之义、明其本源、题其大旨

第一章　释义明源

其中包括的 12 节内容分别为：①本于公义；②出于天性；③称为天法；④公法性法犹有所别；⑤理同名异 常例大用；⑥理例二源；⑦性理之一派，分为三种；⑧二子所论微异；⑨发氏大旨；⑩海氏大旨：分为二派、公法精义、公法不一、应否称法、出于同俗行于他方；⑪公法总旨；⑫公法源流

第二章　论邦国自治、自主之权

其中的 25 节内容为：①【　　　　】①；②何者为国；③君身之私权；④民人之私权，君国通用；⑤主权分内外，主权未失国未亡；⑥在内之主权，在外之主权；⑦不因内变而亡，他国或旁观或相助，争者皆得战权；⑧外敌致变；⑨内变外敌并至；⑩省部叛而自立，未认而行主权，他国有先认者，应认与否唯上权自定；⑪易君变法，于盟约如何，于国债如何，于国土民产如何；⑫释自主之义；⑬释半主之义；⑭进贡藩属所存主权；⑮或独或合；⑯相合而不失其主权；⑰相合而不失其在内之主权；⑱相合而并失其内外之主权；⑲波兰始合于俄，继得国法权利，终则被俄所并；⑳会盟永合有二；㉑会盟连横；㉒会盟为一；㉓日耳曼系众邦会盟；㉔美国系众邦合一，上国制法之权，首领行法之权，司法之权，立约之权，各邦所无之权；㉕与前二国异同如何。

第二卷　论诸国自然之权

第一章　论其自护自主之权

16 节内容包括：①操权二种；②自护之权为大，立约改革推让均可；③与闻他国政事之例；④以法国为鉴，五国横练之故；⑤三国管制那国，英国驳之；⑥四国管制西国，英不许之；⑦四国管制西之叛邦，英美斥之；⑧葡国有争，英管制之；⑨希腊被虐，三国助之；⑩埃及叛土，五国理之⑪比利时叛，五国议之；⑫各国自主

---

①　这是原本中出现的文字不明现象，根据上海书店出版社 2002 年出版的《近代文献丛刊——万国公法》，该文字应该为"公法所论"。

其内事；⑬他国与闻，或临事相请，或未事有约，盟邦互保；⑭立君举官，他国不得与闻；⑮立君举官而他国可与闻者；⑯西葡立君，英法与闻之。

第二章　论制定律法之权

21节内容包括：①制律专权，变通之法；②变通之法大纲有二，简要三则，三则合一；③植物从物所在之律；④古禁外人购买植物，昔以外人遗物入公，遗产徒外酌留数分；⑤动物从人所在之律；⑥内治之权，法行于疆外者，第一种定己民之分位，准外人入籍，制疆内之物，律从写契地方；⑦第二种就事而行于疆外者，其不行者有四，不合于物所在之律则不行，妨害于他国则不行，遇契据应成于他国则不行；⑧遇案之应由法院条规而断者则不行；⑨第三种就人而行于疆外者，因一案覆论三端，君身过疆国权随之，使臣在外国权随之，兵旅过疆国权随之，兵船别归一例，法国接待商船之例，按此例罪分二等，公案二件，不得借此例而谋为不轨，犯局外之权而捕拿船货进口必归地方管辖；⑩船只行于大海均归本国管辖，海外犯公法之案各国可行审辩，他国之船不可稽查；⑪第四种因约而行于疆外者，领事等官；⑫审案之权各国自秉；⑬四等罪案审罚可及，交换逃犯之例；⑭法院审拟傍行于疆外；⑮审断海盗之例，各国或别有海盗之例，公禁贩卖人口；⑯疆内植物之争讼审权可及；⑰疆内动物之争讼审权可及，继遗物之例；⑱以他国法院曾断为准；⑲疆内因人民权利等争端审权可及；⑳断案之法，兴讼之例有别；㉑涉身之案他国既断本国从否。

第三章　论诸国平行之权

7节内容包括：①分尊卑出于相许；②得王礼之国；③得王礼者分位次；④互易之方；⑤公用之文字；⑥君国之尊号；⑦航海礼款。

第四章　论各国掌物之权

16节内容包括：①掌物之权所由来；②民物亦归此例；③民物听命于上权；④历久为牢固之例；⑤权由征服寻觅而来者；⑥管沿海近处之权；⑦长滩应随近岸；⑧捕鱼之权；⑨管小海之权；⑩大海不归，专管之例；⑪疆内江湖亦为国土；⑫无损可用之例；⑬他事随行之例；⑭同上；⑮同行水利之权可让改；⑯同航大江之例。

第三卷　论诸国平时往来之权

第一章　论通使

24节内容包括：①钦差驻扎外国；②可遣可受；③何国可以通使；④国乱通使；⑤先议后接；⑥国使等级；⑦信凭式款待；⑧全权之凭；⑨训条之规；⑩牌票护身；⑪莅任之规；⑫延见之规；⑬交好礼款；⑭国使权利；⑮例外之事；⑯家人置权外；⑰房屋器具；⑱纳税之规；⑲寄公信者；⑳路过他国；㉑礼拜不禁；㉒领事权利；㉓国使卸任；㉔召回国使

第二章　论商议立约之权

19节内容包括：①限制若何；②盟约款式；③约据章程；④擅约准废；⑤公约准废；⑥谁执订约之权；⑦因约改法；⑧被逼立约；⑨恒约不因战废；⑩常约存废；⑪盟约多兼二种；⑫保护之约；⑬合兵之盟；⑭立约助兵；⑮相护之例；⑯交质以坚信；⑰解说盟约；⑱中保之例；⑲主持公论之学。

第四卷　论交战条规

第一章　论战始

23节内容如下：①用力伸冤；②强偿之例；③强偿之用；④战前捕物二解；⑤定战之权；⑥公战之权；⑦战有三等；⑧宣战之始；⑨敌货在我疆内者；⑩照行而行；⑪敌物在疆内者不即入公；⑫债欠于敌；⑬与敌贸易；⑭合兵之民通商敌国；⑮不可与敌立契据；⑯敌民居于疆内者；⑰何谓迁住别国；⑱西人住于东土者；⑲商行设于敌国；⑳身在敌国行在局外；㉑敌国土产属地主时即为敌货；㉒船因船户得名；㉓领照于敌国。

第二章　论敌国交战之权

28节内容如下：①害敌有限；②害敌之权至何而止；③互换俘虏；④何等人不可杀害；⑤敌人之产业；⑥抄掠敌境；⑦水陆捕拿不同一例；⑧何等可以害敌；⑨船无战牌而捕货者；⑩民船领战牌者；⑪被捕之货可讨与否；⑫夺回救货之例；⑬审所捕之船归捕者本国之法院；⑭局外之法院审案；⑮领事在局外之地者不足断此案；⑯照例所捕在国不在民，枉理断案自行理直；⑰植物如何还主；⑱守信于敌；⑲停兵之约；⑳停兵之权；㉑自何时遵行；㉒解说停兵之约；㉓停兵期满复战；㉔投降约款；㉕护身等票；㉖凭照与敌贸易；㉗何权足以出照；㉘捕货讨赎。

第三章　论战时局外之权

32节内容包括：①解局外之意；②全半二字；③局外之全权；

④局外之半权；⑤局外之权被约限制；⑥因前约准此而禁彼；⑦在局外之地不可行战权；⑧经过局外之疆；⑨沿海辖内捕船；⑩追至局外之地而捕者；⑪局外者讨还；⑫犯局外之权而捕货，局外者自必交还赔偿；⑬交还之权有限制；⑭在局外之地避患、卖粮、卖脏；⑮守中有二事；⑯借局外之地招兵备船即为犯法；⑰律法禁之投军别国；⑱局外之船于大海如何；⑲捕拿敌货在局外之船者为常事；⑳载敌货之船有时捕为战利；㉑捕拿友货在敌国之船有人行之；㉒二规非不可相离；㉓局外者装载敌货；㉔战时禁物；㉕寄信载兵等；㉖载禁物之干系；㉗通商战者之属部；㉘封港犯封，犯封三问，实势行封，犯者知之，实事犯封；㉙往事稽查之权；㉚敌人为船主而强御者；㉛局外者借敌人之兵船载货；㉜局外之船借敌人之保护可捕拿。

第四章　论和约章程

8节内容如下：①谁执和权唯国法所定；②立和约之权有限制；③和约息争；④各守所有；⑤和约自何日为始；⑥交还之形状当何如；⑦犯条悖约；⑧和约争端如何可息。①

将上述的《万国公法》总纲，与清政府的丁译本对比观之，可发现其在细微之处较丁译本更为具体。因丁译本《万国公法》在幕末维新期发挥了为思想转换提供前提条件的作用，故有日本学者将其评价为："清政府的《万国公法》的翻译出版，其意义超越了书物出版的本身，对于西洋东洋来说，它成为思想政治转换的'起爆剂'。"②从日本近代外交意识的萌芽来看，这一评价应该说是恰如其分的。而"开成所版"《万国公法》的刊出，在时间上与昌平坂学问所编辑的《通信全览》（一部外交记录集）有交叉，因此幕末时期开明的实力派官僚们曾经一度将其放在了"国家构想"必备书籍的层面上加以认知。尤其是在日本近代转型期，《万国公法》在近代国家设想、近代法体系的形成以及日本对外观的变迁等方面都具有厚

---

① 井上胜生．万国公法//田中彰．日本近代思想大系1：开国．東京：岩波书店，1991：39-48.

② 高源泉．清国版《万国公法》的出版与向日本传播．中央大学大学院研究年报，1999（28）：284.

重的历史意义。① 在幕末藩的《万国公法》认知上，有学者考察了 1867 年神奈川奉行的一份上书，并引用其中的原文阐述道："各国交际之际，赖以龟鉴的万国公法也有相关规定：即独立之国不仅有以国法处置本国人民的权利，而且当外国人在本国作恶并有诉讼事件发生时，亦有以国法处置的权利。"②

（2）西周译介的《万国公法》。

1868 年由大阪敦贺屋出版了西周译介的《毕洒林氏万国公法》，这是西周在荷兰完成学业回国后，根据恩师毕洒林的讲授内容进行整理与译介的国际法著作。虽然最早的版本出版于 1866 年，但目前经常为人们所用的却是 1868 年出版的。收录在《明治文化全集第十三卷法律篇》中的《万国公法》的封面写有"西周助译，荷兰毕洒林氏万国公法，平安书馆，竹苞楼瑞严堂"，封二印有"官许庆应四年戊辰夏发行：江户山城屋佐兵卫、万屋忠藏；大阪河内屋喜兵卫、敦贺屋九兵卫；京都丁子屋荣助、钱屋惣四郎"。这说明该版本的《万国公法》在江户、京都和大阪三个城市同时发行。而收录在《西周全集第二卷·法学·政治篇》的《万国公法》的封面，则印有"毕洒林氏说，官版万国公法全四册，庆应四戊辰年，西周助译述"等说明。

这两个版本中，都有西周写下的"上万国公法译本表"，内容如下：

"方今天下一家四海一国，火车俭地汽船缩海，电机以通十里之信，新纸以广四方之闻。若夫朝聘往来之事会盟参同之举，四洲瓜分万国星罗，交义如织亲好如组，日盛于一日年加于一年。其际权义确立足以相维持，法律严备有以共奉戴。典章粲然仪文焕乎，远超前古洞阐来裔，可谓乾坤新位混沌益剖。乃在我大东，荟宰一心明良相契，国是一定朝纲大张。一视同仁之道万国平行之权，基础既立根柢自深。内延全权之宾外置专对之臣，往来日繁贸易年盛，万樯林立百货山苍，自是之后，国富民荣兵强守坚，信伸于八表威

---

① 高源泉. 开成所版《万国公法》的刊行. 中央大学大学院研究年报，2000（29）：305.

② 《神奈川县史》资料编 15 近代：现代 5//日本近代思想大系 1：开国. 東京：岩波书店，1991：478.

振乎四外，为日盖不远。臣生逢昭（照）代身蒙厚泽，恒思致身自
顾乏才。曩时奉命游于荷兰，就师而学焉，科宗政事。顷者依旨还
于本邦，励已而习焉，业专公法。首夏奉翻译之命季冬卒校正之业，
兹谨而上之。庶几于国家柔远之洪图，廊庀兴华之宏谟，有裨补其
万一焉。

庆应丙寅腊月二十八日 开成所教授识 臣西鱼人诚惶诚恐 昧死
谨白。"①

《毕洒林氏万国公法》的总目次如下：

绪言总括

万国公法之口诀可分为如左之四类：

第一，公法之总论

第二，平时公法之条规

第三，战时公法之条规

第四，万国聘问往来之条规并法式

第一卷　公法之总论

绪　言

第一章　万国公法大旨

第二章　以性法为基础确立公法

第三章　公法奉否当以万国法度维持

第二卷　平时泰西公法之条规

绪　言

第一章　人身上诸权之总论

第二章　万国平行之权

第三章　内事自主之权

第四章　居间之权

第五章　交际之权

第六章　物件上诸权论

第七章　国界的体制及限制

第八章　河海及其他诸水系之所有权

第九章　万国公法上团结约束之意由生之根源

---

① 明治文化研究会编．明治文化全集第十三卷法律篇．東京：日本评论新社，
1957：15-17．（另参见：大久保利谦．西周全集第2卷．東京：宗高书房，1961：4-6．）

西周译著《毕洒林氏万国公法》的最大特点在于：其一，将"人性自然"的约束视为万国公法的起源，因而有了"以性法为基础确立公法"的论述；其二，对于国家间关系的战争状态或和平状态，作出详细的规定，可谓是学习公法最有效的入门书，比起丁译本《万国公法》更适合初学者研习。

---

① 明治文化研究会编．明治文化全集第十三卷法律篇．東京：日本评论新社，1957：18-19．（另参见：大久保利谦编．西周全集第 2 卷．東京：宗高书房，1961：9-11．）

（3）神田孝平译介的《性法略》。

1871 年春刊行的新版《性法略》，是神田孝平根据西周和津田真道等人的听讲笔记整理译出的，实际是一部法学理论著作。

收录在《明治文化全集第十三卷法律篇》的《性法略》，封面写有"明治四年春新镌，性法略，求故堂藏版"，封二写有"译者神田孟恪，藏版求故堂，发兑纪伊国屋源兵卫，明治四年来刊"的字样。开篇是西周为该书撰写的"序"，阐释了"公法"之于现代人的意义，即在弱肉强食的世界里"约法三章不可谓无用意也"；告知世人"公法"之起源，即西方世界最早提出"法律渊源于人性"者乃"荷兰虎哥氏（格老秀斯）"；说明该书来历，即毕洒林的口诀（讲义内容），西周本人与津田真道所做记录，庚午冬（1870 年）由神田判官翻译并于第二年付梓。

全书由 15 编构成。第 5 页的"性法分系图"以简表形式将全书的主体内容勾勒出来。在第一编"总论"中，指出"性法乃基于人性之法"，"性法分为三类，即行于个人交接间之私法、行于政府与人民间之国法以及行于彼政府与此政府间之万国公法。"① 这是从法理角度所进行的分类，虽然简单但从"私法"、"国法"与"公法"概念的应用来看，《性法略》无疑具有开拓意义，即在法律制度思想史上占有不可替代的作用。基于此，我们将《性法略》译介后载于文末（见附录一）。

（4）津田真道译介的《泰西国法论》。

如果说《性法略》是一部法理学的入门著作，那么津田真道翻译的《泰西国法论》则是法理学的细化成果之一，即是一部涉及国内法的著作。这部著作不但引起了晚清外交参赞黄遵宪的注意，而且当代中国学者对其研究时，也给出了很高的评价。例如有学者曾经指出："此书是日本历史上最早用日语译述的关于西方宪政学理论方面的书籍，也是第一部对日本法制近代化产生巨大影响的译著。"②

收入在《明治文化全集第十三卷法律篇》的《泰西国法论》，是津田真一郎于 1866 年秋天译出、1868 年公开发行的译著。最早译本

---

① 明治文化研究会编．明治文化全集第十三卷法律篇．东京：日本评论新社，1957：6.

② 何勤华．法律文化史研究：第四卷．北京：商务印书馆，2009：160.

的封面写有"庆应戊辰新刻，津田真一郎译，泰西国法论、江户开成所"，封二写有"译者津田真一郎，藏版江户开成所，庆应四年刊"等。译者在"凡例"中介绍了西方国际法的起源史，并对法学的本质进行了细致拆解，认为"法学可译为权学"。同时，译者还将法学的细致区别规定在"体"与"用"上。例如，他将"列国公法"、"国法"、"刑法"及"私法"视为"体"，将"通信礼式"、"有司法论"、"治罪法"和"词讼法"——与前列法学分支加以对应并将其视为"用"。这样，"体"与"用"的对应模式，似乎体现了法学理论与实践相结合的具体操作规范。严格意义上讲，《泰西国法论》是一部国内法，由"国法论总旨"、"国家及居民双方之权义"、"诸种政体"以及"定律国法大旨"等四部分构成。在具体阐述中，国家是根干、国民是分支，干支相维持以立国，且二者之间互有权义。这是《泰西国法论》宣扬的主旨所在。

（5）箕作麟祥与"国际法"译语。

箕作麟祥是最早将"国际法"概念译出的法学家。他的"国际法"译语是对"万国公法"译语的超越，为日本乃至国际社会作出了突出的贡献。"国际法"译语出现在箕作麟祥于明治六年翻译出版的弘文堂藏版《国际法·一名万国公法》全五卷译著中。

《国际法·一名万国公法》是以美国法学家吴尔玺 1860 年写成，1872 年在纽约出版的《国际法引论》为蓝本译介而成的。译著的书名预示了在 19 世纪 70 年代的东亚地区，"万国公法"理念在悄悄向"国际法"理念发生暗转。译者仔细考究吴尔玺著述时，发现该书是记载"各国交往之通理条件"的专门书，故将其命名为"国际法"。这样，无论在字面上还是内容上，这种命名都是相对恰当并与原作最为接近的。然而，当箕作麟祥考虑到丁韪良的汉译本《万国公法》和西周的日译本《万国公法》在日本产生的影响，并虑及"万国公法"这一强势话语语境时，为了避免在学界引起混乱，便采取了尊重前辈研究业绩的处理方式，书名中保留了"万国公法"的称谓。①

吴尔玺原著由上下两编构成，而箕作麟祥的《国际法·一名万国公法》一书，则集中选译了"上编：国家之要权及和平时期的权

---

① 国际法·一名万国公法：卷一，"例言"．箕作麟祥，译．東京：弘文堂藏版，明治六年．

利义务"。具体构成如下：第一章：国家不羁之权、不可干涉他国内事之义务及例外规则（第 36 条至第 51 条）；第二章：各国拥有土地权及掌物权——附抛弃海河川渚之专有权事宜（第 52 条至第 58 条）；第三章：各国交通之权——附在留国内之外国人之权利义务（第 59 条至第 81 条）；第四章：各国交通法则及通使事宜（第 82 条至第 96 条）；第五章：各国缔约权（第 97 条至第 109 条）等。在该书译介出版的 1873 年 3 月，明治政府派出的岩仓使节团尚未归来。岩使节团出访的主要目的之一是考察欧美风土，以便伺机修改不平等条约。一时间，为配合政府的举措，法学家们放眼西方，纷纷译介国际法，一则了解西方的国际秩序法理，二则为完成日本国家独立而向西方学习。因吴尔玺的著作离当时的现实社会最近，故成为各国竞相译介的主要对象。

从《国际法·一名万国公法》所选取的译介内容看，箕作麟祥的选译活动带有明显的实用主义色彩。正如他自己在译介前言中所阐述的那样，上篇第 1 条至第 35 条主要介绍的是以荷兰人虎哥（格老秀斯）为首的国际法学家们的著述成就，因于解决现实问题未必有利，故在译介的时候将其略去，而直接从与"交谊通商"密切相关的第 36 条开始译介。

同为吴尔玺的原作，在中国的译介情况与日本稍有不同。在中国仍由美国传教士丁韪良译出，但在时间上比箕作麟祥的译本晚了 4 年。1877 年以《公法便览》一名译出，由六卷构成。从内容上看，《公法便览》是对吴尔玺原作的全译。正因为如此，1878 年日本马上跟进出版了《训点公法便览》，并成为西村茂树为天皇进讲国际法的教材。

（6）蕃地事务局译、大音龙太郎校正的《坚氏万国公法》。

1874 年，日军以琉球漂流民遇害事件为借口入侵台湾，成为近代中日关系史上第一次侵华事件。其结果，日本吞并琉球的试探举动未遭遇任何抵抗而收到了实效，并为日后觊觎台湾抢占了先机。从现有史料看，日本的"征台之役"并非偶发事件，实乃精心策划之举。从"征台之役"发生前前后后的情况看，有以下几点值得我们注意：其一，1874 年参议兼大藏卿大隈重信制定了《台湾蕃地处分要略》；其二，1874 年 3 月底 4 月初，日本派军人前往台湾侦察并绘制地图；其三，同年 4 月 4 日，由西乡从道组建了总部设于东京、

67

支部设于长崎的"台湾生蕃探险队",同期明治政府则成立了"台湾蕃地事务局",由大隈重信担任局长①;其四,在"征台之役"后,为了从法理上寻找依据,蕃地事务局出面组织洋学家们翻译出版了《坚氏万国公法》;其五,蕃地事务局不断向外务省、司法省、文部省等文书照会,力陈《万国公法》的重要性及其在日本流播的版本及特点。

《坚氏万国公法》是根据美国法学家詹姆斯·甘德②原作译成,由大音龙太郎校正的,是"征台之役"后为善后处理而出版的应急之作,是将十二卷本原作浓缩后翻译为一册的。译作正文共 992 页,由"万国公法的渊源传来(45 款)"、"独立国权利义务、干预他国内政及独立认可事宜(90 款)"、"使臣及领事的职权界限(20 款)"、"论交战宣告及交战开端之处置(38 款)"、"可捕获所有物之种类(20 款)"、"交战国相处之权(34 款)"、"外人傭使之事(16 款)"、"局外国权利及本分(20 款)"、"局外国通商之限制(41 款)"、"休战往来文书及和睦条约之事(22 款)"等 10 回及附加内容"海军战利之律法(55 款)"构成。③

大音龙太郎在阐释出版该书经纬的"万国公法小引"中,曾经指出翻译目的在于"以供一时之需",并选用"万国公法"作为书名。然而,在开篇的第一节至第十五节中,以"国际法释义"、"国际法的界限"、"国际法的证据"等条目详细阐释了"国际法"的内涵及西方法学家的理解差异等。尤其是译作指出在西方也存在过"万国公法"与"国际法"两个概念的对接问题,并认为舍弃"万国公法"而选用"国际法"概念并非妥当,主要是为了方便。译作进而指出,在西方出现了对国际法概念的误读现象,其中对于其报以

---

① 中国社会科学院近代史研究所.日本侵华七十年史.北京:中国社会科学出版社,1992:12.

② 詹姆斯·甘德(1763~1847 年),生于美国新约克州,早年曾于耶鲁大学攻读法律专业。1798 年就任新约克州高级法院审查官,1804 年在哥伦比亚大学讲授法律,1823 年攻读博士学位,并为美国律法进行注释,其中的万国公法就是其诸多法律著作中的一部分。甘德不仅在学术上,在德行亦堪称世界卓绝。1847 年在新约克州去世。

③ 坚氏万国公法.蕃地事务局,译.大音龙太郎,校.根据"坚氏万国公法目录"东京府平民坂上半七出版,1876:1-56.

胡乱解释的是美国法学家惠顿。① 这里，展开讨论詹姆斯·甘德所指出的"万国公法"与"国际法"使用的混乱是否符合实际情况，并非本文的主旨所在。但从这一现象可以看出，"国际法"概念出现之初，在与原有概念对接之际非常艰难。这不仅限于西方世界，东方的日本也发生了类似的情况，这也许是《坚氏万国公法》仍然固守"万国公法"名称的缘由所在。

（7）藤田隆三郎编著的《海上万国公法》。

甲午中日战争开战两个月后，即 1894 年 9 月 24 日，藤田隆三郎编著的《海上万国公法》由博文馆出版发行。该书是编著者"受海军学校的嘱托"而作，属于"受命之作"。

编著者藤田隆三郎时任"高等捕获审检所"法官、高等法院裁判官。他是根据美国海军学校法学家亨利·古拉茨斯的著作编撰《海上万国公法》的。他将原作的内容分为两部分加以编述，将其中的总论、交战篇、船只扣留、报仇复行以及局外中立国的权利义务等内容转移至先于《海上万国公法》而刊出的《万国公法讲义·万国公法判例》（水交社，1890 年）中加以介绍，余下的大部分内容转至《海上万国公法》一书中。

《海上万国公法》全文 191 页，由"封港"、"战时禁制品"、"搜查权"、"船舶证书及船籍"、"捕获物捕获及保安费"、"海盗"等六编正文以及"关于海上法要义之明治二十年三月无号敕令"与"捕获审检令——敕令第百四十九号"等"附录"构成。

在战争期间发行的国际法著述，无疑具有浓厚的使命感和积极为日本构建"霸权体系"寻找法理依据的时代目的。《海上万国公法》刊行于甲午战争之际，虽然主观上在为使甲午战争合理化寻找依据，客观上却顺应了国际法发达史的历史进程，并将国际法中关于海战的种种规制引入了东方世界。在这一点上，日本又走在了东亚其他国家的前列。

不仅如此，以明治天皇为首的日本政府对克里米亚战争后在巴黎召开的关于制定海战法及签署海战宣言的积极参与活动，要比《海上万国公法》的刊行早 8 年，今天看来的确值得深思。该书收录

① 坚氏万国公法.蕃地事务局,译.大音龙太郎,校.根据"坚氏万国公法目录"东京府平民坂上半七出版,1876:8.

的天皇发布的"关于海上法要义之明治二十年三月无号敕令",是最好的例证。其内容如下:

"朕于兹特此宣布加盟:西历 1856 年 4 月 16 日的巴黎公会上,奥地利、法兰西、大不列颠、普鲁士、俄罗斯、撒丁及土耳其之间缔结之海上法要义(《巴黎宣言》)。[1]

御名 御玺

明治二十年三月十九日

内阁总理大臣 伯爵 伊藤博文

外务大臣 伯爵 井上 馨

陆军大臣 伯爵 大山 岩

海军大臣 伯爵 大山 岩"[2]

天皇"发布敕令"的举措似乎在向世人宣告,近代日本在形似神似等方面都在向西方世界靠拢。该敕令于 1887 年 3 月 19 日发布,但在此之前的 1886 年 10 月 30 日,日本就已签署并加入《巴黎海战宣言》(简称《巴黎宣言》)。虽然日本的加入比 1856 年 4 月 16 日《巴黎宣言》签署日晚了整整 30 年,但在截止 1999 年加入《巴黎宣言》的 51 个国家中,日本是唯一的东亚国家。在迫近国际法的本质与反向利用国际法上,日本步伐之快、所下工夫之大无不令人称奇。

3."万国公法"、"国际法"、"国际公法"概念并用及相关著述

从引进丁韪良汉译本《万国公法》到转向译介欧美相关"万国公法",日本近代之初处于学习国际法的阶段。等到以具有深厚国际法学修养的法学家们执笔所留下的大量国际法著作产生时,日本的国际法发达史进入了新阶段。这些日本风格的国际法著作,为其增添了诸多新内涵。首先,在国际法概念的择取上,出现了"万国公法"、"国际法"、"国际公法"等概念并用的现象;其次,国际法著作的刊印、翻译及影响等与国家的殖民地建设以及"霸权体系"构想等紧密结合起来,形成互相促进、相辅相成的局面;最后,在伴

---

① 《巴黎宣言》(Declaration of Paris):为 1856 年 3 月 30 日巴黎公会缔结的《巴黎条约》的附加条约,签署于同年 4 月 16 日。主要内容有:(1)废止私船捕获制;(2)中立国旗可以保护敌货(除战时禁制品外),中立国货(除禁制品外)在敌船内亦不得被捕收;(3)封锁须真有效,即须有适当的海军维持之。参见:周鲠生.近代欧洲外交史.武汉:武汉大学出版社,2007:95.

② 藤田隆三郎.海上万国公法.東京:博文馆,1894:177-178.

随国际形势变化日本扩张野心的急剧膨胀期，国际法著述的产生也侧面成为日本文化实用性特点的试金石。关于有影响的法学家，诸如有贺长雄、高桥作卫、立作太郎及其著作等已在前文中有所介绍，此处不再赘述。

第四节 幕末维新期的《万国公法》应用

1865 年丁译本《万国公法》传入日本后，日本各界对其认知与应用的过程便开始了。这一过程以明治政府主导为特点。总体来说，明治政府从以下三个方面应用了"万国公法"：其一，承接幕末时期的方策用《万国公法》处理对外关系；其二，以《万国公法》为媒介转变西洋观，并将其作为殖民扩张的理论武器；其三，将《万国公法》作为教学科目，纳入到学校的教育体系中来。明治政府将"万国公法"作为文明开化的重要一环，对其进行消化理解，并在着重培养国民的公法意识上做努力。同时，在吸纳与消化"万国公法"的过程中，反向利用了"万国公法"，即将其发挥在为构筑"霸权体系"提供基础理念上来。

1. 幕末维新期处理外交事件的法则

在幕末期的日本，天皇与将军的矛盾、西南强藩与幕府的矛盾、尊皇派与佐幕派的矛盾以及幕府与西方列强的矛盾等，构成了幕末社会危机的真实画面。在处理内外交织的矛盾之际，西方列强所援引的"万国公法"都不同程度地为上述各对立的派别所吸收，并用以作为解决危机的理论武器。

1853 年叩开日本锁国大门的美国海军将官，仰赖的是"万国公法"；1856 年美国哈里斯来航时的诸多要求，也是基于"万国公法"而提出的。西方列强以"万国公法"为后盾，获得的胜利果实是《安政五国条约》的签订；条约的签订激起了攘夷派的斗志，由他们引发了一系列刺杀外国人事件，类似的刺杀事件也惯性地发生于明治初期；而在涉外刺杀事件的处理上，西方列强再次以"公法"迫使日本接受了无理要求。刺杀事件情况见下表：

幕末、明治初期刺杀外国人事件一览表

序号	时间	事件名称	冲突双方代表	结局
1	1859 年 7 月	横滨事件	攘夷派志士袭击俄国士官、水兵	俄国士官、水兵身亡
2	1860 年 12 月 5 日	美国使馆翻译官遇刺事件	攘夷派志士刺杀休斯凯	幕府赔偿洋银 1 万
3	1861 年 2 月	刺杀荷兰人事件	攘夷派刺杀在横滨的荷兰人	荷兰船长鲍斯身亡
4	1861 年	法国仆从遇刺事件	攘夷派刺杀法国公使馆意大利雇员	
5	1861 年	英国使馆日本翻译遇刺事件	攘夷派刺杀日本人传吉	
6	1861 年 5 月 28 日	东禅寺事件（第一次）	攘夷派袭击英国公使馆	
7	1862 年 5 月	东禅寺事件（第二次）	东禅寺警备员松本藩士伊藤军兵卫刺杀英国士兵	
8	1862 年 9 月	生麦事件	萨藩武士袭击英国商人事件（横滨）	导致后来的萨英战争
9	1868 年 1 月 11 日	神户事件	冈山藩兵与登陆的英、美、法各国士兵冲突	2 月 9 日新政府谢罪，队长泷善三郎剖腹自杀
10	1868 年 2 月 15 日	堺事件①	担任堺警卫任务的土佐藩兵杀害法国水兵事件，杀死法国兵 11 人，重伤 4 人	23 日 11 人剖腹自杀；24 日亲王山阶宫晃等向法舰道歉

---

① 安冈昭男．日本近代史．北京：中国社会科学出版社，1996：133．

续　表

11	1868年 2月30日	京都事件①	天诛组成员为了阻止外国公使觐见天皇，在京都绳手狙击英国公使巴格斯	主谋被枭首示众，从犯流放

上表所示刺杀事件中的第1～8次，发生在江户幕府末期，也正是幕府统治衰微至极的时期。从处理事件的方式看，均以幕府惩治攘夷派志士并向列强谢罪、赔偿等为主要解决问题的途径。可以认为，幕府在西方列强以"万国公法"为武器进行要挟时，毫无还手之力，一味顺从列强而被卷入"万国公法体系"。

第9～11次的刺杀事件发生在明治政府刚刚成立、政权尚未稳固时期。从事件的处理结果看，明治政府同样表现出一味屈从的态度，尽可能地满足列强的要求，对行凶者从严处罚。最终换来的结果是理想的，即日本所谓的"真诚举措"感动了西方列强，得到了西方列强的信任。这突出表现为英国公使巴格斯1868年3月3日在大阪谒见了行幸中的天皇并提交了出自维多利女王之手的委任状，新政府率先得到了英国的承认。同年11月22日，意大利、法国、荷兰紧随其后承认了新政府。至1868年年末，新政府相继得到了列强的承认，这是在外交领域中明治政府跻身列强行列的第一步。

新政府之所以获得了外交上的顺利，主要得益于新政府在处理外交事件上的"真诚举措"。这里的"真诚举措"除了指在事件发生后的善后处理上采取了谢罪、赔偿以及对行凶者进行枭首示众等处罚外，更重要的是在尊重西方国际秩序方面，赢得了列强的信任。即新政府不时地以"万国公法"为处理问题的准则，解决外交问题。

例如，王政复古政变发生后，1868年2月8日，敕使东久世通禧会见了法国、英国、荷兰、意大利、美国、普鲁士等国公使，向列强通报王政复古的同时递交了国书。2月17日，将依据"宇内之公法（国际法）"进行"开国和亲"的方策昭告天下。一时间引起了国内的猜测，也引起了攘夷派的反感，所以才有上表中提及的神户

---

① 安冈昭男．万国公法と明治外交//日本政治経済史学研究所創立20周年記念論叢．政治経済史学通号（200），1983（01）：188-189．

事件、堺事件以及京都事件等一系列刺杀事件的发生。在处理神户事件之际,明治政府是经"朝议后依万国公法"而进行处罚的。同时为了渡过外交危机,列强虽有超越万国公法规定而行不合理之举动,明治政府也予以容忍。在处理堺事件时,也是本着"依万国公法尽其笃信依其众议"与"基于日本之刑法"① 的原则进行的。这是对"万国公法"中"众议"与"赔偿"等诸多法则的援引与应用。

另外,早在新政府成立之初,"万国公法"中的"局外中立"理念便不断被活用起来。1868 年 1 月 3 日,旧幕府势力向萨摩藩开战之际,向列强提出了"局外中立"的要求,即严禁列强向萨摩藩出售武器等。在随后的新政府军队向德川庆喜开战之时,也对列强提出了同样的要求。列强便以此为日本国内乱为由,于 1 月 25 日发布告示宣布"局外中立"。

戊辰战争期间,在面对列强力量的导向问题上,旧幕府的官员们也积极引用《万国公法》来避免可能成为敌手的外国力量。1868 年 2 月 4 日,旧幕府神奈川奉行水野良之(若狭守)给旧幕府外国奉行江连尧则(加贺守)写了题名为《由外国公使向在留国民布告局外中立的旨报》的书信,后附带三个文件:其一,《二月四日亚美利加书记官给旧幕府神奈川奉行言上书》;其二,《一月二十五日亚美利加办理公使之中立布告书和文译本》;其三,《一月二十五日荷兰外交事务官中立布告和译本》等。在附带的文件中,都涉及了《万国公法》中的"局外中立"或"申请局外中立的布告"等内容。

在附带文件一中有"一国爆发国内战争时,根据'万国公法',他国不应向交战双方提供武器、军舰以及雇船等"。在附带文件二中有"在御门陛下与大君之间发生战争之际,根据公法,美国臣民等将没有偏颇固守中立"。在文件三中有"在日本国之御门陛下与大君之间发生战争之际,根据公法,荷兰臣民等将没有偏颇固守中立。并设立中立之法布告国民。严禁向交战双方出售或租借军舰、兵粮运输船只;严禁出售武器弹药;严禁协助双方传递情报或运送士兵。根据万国公法,凡与战争相关的一切协助都应严厉禁止。如有触犯此中立法规的荷兰人,将失去荷兰政府的保护,将为荷兰与日本条

---

① 安冈昭男. 日本における万国公法の受容と適用//東アジア近代史第二号,1999(03):55-56.

约所不许。"①

可见，旧幕府的幕僚们与新政府官员都援引《万国公法》，或是企图苟延残喘，或是求得发展新外交。这样，在幕末维新初期，"旧幕府↔萨摩藩（叛军）↔列强局外中立"与"新政府↔旧幕府（叛军）↔列强局外中立"的两种逻辑对应模式就建立起来了。然而，伴随着德川幕府的败落，两种逻辑模式很快被消解掉，并转而被连接到真正意义的东亚国际关系上来。即在发展东亚国际关系而发生战事之际，纷纷要求西方列强严守中立。

近代之初，日本和东亚其他各国一样，在被动地吸收"万国公法"上显示出极大的相似性。这种相似性，是东亚社会在由封闭的、传统的农业社会向以市场为中心的资本主义工业社会过渡时期所应有的特性。如果从世界整体近代化发展进程的角度观之，这个过渡时期的社会应该完成两个方面的转型：一是取得资产阶级革命胜利的社会转型；二是完成工业革命的文明转型。如果有第三个转型的话，那就应该是在两种不同的国际社会秩序发生碰撞之际，强势的国际秩序将另一秩序摧毁并将其原有成员国纳入到自己体系中而带来的国际秩序转型。很显然，以"万国公法"为学理构筑起来的近代国际秩序，成为逼迫东亚社会近代化的外在武器。然而，单纯的工业革命的发生和工业生产的展开，并不足以说明人类文明程度的高下。因而，当原有的东亚国际秩序被摧毁后，西方的近代理念成为东亚社会的精神需求，并逐渐渗透开来，这为"万国公法"在东亚社会的展开与受容提供了相当大的可能性。

2. 政府主导性受容与万国公法观的多样化

如果说在战胜旧幕府的残余势力上，"万国公法"的确起到了维护新政府利益的话，那么在新政府逐渐站稳脚跟之际，政府官僚们仍试图以"万国公法"为准绳，着手交好事宜，为修改不平等条约做着准备，同时进行近代国家建设，这体现出新政府在接受"万国公法"时具有相当程度的主动性。

在受容外来文化的诸多努力上，转变观念既是重点也是难点。明治政府成立后，日本民众在"攘夷"问题上对新政府寄予了厚望。

---

① 外务省调查部编. 大日本外交文书：第一卷第一册第 135 条. 東京：日本国際協会，1936：319-325.

然而，明治新政府开展与列强通商的方策，却与民众的意愿背道而驰。如何化解这种矛盾，从观念上征服民众，一时间成为摆在新政府面前的难题。

为了化解矛盾，新政府首先转变了观念，为使民众在情感上易于接受西方列强创造了条件。

例如，为消除日本人意识中残存的西洋人乃"外夷"、"禽兽"等观念，政府加大宣传《万国公法》的力度，强调在传统儒学"道"之外，还有西方各国适用的"公法"这一带有普遍意义的国际规则或准则。所以，明治政府的官员们率先抛弃了"外夷"与"禽兽"的看法，并认识到列强欲以"宇内之公法"与他国接触时，不仅不应该加以排斥，还应该以"正义公道"之礼待之。如此一来，"公道"与"天道"等儒学观念，以《万国公法》为媒介发生了向"公法"概念的暗转，并成为明治政府关注的核心。

与此同时，为了让《万国公法》进一步发挥类似于宗教般的权威，新政府于明治元年正月十五日，发表了《关于外交布告书》："外国之仪，乃先帝多年之宸忧。因幕府多年之失错而因循至今。现世态大变，实乃迫不得已，此度朝议，只为断然缔结和亲条约之事，以求上下一致不生疑惑，充实兵备，扬国威于海外，则可报效祖宗先帝之神灵。天皇圣虑，天下各藩士民皆奉戴此旨，应尽心尽力相互勉励。但迄今幕府所缔结条约中，利害得失应在朝议之上，加以改革。且，与外国交往之际，宜取宇内之公法。"①

又如，1868 年 2 月 7 日，以松平庆永和山内丰信为代表的六藩主联名写给总裁有栖川宫的《关于外交方针的确立及召见外国公使意见书》中强调："今天要挽回皇运，将皇威布达于海外，万万要与之（攘夷等旧有观念）一刀两断，去井底之蛙管见。应该从朝廷要枢始，开眼世界，上下同心，开交际之道。取彼之长补我之短，成万事之基础。皇上可英明裁断，观天下大势，去至今的犬羊夷狄之愚论，将其与汉土同等视之，定一朝典以万国普通之公法命其参朝。

---

① 外務省調查部編. 大日本外交文書：第一卷第一冊第 97 条. 東京：日本国際協会，1936：227-228.

并将此种旨意布达于海内，以使亿兆之民知晓。"① 至此，明治政府完成了国际秩序的意识转换。

再如，追求传统国体与万国公法之协调并存。1868 年 2 月 17 日，新政府以太政官代三职名义发布了《关于与外国和亲之谕告》。从崇神和仲哀两天皇时代的日本与东亚的唐朝和三韩交往谈起，强调了日本国体的重要性，并指出以前的国际交往以东亚他国人员来日并归化为主，后与唐代的交往纯属于使节派遣。但是到了近代，由于造船术和航海技术的发达，万里波涛如比邻，万国间的往来频繁，一时间使得幕府惊慌失措，因此在与外国签订的条约中有诸多需要改进的地方。但根据"万国公法"提出修改条约恐失信于海外各国，所以为了顾全大局不能轻举妄动，将幕府所签订的条约以和亲条约代之。在对待外国公使问题上，《关于与外国和亲之谕告》强调："皇国固有之国体与万国公法应该斟酌采用，根据越前宰相以下之建白书，广泛召集百官诸藩进行公议，使古今之得失与万国交际之事折中，乃令外国公使朝见。"② 可见，明治政府的国际秩序观念，是试图使得传统的国体与"万国公法"两者协调的理念。

正因为"万国公法"在外交事务中的地位与作用不容忽视，因而自幕末维新以来，在日本的官僚阶层及知识阶层中，便出现了形形色色的万国公法观。大体说来，可分为以下四类：

其一，万国公法信赖派。以旧幕府时代萨摩藩的家老、新政府参与小松带刀和山口县藩士、新政府参议广泽真臣为代表。小松带刀将"去私欲"与"存公法"结合起来。

其二，万国公法工具论。持有这种观点的人以木户孝允为代表。他认为，对于兵力衰微之国来说，"万国公法"并非可信，其实质就是大国愚弄并掠夺弱国的工具。这是木户孝允在 1868 年 11 月 8 日的日记中，所阐释的对《万国公法》的认识。"同（11 月）8 日 晴

至八字裁判所，访宇和岛东久世小松町田池边和英国公使巴格斯，就箱馆耶稣教问题会谈，席间争论非常激烈。但关乎天下大事前途，

---

① 外務省調査部編．大日本外交文書．第一卷第一册第 140 条，東京：日本国際協会，1936：337-340.

② 外務省調査部編．大日本外交文書．第一卷第一册第 159 条，東京：日本国際協会，1936：392.

不可轻易屈服。……皇国的兵力难抵西洋强国之际，'万国公法'原本也并不可信。面对弱国，他们会充分以公法之名谋取私利。故余以为《万国公法》不过是掠夺弱国的一个工具。"① 木户孝允写给野村素介的书信中，再次强调了这种观点。"说起'万国公法'，只不过是夺取他国之道具而已。对此，丝毫不可马虎大意。今日世间纵横往来、打开（他国大门）之际，如果没有名目就不可对他国实施掠夺，所以我认为是不得已才立此法律。"② 在木户孝允认为，明治政府从原有东亚国际秩序向"万国公法"秩序迈进的时候，《万国公法》表面看来是一部公平的国际法律，但是实际上被操纵在强国的掌心。他想提醒国人注意的是，在世界上起决定作用的不是所谓的"万国公法"，仍然是"腕力"。他将"万国公法"以政治权力为前提、以追求国家对等地位为理念这一流于形式的本质特征诠释得淋漓尽致。在明治维新后对"万国公法"认识逐渐加深的过程中，比起国家平等观念，人们更加重视国家间的强弱与优劣的"现实"。③想必这就是"万国公法"理念会转而成为日本构筑"霸权体系"支撑的内在原因吧。

其三，万国公法徒法论。这一论说的代表人物是海军大尉曾根俊虎。他认识到，在弱肉强食的世界里，"万国公法"也仅仅就是一部法律而已。言外之意，不会发挥太大的效用。这一论点被启蒙思想家福泽谕吉加以扩大开来，因而他提出了"百卷'万国公法'不如一筐弹药"的论调。

其四，万国公法西洋国法论。这种论调意在强调西洋国家乃基督教文明国家，和东方文明有着本质的不同，因而起源于基督教文明国家的"万国公法"实际上就是一部西方国家的家法。持有这种见解的人是福泽谕吉和陆羯南。④

万国公法观虽互有不同，但日本近代史告诉我们，吸收万国公法、迫近其实质的努力工作一直没有间断，影响较大的举措是"大

① 日本史籍協会編．木戸孝允日記　一．東京：東京大学出版会，昭和42年：137-138.
② 日本史籍協会編．日本史籍協会叢書79 木戸孝允文書三．東京：東京大学出版会，昭和46年：188.
③ 高原泉．"万国公法"観の諸相――維新政権と"公"をめぐって」.21.
④ 安岡昭男．日本における万国公法の受容と適用．53-55.

型遣欧使节团"的派出。派出前,太政大臣三条实美在 1871 年 9 月下发给外务卿岩仓具视的《条约改正欧美谴使咨询书》中,阐释了条约国之间的"对等地位"之于日本的重要意义。他强调指出:为了获取对等地位就必须改约,为了改约就必须在国内体制上无限地接近西方的国家体制,而为了接近西方国家体制,就必须以"万国公法"为根据,将"我国宪法、民法、贸易法、税法等与公法相反或相背的地方改掉。"① 受命的全权大使岩仓具视遂率领木户孝允、大久保利通、伊藤博文、山口尚芳等 50 余人,于 1871 年 10 月 8 日至 1873 年 9 月 13 日出访欧美,并将"探求公法中适应之良法"作为考察的主要任务之一。日本在遭受西方列强侵略之际,不惜花血本走访各侵略国的实际活动所包含的重要意义,在东亚堪居首位。

然而,当大久保利通等人在普鲁士滞留,就有关"万国公法"问题请教俾斯麦时,俾斯麦对到访的大使及副使就德国的情况做了如下演讲:"当今世界各国虽说表面以信义进行交往,实际是弱肉强食。只要对自己有利的话,那些大国就固守万国公法,如若不利将诉诸武力,这是经常的事情。我亲自体会到小国的悲惨命运,并十分愤慨,总想有一天振兴国家,数十年达成夙愿,看到我国用兵于四邻的情形。虽然会招致诽谤,但只有这样才能求得自主之国权,才能行对等之外交。英法诸国贪于海外的属地,穷兵黩武,经常给他国带去疾苦。欧洲的和睦已经没有指望。诸公一定要抛弃内顾自惧观念。这是我生于小国,深知其中之情实,深有体会之处。眼下虽说与日本结交的国家很多,但重视日本国权者除德国外,已殆无出其右者。贵国如若有贤能之士,应该朝这个方向努力进行周旋。"② 因此,随着时代的变迁与对西洋认识的加深,明治政府官僚们的"万国公法"认识也逐渐发生了变化。俾斯麦的万国公法观深深地影响了大久保利通等人,这为日后大久保利通等人主张对外侵略提供了新的思想根源。

在对新国际秩序的理解与消化上,"万国公法"的意义如何被发现?发现后又如何发生了再创造?又如何在创造后被运用到实践活动中呢?从哲学意义上讲,这涉及了认识与实践的问题。"万国公

---

① 陈秀武. 近代日本国家意识的形成. 北京:商务印书馆,2008:184.
② 春畝公追頌會编. 伊藤博文伝. 東京:春畝公追頌會,1940:705-706.

法"是著述，是规范，也是理论。它被人们了解与认可需要过程，而人们对其认识理解的程度与认识者本身的素养极具关联性，此外同国家的实际需要亦息息相关。从这个意义上讲，万国公法及与其相关的用语一度成为明治社会的流行语，是因为有时代的需要。这可从政府聘请外国法学家协助处理日本的外交事务，并为日本培养公法人才，以及在日本知识分子的著述中找到痕迹。在此不作赘述。

3. 维新期的"万国公法"教育

如上所述，即使明治初期在日本社会中存有形形色色的万国公法观，但政府层面对"万国公法"的认知决定了"万国公法"的受重视程度。抛弃旧有观念代之以新观念构建国家的想法，在明治新政府的"开国和亲"诏书中得到了充分体现。虽然他们十分清楚，"万国公法"被操纵在强国的手中，就等于"法"本身具有了暴力性质，可在迎合"万国公法"秩序上，明治政府的官僚们比之东亚他国更具有灵活性。而且，将"万国公法"与一国文明紧密结合起来，其外在表现是将其引入学校教育中，作为学生的必修科目。

从时间上来看，近代中日两国的"万国公法"教育大抵同期展开。但从实际收效看，日本情况要好于中国。究其原因，主要在于晚清中国将"万国公法"的教育局限于涉外官员与知识分子层面，而没能向民众普及；相反，日本则在 1870 年 2 月发布了《大学规则及中小学规则》，其"法科"栏目中首设"万国公法"，同年 10 月在《大学南校规则》的专业科目中，规定"法科"的主修课程为"民法、商法、诉讼法、刑法、治罪法、国法、万国公法、利用厚生学、国势学和法科理论"等。[①] 这种差异反映出的实质是，一种外来文化在新的土壤中是流于表面还是能够扎根，必须从基数大的"根部"思想教化抓起，否则将显得营养不足。

在中国，最先导入"万国公法"的晚清洋务学堂是京师同文馆，即从 1867 年 10 月丁韪良应总理各国事务衙门邀请担任"公法"教习时开始的。但由于丁韪良需要事前准备以及他认为国际法的学习需要成熟的智力和对西方世界的深刻认知，因而迟至 1873 年才开始教授国际法。选用的教材是美国法学家吴尔玺的著作，即后来在丁韪良主持下由同文馆学生汪凤藻、凤仪、左秉龙和德明等人用 3 年时间译成的《公法便览》。在京师同文馆 1876 年公布的 8 年课表中，

---

① 東京帝国大学．東京帝国大学五十年史上册．東京：東京帝国大学，1932：131.

万国公法被列为 7 年级的授业科目。而李鸿章于 1863 年在上海开设的广方言馆，则在 1870 年将"外国公理"、"公法"列入学校的课程之中。美国传教士林乐知于 1881 年在上海开办的中西书院，将"万国公法"确定为第 7 年科目。张之洞于 1887 年 8 月成立的广东水陆师学堂则在 1889 年将"公法"增设为"洋务五学"之一。而 1895 年盛宣怀在天津奏设的天津中西学堂，设立"律例"科，即后来的法律系，将"万国公法"列为第 4 年的教学科目。① 从清政府覆亡之际而中国并未出现有影响力的公法学家的历史事实看，在观念的转换上，晚清政府仍然将"万国公法"归并在交涉工具层面，而轻视对其进行学理探究。因而，晚清政府的万国公法教育，归纳起来具有"雷声大雨点小"的特点。

在日本，情况完全不同。新政府的官僚们在认清"万国公法"的"本质"后，在以其为工具与西方列强进行交涉的同时，试图努力从公法中找出可资借鉴的"思想资源"，以营造霸权话语语境。另外，在普及公法教育以提高整个民族的文明程度上亦做了不懈的努力。明治时期，在学校教育科目的设置上沿用了幕末的旧制，将"万国公法"列入学生的必修科目。现在能够找到的是明治四年京都小学校的一张教学课程表，具体内容如下表所示：

小学课程表				
	句读	背诵	习字	算术
第一等	日本外史；易知录；万国公法；太政官诸规则	内外国旗章；外国里程；英、德语学五百言	公用文；即题手束	必用杂问；求积；开平方；开平杂问；开立方；开立杂问
第二等	日本政记；五经；真政大意；西洋事情	内国里程；本邦还海里程；英、德语学三百言	世话千字文；诸券状；诸职往来；复文	比例法；比例杂问

① 林学忠. 从万国公法到公法外交：晚清国际法的传入、诠释与应用. 上海：上海古籍出版社，2009：126.

第三等	国史略；孟子；小学；地学事始；生产道案内	帝号；英、德语学一百言	诸国郡名；商卖往来；利用文	珠笔兼修；笔诸等诸法；笔分数诸法
第四等	职员令；户籍法；学庸；论语；世界国尽；穷理图解	年号；国名	受取诸券；苗字尽；山城郡村地名；京都町名	珠算兼笔；乘法；除法
第五等	小学子弟心得章；孝经市中制法；郡中制法；町役村役心得；府县名	五十韵	五十韵；平假名、片假名；数名；支干；三枚御高札；名头	珠算兼笔；加法；减法

这是京都府槙树参事和广濑督学精心制定的小学课程表，分四科五等，于 1871 年 8 月公布。小学生由最初级的第五等内容开始学习，学到第一等的小学高级阶段。从这份小学的课程表中我们可以发现，最高级的"句读"课中，"万国公法"已经作为一个让孩子从小学便熟知的内容，与日本外史等并列，显得格外重要。由此我们可以推测，从明治初期就对小学生进行"万国公法"知识的普及教育，那么 20 年后，那一代人的国际法认识就应该比同时代的他国人高。从这个意义上讲，"万国公法"被引入学校教育科目，实际带给日本的是人们的规矩意识和普遍遵守的原则意识等。

从引入"万国公法"为教学科目的时间上看，京都府又走在了新政府的前面，迟至 1872 年文部省才有了貌似公法教育的相关规定。1872 年（明治五年）文部省制定的《小学教则》，规定了小学初级阶段的第四个时期（即教则中的"初级第五级"①，期限为 6 个月）

---

① 根据 1872 年文部省颁布的《小学教则》，政府将适龄儿童的小学教育分为两个阶段，即初级阶段（儿童 6～9 岁）和高级阶段（10～13 岁），总计 8 年。又将每一阶段的教育分为 8 个级别，即初始阶段为第 8 级，每修完 6 个月后逐渐上升一级，即依次为 7 级、6 级、5 级、4 级、3 级、2 级和 1 级。高级阶段同理，也从第 8 级开始，逐渐上升至最后的第 1 级。

的教学科目中，有一周 2 小时的"读本读法"科（教授"西洋夜话、穷理问答、物理训蒙、天变地异"）和一周 1 小时的"修身口授"科（教授"性法略等大意"）。可见，文部省针对 7 岁孩童的这种教育，是想从小就让孩子了解西方实学、地理学、物理学以及性法略（介绍私法、国法和万国公法的著作）等。这样，教育领域对"万国公法"的关注，无疑在更深远的意义上配合了外交领域的"器物利用"，即为提高日本人文明程度等造就"近代日本人"贡献着力量。

起初，大分县内的小学学制规定和教学模式继承了京都府小学教则，但在 1874 年做过调整后，小学生的就学期限也采取了初级小学、高级小学各 4 年，总计 8 年的模式，这与文部省的《小学教则》的规定是吻合的。然而，大分县本身对小学教育的规定又体现了自己的特色，即在 8 年教育结束后又设立了"超级"（八个时段共 4 年）教育阶段。这样，大分县的小学教育由 8 年延长为 12 年。在"超级课程表"中，《性法略》被作为入门读物置于"高级"中的第八级来学习，随后第七级学习《自由之理》，第五级学习《宪法类编》，第四级学习《泰西国法论》，第二级学习《外国政体书》以及第一级的《国际法》[①]。舍弃"万国公法"的名称而转用"国际法"，应该是受箕作麟祥译介的《国际法》著作的影响。

是否采用"万国公法"的名称传授国际法知识，在大学范围内表现得更为明显。1874 年 5 月，开成学校专门开设了法律系，可以认为这是近代日本大学首开法律系的尝试。与前述的《大学规则》和《大学南校规则》等文件相同，将"万国公法"设为法律系的主修科目之一，此后"万国公法"逐渐成为大学法律系的授课内容。同年 5 月，"开成学校"更名为"东京开成学校"，此后"万国公法"名称逐渐被"列国交际法"所取代。根据 1875 年刊行的《东京开成学校一览》记载，东京开成学校已经分预科和本科两个阶段。[②] 在

---

① 狭間直樹. 番組小学校の創設と"万国公法"——京都文化の国際性にみる山本覚馬の役割についての考察//京都産業大学日本文化研究所紀要第 12 号、13 号，2008：589.

② 大学预科是指为升入本科而必须经历的学习阶段。东京开成学校的情况是，预科阶段的学生学习英语或法语德语、文学、地理、历史、博物学、物理学、化学以及数学等普修科目，学习年限为 3 年，预科后成绩合格者才有可能晋升为本科阶段学习。本科阶段的学习年限依旧为 3 年。

本科阶段，学生主修的法律学情况见下表：

东京开成学校本科法学科目一览

时间	本科法学必修科目
一年级本科初级阶段	列国交际法（平时交际法）；英国法律（大意、宪法及刑法）；宪法史记；心理学及论文；拉丁语
二年级本科中级阶段	列国交际法（战时交际法）；英国法律（惯用法、约束法、平衡法及其主旨）；罗马法律；政学；修身学及论文；法语
三年级本科高级阶段	列国交际法（交际私法）；英国法律（私犯法、海上法及贸易法）；罗马法律；法国法律（拿破仑法律要旨）；比较法论；证据法及理说

可见，从开设科目来看，已经由原来的"万国公法"转为"列国交际法"了。法律学习由面及点不断推进，同时辅以语言学习，是东京开成学校法律学科的特点。由列国法→英国法→罗马法→法国法的层层推进，反映出国际法在近代日本的发展，其视野是宽泛的。

1877 年，东京开成学校与东京医学校合并为东京大学后，设置了法学部，开设《国际法》课程，这标志着东京大学国际法课程转型的完成。与东京大学几乎同期，各私立大学也纷纷完成了国际法课程的转型任务。早稻田大学的前身东京专门学校的法学科目的设置经历了从《万国公法》到《列国交际法》，再到《国际法》、《国际公法》和《国际私法》的转换。此外，值得一提的是分别于 1883、1888 年创建的陆军大学校和海军大学校，著名的法学家有贺长雄和高桥作卫分别担任两个学校的教官，讲授的课程分别为"国际法"、"平时公法"与"战时公法"等。甲午战争之际，二人都从军成为国际法顾问。①

---

① 安冈昭男．日本における万国公法の受容と適用．

第二编 "万国公法"与日本"霸权体系" 构想的细部关联

随着帝国主义势力的东渐，欧美各国所代表的资本主义强国与东亚各国所代表的封建帝国发生了激烈的碰撞。其冲撞不仅表现在短兵相接的正面交锋上，还表现在思想意识等深层次的精神冲突中。即西洋带有"霸权"意味的思想资源一股脑地涌入，并形成瞬间占据东亚人意识空间的态势。显然，如何应对战争、如何应对西方思想的侵蚀等，成为东亚各国的主要任务之一。

实际上，当本土思想与外来思想接触之际，试图以本土思想消化外来思想几乎是不可能的，甚至本土思想有时还会成为接受外来思想的障碍。当然，本土思想中也存在着可以成为吸收外来思想的桥梁的因素。对于外来思想的吸收，一般来说大体会沿着两个方向展开：其一，在外来思想胜于一切的主导意识下直接移植；其二，吸收后加以改造，并将其理念"普世化"，为一己之私服务。如果表现在"万国公法"上，前者会将"公法"理念视为行动指南，并用以处理国家间关系；后者则在于仰赖吸收的观念、理论创建新的行为关系准则。不言而喻，近代日本的情况属于后者，不断以强词夺理的蛮横与嚣张，对外来思想进行创新。其嚣张主要表现在："万国公法"于诸多细部环节上，与日本试图构筑的"霸权体系"发生了连接。关于这一点，可以从以下三个方面来考察：

第一，"万国公法"这一西方法理资源在东亚各国发挥的效用不尽相同。清政府以愚忠愚信的态度，将其视为处理外交事务的法宝。而日本则在接触后，本着为我所用的实用主义精神，在接受万国公法为处理外交事务观念的同时，将其发挥在利己主义的延长线上。这样一面将万国公法视为"思想权威"，一面又灵活地从这一权威母体中创造出反母体话语，并将这一话语无限扩大，最终使其体系化，这便是"殖民话语"与国际法之间的内在联系。

第二，近代日本的殖民扩张是以"万国公法"为法理依据而展

85

开的。丁韪良的汉译本《万国公法》被引入日本后，趁岩仓使节团出访欧洲之际，大久保利通向俾斯麦请教相关知识时，俾斯麦的国际法观念对大久保利通等人的触动很大。"不可不用，又不能当真"的理念在大久保利通等明治官僚的大脑中留下了印痕。不仅如此，他们反而在这种启示下走得更远——将其当成侵占琉球、入侵台湾和朝鲜的法理。前文曾经提及，司法省1875年翻译了《惠顿氏万国公法》中有关战争的部分，目的很明确即为了日本的侵台战争寻找法律依据。

第三，明治维新以后，日本在东亚国际交往中屡占先机，这促使其野心逐渐膨胀，以对近邻展开的侵略活动为佐证。其中，甲午战争为其赢得了跻身强国行列的契机，日俄战争为其抢占到吞并世界的落脚点——关东州，日韩合并则使其得到了入侵中国的后方保障。所有这一切，都成为"霸权体系"构想的重要组成部分。

第三章 "万国公法"的思想权威

《万国公法》传入日本后，其中的"邦国自治自主权"、"诸国平行权"、"平时往来权"、"交战条规"以及"和约章程"等近代意义的概念一股脑地涌入进来，并在发挥思想权威的现实状态下，充当了消解东亚旧有观念的概念工具。

实际上，1863 年在法国入侵并与中国不断发生外交摩擦之际，文祥向美国驻华公使蒲安臣寻求法理良方时，蒲安臣便推出惠顿的《国际法原理》。这与当时丁韪良对惠顿原作的积极译介活动不谋而合。然而，该书译介出版后又为各国公使平添了几多忧虑。他们担心的是，中国法律水平提升后，"万国公法"会成为其废除不平等条约的有力武器。1865 年 5 月 12 日就任美国驻华署理公使代办的卫廉士，在同年 11 月 23 日写给美国国务卿的书信中充分表达了这种忧虑。他担心"中国与日本的官员潜心研究国际法著作后，会把国际法惯例和原则应用于他们与外国的交涉中"，更担心的是"中日两国官员会发现，与西方列强签署的条约中，所谓治外法权的原则实际是篡改了西方和欧洲国家之间通行的惯例。"[1] 这种忧虑表明，"万国公法"进入东亚之际，在充当了西方列强侵略武器的同时，其本身的相关规定已经变成一纸空文。由此，其本身所谓的正义性被弱化。这样，"万国公法＝强权殖民"的逻辑就被建立起来。这种逻辑关系一旦被东亚各国发现，就会被反向应用。这一点，在东亚的日本表现得尤为明显。

那么，日本是如何在发挥"万国公法"的思想权威与构建"殖民话语"之间找到连接点的？换言之，万国公法所代表的"文明意识"在日本列岛的空间内是如何展开的？谁能为包容其所具有的"缺陷"负责？谁又能承担起掩盖万国公法的"缺陷"使其发挥"殖民话语"作用时所衍生出的系列责任？我们认为，这些问题应该成为准确理解"万国公法"在日本展开实态的一把钥匙。

---

① 刘禾. 帝国的话语政治：从近代中西冲突看现代世界秩序的形成. 北京：三联书店，2009：165.

第一节 "万国公法"与"文明意识"

明治时代的文明开化政策以导入西方文明为宗旨。在这一过程中，以伸张个人权利为特征的"平等"、"人权"等概念成为明治初年的"民主话语"。与之相对，针对国家间关系的"条约体系"、"万国公法"等概念则在为营造"东亚国际新秩序话语"中发挥作用。因而，在"万国公法"与"文明意识"之间，"万国公法"成了"文明"的代名词。

实际上，文明这一概念往往被用于两个层面：其一是用于判断与野蛮相对的人类进步与否的层面；其二是用于不同地域空间内的风俗、习惯、社会结构等各不相同的类型区分层面，即文明类型。从第一层面看，文明是可以流动的，经常呈现出从位势高的一方流向低的一方。然而，其流动又不是自然而然实现的，需借助一定的手段来完成，即亨廷顿所强调的"文明之间最引人注目的和最重要的交往是来自一个文明的人战胜、消灭或征服来自另一个文明的人。这些交往一般来说不仅是暴力的，还是短暂的，而且仅仅是断断续续地发生的。"① 亨廷顿所做的描述虽有言过其实之处，但却将两个层面的文明概念混杂在一起了，同时将以接受基督教与罗马法影响的同质性欧洲文明国家归并为西方文明。也正是这一西方文明，以荷兰法学家格老秀斯开创的西方国际法为法律武器，以《威斯特伐利亚条约》所确定的国际体系为依托，以民族国家及其所控制的殖民地为主体，不断对外扩张并在近代之初进犯东亚各国。在这个意义上，西方文明就成为先进文明的代表者，并在与他文明发生联系之际，以他文明从属于西方文明为本质特征。然而，在东亚国家中，日本的情况不同于中国与朝鲜，在同样遭受西方文明入侵之际，用了仅仅半个世纪的时间就彻底摆脱了殖民危机。之所以如此，原因之一是"万国公法"与文明意识之间存有共鸣。在东亚，将这种共鸣持续下去的唯有日本。

起初，这种共鸣也存在于晚清社会。由传统"华夷秩序"所构建起来的"中心对边缘"的思维模式，遇到西方文明挑战的时候，

---

① ［美］塞缪尔·亨廷顿. 文明的冲突与世界秩序的重建. 北京：新华出版社，1999：35.

带来了晚清外交思想界的混乱。林则徐有效利用万国公法解决国际问题的成功，实际上变相地承认了"万国公法"所代表的西方文明的效用。这是"万国公法"与晚清社会产生共鸣的表象。可在林则徐被革职查办以及战争后签订条约等问题出现后，"万国公法"也就真正成了晚清政府的难题。其难处在于以下两个方面：①"万国公法"毁掉了清政府一直以来所具有的外交主动性，在这种现实下如何应对"万国公法"成了难题之一；②怎样弥合精神世界带来的冲击恐怕是第二难题，也是难题中之最难者，这说明将原有的洋人乃"夷狄"的观念消解掉并非指日可待之事。

同样的情况在日本也存在。所不同的是，日本在潜心研究"万国公法"的本质后，在观念转变上比清政府要快。尤其当列强敲开日本锁国大门后，"万国公法"能够瞬间成为日本人追求自我认同与他我认同的话语标签，就足以说明问题。在这个意义上，"万国公法"演变为一种文明符号，即一国的文明发达程度是否已经达到了足以消化"万国公法"内涵的水平，成为判别与西方文明差距的指标之一。因此在幕末维新期，以坂本龙马为代表的维新志士，极力宣扬"万国公法"是以文明手段解决国际冲突的实用工具。

在与明治政府成立的同期，福泽谕吉于1868年编译出版了《西洋事情外篇》。他在书中详细介绍了西洋各国情况，并将各国的文明发达程度与"万国公法"有效地对接起来。概言之，书中渗透出的文明意识应该包括以下几点：

第一，"万国公法"是随着世界文明的进展而设置的法律制度，虽然并非万国必须遵守之法，然破坏者必遭致各国反对，因而"各国不得不遵守"。①这样，各国交往之际的文明程度就有了统一标准，即以是否遵守"万国公法"为判断问题的尺度。在处理具体事务上，根据"万国公法"的相关规定，采取的原则明显与传统东亚国际秩序中的交往原则不同。例如，各交际国家应该互派使节驻留他国，以体现"万国公法"之宗旨。即使在各互派使节的国家发生交恶之际，使节的人身安全及礼遇也应该得到保障。这一文明交往制度取代了"华夷秩序"中的通信使派遣制度，并成为明治初年文明意识

---

① 福泽谕吉. 西洋事情外篇//庆应义塾编撰，富田正文编辑，小泉信三监修. 福泽谕吉全集第一卷. 东京：岩波书店，1958：412-413.

的一个重要侧面。

第二,"万国公法"与文明意识关系的第二个侧面,体现在对"万国公法"认识的加深上。福泽谕吉指出:"万国公法并非能够完全制止各国的不正当强暴,此乃世界战争连绵不断之要因。"福泽谕吉的言论,意在暗指文明与战争并非对立的二者,乃相互共存者,且今天的文明开化之国他日极有可能会成为曝骨流血的战场。很显然,这种认识在那个年代是深刻的。

第三,"文明教化('万国公法'教化工作)可以缓解战争的惨毒"① 为文明意识的第三层意思。"万国公法"不是万金油,但仍是各国必须遵守的国际法规;"万国公法"不是消灭战争的有效武器,但可以大大降低战争的残忍度。因此,有了这种认识做基础,就易于理解福泽谕吉听到日本在甲午战争中获胜的消息后,喜极而泣的思想原因了。

第四,"杜绝战争的根源在于放宽贸易法规"② 为文明意识的第四个层面。福泽谕吉以英国海外贸易为实例,强调为了追逐商业利益的人们大都厌弃战争,厌弃战争则为了扩大贸易,而为扩大贸易则必须拥有一个宽松的贸易法规为保障。在这里,福泽谕吉忽视了一个重要的问题,那就是用什么商品进行贸易的问题。假如像鸦片战争那样用鸦片进行贸易的话,该做何种论断,是福泽谕吉没有深入思考的问题,自然也就难于给出准确答案。这为将鸦片战争解释为"文明对野蛮"之战准备了思想前提。

如上所述,福泽谕吉对"万国公法"的认知在近代之初的日本具有一定代表性。

然而,近代日本抛弃这种说教而反向利用"万国公法"的实践活动,开展得较之东亚他国更迅猛。十年后的 1878 年,福泽谕吉在《通俗国权论》中,结合明治维新 10 年来的发展史,总结政治、经济、法制建设以及国际交往的成就时,发出了"公法不如大炮,条约不如炸药"的慨叹。③ 这种慨叹与明治政府的外交实践是相辅相

① 福泽谕吉. 西洋事情外篇//庆应义塾编撰,富田正文编辑,小泉信三监修. 福泽谕吉全集第一卷. 東京:岩波书店,1958:413.

② 福泽谕吉. 西洋事情外篇//庆应义塾编撰,富田正文编辑,小泉信三监修. 福泽谕吉全集第一卷. 東京:岩波书店,1958:414.

③ 福泽谕吉. 通俗国权论. 東京:庆应义塾出版社,1878:96.

成的。福泽谕吉"公法观"的转变，正是发生在 1871 年的《中日修好条规》、1874 年的征台之役、1875 年与俄国签订《桦太千岛交换条约》、1876 年的《江华条约》之后，其"公法观"的转变是政府外交策略变换之际的舆论跟进。可见，政府官僚们一旦认清"万国公法"的本质，就迅速将其效用发挥在侵略邻国的实际活动中来。似乎只有借助"万国公法"把殖民枷锁套在他国人民头上的时候，才能充分体现出文明意识的提高。因此，明治政府将对外侵略的实践活动转化为"万国公法"与"文明意识"的连接纽带。

第二节　"万国公法"与"霸权体系"

在阐释"万国公法"与文明意识的关系时，我们可以深切地感受到，"万国公法"发挥文明符号作用的现实，已经证明其本身具有一定的思想权威；也正因其具有的思想权威，才使其成为构筑"霸权体系"工具的可能。因此，当东亚"朝贡体系"被迫遭受西洋国际秩序的侵蚀与摧毁之际，"万国公法"在近代日本不仅成为主要的"殖民话语"之一，还名正言顺地成为构筑"霸权体系"的利器。

"霸权"一词，起源于马克思、恩格斯在《德意志意识形态》中给"统治阶级"所下的定义，特指"一个社会上占统治地位的物质力量与精神力量"。后来由意大利思想家安东尼奥·葛兰西加以概念化与普世化。"霸权"的本意是指无产阶级为夺取政权所建立的对农民阶级的政治控制，包括统治阶级对从属阶级所进行的生产力控制和意识形态控制。近代之初，伴随着全球一体化进程的展开与国际交往的频繁，原有的"霸权"概念悄然变化，原本针对一国内部控制的内涵增添了对外关系的含义，亦即以强迫与制裁等手段，使从属国认同和被动顺从的统治方式，成为霸权的关键所在。由此而孳生出的殖民者与被殖民者遂成为霸权的表象，侵略与被侵略则为霸权的实质。二战后，当代西方国际关系理论家创造出现代意义的霸权理论，并用"国际霸权"与"霸权体系"等概念阐释历史上的国际关系与当代国际关系。例如，"罗马霸权"与"不列颠霸权"是历史上曾经存在过的国际霸权；而"美利坚霸权"则是当今世界仍在发挥作用的霸权，以美国为核心，其显著特征是以保障美国的最大利益为目标，因而美国居于霸权国地位。为此，美国理论家们还提出了"霸权稳定论"，以为美国政府张目。其核心观点为："一个超级霸权国的存在有利于世界和平和经济繁荣,对世界的和平与发展起到积极作用"①;"霸权体系是一种稳衡系统,其主要特点是系统稳定和系统内秩序,霸权国实力是这种系统持衡的根本保证。"②

霸权可以发挥作用,它是推动世界历史产生的动力之一。正如马克思、恩格斯在《德意志意识形态》中所阐释的那样:"各个相互影响的活动范围在这个发展进程中越是扩大,各民族的原始封闭状态由于日益完善的生产方式、交往以及因交往而自然形成的不同民族之间的分工消灭得越是彻底,历史也就越是成为世界历史。"③ 国家间的霸权就是在马克思、恩格斯叙述的所谓"交往"中产生的,而"生产力和交往形式之间的矛盾又是一切历史冲突的根源","由广泛的国际交往所引起的同工业比较发达的国家的竞争,就足以使工业化比较不发达的国家内产生类似的矛盾。"④ 与之相对,当欠发达国家被强行纳入先进的资本主义体系时,其对发达国家也具有反向影响。这正好印证了马克思运用黑格尔的"两极相联"原理论述中国革命与欧洲革命关系时所强调的论题,即"当西方列强用英法美等国的军舰把'秩序'送到上海、南京和运河口的时候,中国却把动乱送往西方世界。"⑤ 1840 年鸦片战争及 1842 年中英《南京条约》的签订,反向影响欧洲的结果是 1848 年爆发的欧洲大革命。这是"两极相联"的历史范例。

可见,近代之初可以称霸者往往是先进生产力的代表。实施霸权的各国为找寻原料市场和销售市场不择手段,但为显示西方文明的优越性,列强们设想出"放之四海而皆准的法规"用以应对异己势力。虽然法规在抵制战争爆发上效用不甚明显,但为战后调停各国的关系准备好了根据。可以说,这就是"万国公法"的命运。

然而,当霸权国利用"万国公法"行使区域霸权之际,霸权的内涵便开始由内向外延伸。这一延伸在近代东亚地区尤为明显,并以概念的传承为表象,与西方的情况存在着惊人的相似性。此外在

① 秦亚青.霸权体系与国际冲突.中国社会科学,1996(4):115.

② 秦亚青.霸权体系与国际冲突.中国社会科学,1996(4):115.

③ 中共中央马克思、恩格斯、列宁、斯大林著作编译局.马克思恩格斯选集.北京:人民出版社,2004:88.

④ 马克思、恩格斯.德意志意识形态.

⑤ 马克思.中国革命和欧洲革命.

传承中，因"万国公法"的参与，客观上促进了日本近代"国民国家"的形成。

从理论上讲，一国内部体制的霸权化是"霸权体系"形成的主要侧面。明治维新后，日本在政治、经济和文化等方面出台的相关政策，诸如"富国强兵"、"殖产兴业"和"文明开化"等，都是从内部强化霸权的举措。如从"万国公法"参入的视角解读日本"霸权体系"的组成，有三点值得注意：

（1）"万国公法"成为制定《政体书》的参考。

在东亚社会，儒教色彩浓重的情理观念不仅是维系社会秩序的"法宝"，也是维系"华夷秩序"的有力武器。因此与西方世界偏重法治相比，东方社会偏重人治有其历史根据①。在这个重情重理的地域社会，因没有类似于西方的法治传统，所以在受到以"万国公法"为代表的西方秩序冲撞之际，东亚各国开始了被动接受西方法律制度的过程。然而因传统根基牢固程度以及民族精神的差异，各国接受"万国公法"的实际表现不尽相同，或是在表面敷衍了事，或是因受西方文明的强烈震撼而试图从根部抓起，进行政体改造。但不管怎么说，最终接受下来的西方法律仍然没有彻底摆脱地域传统，并以东西调和为主要特点。就拿改革比较激进的明治时期的日本来说，更是如此。1868 年，明治政府颁布的《政体书》，从思想来源看，有"万国公法"的参与，有对西方"三权分立法"的照搬。

近代之初西洋人在迫近东亚各国时，动辄以"国家要能够担当起责任且具有权力"的说教刁难东亚各国。在他们的视域中，晚清不是"国家"，幕藩体制下的日本也不是"国家"。因而，这些所谓的"国家"是否具有保护外商生命及财产的能力，受到西洋人的质疑。根据丁韪良译本《万国公法》第一卷第二章第五节"主权分内外"，"治国之上权，谓之主权。此上权或行于内，或行于外。行于内，则依各国之法度，或寓于民，或归于君，论此者尝名之为'内公法'，但不如称之为'国法'也。主权行于外者，即本国自主而不听命于他国也，各国平战、交际皆凭此权，论此者尝名之为'外公法'，俗称'公法'即此也。"② 这里偏重强调的是"国家主权"，即

---

① 樊浩. 中国伦理精神的现代建构. 南京：江苏人民出版社，1997.

② ［美］惠顿. 万国公法. 上海：上海书店出版社，2002.

表现为对内有"国法"规范，对外有能力按照公法行事等。因此，为了建设近代国家，也为了在政体的表象上与《万国公法》的规定相吻合，明治政府颁布了《政体书》。其中"天下权力悉归太政官，使政令不出二途。太政官之权力分为立法、行政、司法三权，无偏重之患"① 的规定，是对国家权力的强化，也是对西方"三权分立法"的移植。

（2）"万国公法"与《中日修好条规》。

1871 年 9 月，中日双方在天津签订了《中日修好条规》，由此日本获得了与中国平等的地位。关于条约性质，学界普遍认为是平等的。但从真实意图看，中国旨在寻找合作伙伴以对抗西方列强，日本则旨在将失于列强的东西从近邻处捞取回来。关于此点，我国著名新闻工作者王芸生早在 1931 年的著作中，就已分析得十分透彻。他说："李鸿章等自以为（《中日修好条规》）是一部平等条约，但仍多援西方之例，如领事裁判权、协定关税等，应有尽有；只是没有'一体均沾'的条文而已。"② 真实的情况是，在签约前的交涉中，柳元前光与李鸿章会谈之际，巧妙地耍弄外交欺瞒手段，最终得到了清政府全权代表李鸿章的签字。这是日本向外部确立"霸权体系"的第一步。很明显，在中日关系上，"万国公法"中的用语不仅没有成为障碍，还构成条约的主要内容。

（3）岩仓使节团的派出与伊藤博文的《日之丸演说》。

如果说《政体书》规定了国家权力等内部机制建设方向的话，岩仓使节团的出访主要在于修改不平等条约，发展对外关系，并企图通过收回因不平等条约丧失的主权而获得从外部构建"霸权体系"的基本条件——国家的独立。虽然使节团出访没能完成这一任务，但在放眼西方工业文明上，访问团的成员们大开眼界，从而激发了明治政府创办实业、发展教育的热情。

1872 年 1 月 23 日，在旧金山举行的岩仓使节团一行欢迎会上，伊藤博文发表了著名的《日之丸演说》。在演说中，他肯定了以美国为首的各国与日本签订的条约，认为订约目的在于"增进彼此通商关系"；张扬了日本国民的求知欲望和精神现状，并指出"存在于日

① ［日］大久保利谦编. 近代史史料. 東京：吉川弘文館，1974：51.
② 王芸生. 六十年来中国与日本. 北京：三联书店，1979：44.

本的精神进步已经凌驾于物质改良之上";表达了日本坚决参加太平洋的"新通商时代"的决心和愿望;阐释了太阳旗的深层寓意,即蕴藏着"旭日东升,且步武于世界文明国行列"等精神内涵。[1] 伊藤博文的谄媚式演讲是日本顺从西方国际秩序的声明,为赢得美国的好感奠定了基础。

上述内容证明,近代"霸权体系"需要有力政权的支撑,还需要有发达的经济实力与强大的军事力量作后盾。因此,明治时代围绕"富国强兵"的一系列改革,为对内建成近代国民国家、对外构筑区域霸权体系奠定了坚实的基础。然而,近代日本从侵略野心的膨胀至 1945 年战败投降,世界性霸权体系自始至终都没有建立起来,只停留在构想层面;而且在战败之际,其构想彻底幻灭。尽管如此,近代日本的扩张史告诉我们,日本"霸权体系"构想仍呈现出阶段性特征。

第三节 "万国公法"与"殖民话语"

"殖民话语"的概念更多时候被用于文化批评范畴,起源于福柯的论述,由萨义德加以完善。殖民者是"殖民话语"的生产者,而"殖民话语"一旦形成便会发挥强制力,协助殖民者完成殖民统治。关于这一点,从萨义德将"东方学"本身看作是"殖民话语"的阐释中更能看到问题的本质。他说:"我们永远不认为,东方学的结构仅仅是一种谎言或神话的结构,一旦真相大白,就会烟消云散。我本人相信,将东方学视为欧洲或大西洋诸国在与东方的关系中所处强势地位的符号比将其视为关于东方的真实话语(这正是东方学学术研究所所声称的)更有价值。尽管如此,我们却必须尊重并试图把握交织在东方学话语中的各种力量关系,其与实权社会经济和政治机构之间的紧密联系,以及它们所具有的令人恐惧而又挥之不去的持久影响力。"[2] 可见,"殖民话语"是一种社会建构,它存在于其所代表的客体与其赖以存在的主体之间,并同时为它们服务。"殖民话语"还是一种符号,被用来圈定与规范被殖民者的行为。在这

---

[1] 近代之初,日本的国旗曾被西方列强讥笑为与日本锁国实情相匹配的带有封闭性的"红色封蜡"。伊藤博文的阐释,是向西方列强表述文明化国家意识的最初尝试。

[2] 爱德华·W·萨义德. 东方学. 王宇根, 译. 北京: 三联书店, 1997: 8.

个意义上，西方殖民者利用"万国公法"打开东亚各国的大门，瞬间在东亚社会构建了"万国公法"这一"殖民话语"。既然是"殖民话语"，其本身也就充满了"霸权"色彩。东亚近代史已经证明，在日本顺应条约体系调整内政外交的同时，以"万国公法"为武器营造了新的"殖民话语"，提出了新的"霸权体系"构想。这样在近代日本，"万国公法"既是思想权威，又是"殖民话语"。

霸权体系内有一个霸权国，其他各国在体系内处于从属地位。为了构建以本国为中心的霸权体系，日本在尚未完成修改不平等条约的任务时，就已经野心勃勃地走上了追求霸权国地位的道路。在这一过程中，"万国公法"是其活动的法理依据，且游走于"霸权体系"与"殖民话语"之间，并在完善日本"霸权体系"构想的内外构造上贡献力量。尤其在对外关系上，明治政府与中国、朝鲜半岛及俄国的纠葛，催生了对外机制的萌芽，助长了日本对外侵略的气焰。

这些对外机制，诸如专门的外事机构及外务卿等官职的出现，思想上源于"万国公法"所提示的国际关系处理原则。同时，明治政府在模仿欧美各国构建对外"霸权体系"时，逐步建立了一系列的殖民侵略机构。这些机构有台湾蕃地事务局、台湾总督府、朝鲜总督府、桦太厅、关东厅以及南洋厅等。这些机构以直接负责殖民侵略事务为己任，以实施军政统治为特点。但伴随着日本扩张步伐的加快，隶属于日本内阁或内阁总理大臣的机构也相继产生，如兴亚院、对满事务局等。为了对上述殖民机构进行统一管理，明治政府早在1895年就成立了拓务省或拓殖省。这一机构在1942年10月31日被废除后，连同兴亚院、对满事务局的职能都被1942年11月成立的大东亚省所取代。

上述政府行为的殖民统治机构，是直接镇压和统治殖民地人民的有力工具。与之相对，政府的御用知识分子以及受政府高压发生转向的知识分子，则在舆论上大做文章，以配合政府的侵略举措。他们采取的方式比武力侵略隐蔽且具有蛊惑性，善于在"万国公法"理念所支配的"文明与野蛮"这一对立图示的延长线上，论证日本是东洋文明的代表者，并强调对邻国的侵略是为了把文明的荣光注入到野蛮中去。因此，以"万国公法"为首的一系列"殖民话语"被创造出来，诸如"亚洲主义"、"王道乐土"、"五族协和"、"亚洲门罗主义"以及"东亚协同体"等。但历史事实告诉我们，这些"殖民话语"只不过是在精神上愚弄东亚人民的又一工具而已，它们与日本外交官在自 1871 年以来的亚洲事务中不断耍弄的外交技巧相得益彰，配合得天衣无缝，并由此完成了所谓的"军事霸权"与"话语霸权"的完美结合。

一般说来，根据对殖民地进行统治的不同模式，可将统治过程划分为"强制性实施"和"自动赞同"两个阶段。与"强制性实施"对应的是"军事霸权"，与"自动赞同"匹配的是"话语霸权"①，这是实施殖民霸权的途径。在建立殖民统治的初期，殖民者大都采取的是"军事霸权"，而后开始注意确立"话语霸权"。日本在殖民地的统治也同样经历了"军事霸权"与"话语霸权"的阶段，但二者并非对立而是相互渗透的一种存在。"殖民话语"在推进殖民主义中能够发挥积极作用，而知识分子则是构筑"殖民话语"的生力军。

1945 年 8 月 15 日，日本战败投降。随之，对殖民地进行统一管理的大东亚省被废除，这证明近代日本苦苦追求的"霸权体系"化为泡影。但在特定时期的东亚地域范围内，吞并琉球与台湾、合并韩国、对南洋诸岛实行委任统治以及成立伪满洲国等一系列殖民活动的"成绩"，表明近代日本的近期霸权目标曾经实现过。

综上所述，当"万国公法"堂而皇之地成为对殖民地国家进行规范的法律手段时，公法本身就成为一种"殖民话语"。它的深层意义是"西方文明"与"东方野蛮"的对立，所强调的是文明国有义务"拯救"野蛮国。日本近代利用"万国公法"的实践证明，"万国公法"是文明符号，也是"殖民话语"。

那么，究竟谁应该为"万国公法"所产生的"缺陷"负责？不言而喻，这个责任应该由代表先进文明的西方列强承担。当列强打开东亚大门并签订条约之时，他们在违反"万国公法"相关规定的方向上利用了它，从而使它出现了"缺陷"。然而，谁又在掩盖"万国公法"的"缺陷"，使其在发挥"殖民话语"的道路上越走越远？在东亚地区，唯有日本。

也许本论的"万国公法与文明意识"、"万国公法与霸权体系"和"万国公法与殖民话语"等内容，没能很好地回答"万国公法"

---

① 姜飞. 跨文化传播的后殖民语境. 北京：中国人民大学出版社，2005：117.

在日本如何发挥了思想权威的作用，但可以引起我们进一步思考的问题有：①根据"万国公法"，该如何判断琉球与钓鱼岛的归属问题；②日本为侵略台湾寻找的公法理由是什么、台湾蕃地事务局对"万国公法"的重视程度如何；③"朝鲜中立化"的法理依据及其与远东国际关系的内在关联等。对这些问题的深入探讨，是历史赋予我们的使命。

第四章　近代日本殖民扩张与"万国公法"

学界研究成果显示，"吞并琉球"与"出兵台湾"是日本近代殖民扩张的起点。此后，日本在殖民扩张的道路上越走越远，其鼎盛期将太平洋的西半部海域及大部分岛屿纳为己有。日本战败后，在联合国主持下处理远东国际关系时，被日本占领 50 年之久的台湾回归中国，台湾问题相对得以解决。但留下了与中国切身利益相关的两大群岛悬而未决：其一是琉球群岛的归属问题；其二是钓鱼岛及周边岛屿的归属问题。

也许是因为琉球群岛被日本占领为时已久的缘故（1879 年日本将琉球群岛改称为冲绳县），现在国人及学者们很少触及琉球群岛问题，而对钓鱼岛问题关注较多。尤其是近年来随着海底资源不断被发现，中日之间围绕着钓鱼岛及其周边海域的争端不断升级后，个人的或学术团体的关于钓鱼岛的学术报告等不断增多。但从真正解决问题的现实出发，诸多的学术报告仍然显得苍白无力。

从历史连续性角度观之，中国对钓鱼岛拥有主权无须进一步论证。钓鱼岛问题的关键在于中日双方应尽快找出合理解决争端的办法，尤其在原有国际法与国际海洋法公约等约束力降低的情况下，能否建立起一个有效的国际制约机制以制止区域争端，已然成为迫在眉睫的重要问题。然而说起历史连续性，日本频频制造钓鱼岛争端，总给人以重温海洋帝国迷梦的印象。从近代殖民扩张到二战败北的 71 年间，日本对近邻国家的侵略及其后筹建的管理殖民地的内政机构的变迁，展示了日本构建海洋"霸权体系"的轨迹。本论将探讨近代日本殖民扩张的起步阶段与"万国公法"的关系，其主要内容有吞并琉球、进犯台湾、控制钓鱼岛及入侵朝鲜。

第一节　吞并琉球

琉球在近代日本殖民扩张中被强行占领后，1879 年改为"冲绳"。此后琉球成为中日关系中的"悬案问题"。在第二次世界大战接近尾声之际，由英美苏大国主导的几次国际会议在商讨战后处理问题时，表面上为中国创造了收回琉球管辖权的大好时机，可惜蒋介石政府在琉球问题上却坐失良机。但不断公开的解密材料，颠覆了原有认为蒋介石"两次拒收琉球"的观点。今天看来，丧失收回琉球管辖权的时机，有其历史必然性：其一是中国国力的薄弱；其二是美国在"冷战"中急于寻求军事基地的欲求等使然。在 1943 年 11 月 22～26 日召开的开罗会议期间，美国总统罗斯福与蒋介石频频会晤，反复地以琉球岛管辖权的归属问题对蒋介石加以试探，而蒋介石领会了美国的意图后并以可提供旅顺为联合基地的诱惑反过来加以试探，最终知晓了美国想要将军事基地安放在琉球的真实意图。因此，在蒋介石 1943 年 11 月 23 日的日记中便有了如下记载："唯琉球可由国际机构委托中美共管。由此余提议，一以安美国之心；二以琉球在甲午以前已属日本；三以此区由美国共管比为我专有为妥也。"① 美国因素是琉球问题的真正祸根。

二战结束后，琉球问题成为悬案。但 1975 年 5 月美国单方面将琉球的行政管辖权交与日本后，似乎琉球为日本领土的一部分成为定论。然而，在中国的学界与舆论界，至今都未停止过对琉球管辖权的伸张。只不过是在战后特殊的历史时期，国家积贫积弱，被美国一手导演的钓鱼岛问题弱化了人们对琉球问题的关注。战后初期的几年是中国人最为关注琉球归属问题的时期。当时中国国内对琉球的态度大体有三种意见：其一是以中国国民政府官员于树德、外交部长王宠惠为代表的"中国收回琉球主权"的主流观点；其二是以国民政府驻韩大使邵毓麟为代表的"中国托管或中、美托管琉球"的观点；其三是以上海《大公报》主要撰稿人李纯青为代表的"琉球独立"的观点。② 在主流观点中，作为学者的地理学家胡焕庸从地缘关系及战略高度认为琉球归还中国是上策，否则会殃及台湾。从以后的历史发展看，这种预测十分精准。而张雁深的《琉球问题》一文，则是主流观点中试图从国际法的角度阐释琉球归属问题的力作。文章以国际法的视角判别日本领有琉球的非法性引起了笔者的注意。文章强调"日本并未曾取得领有琉球的法律上的权利"，以列举出的国际公法关于领土权利获得的五种方式（先占、割让、征服、时效以及添附）一一加以分析。这五点中，乍看起来"征服"一项

① 汪晖. 冷战的预兆：蒋介石与开罗会议中的琉球问题——琉球：战争记忆、社会运动与历史解释补正. 开放时代，2009：26.

② 王海滨. 中国国民政府与琉球问题. 中国边疆史地研究，2007（3）：142.

与日本"领有琉球"的状态相符合。"征服"具体指"一国家于战争时据有敌国的一土地,在该土地上实施主权上的权力,并宣布永久占据该土地之意,无正式让渡的法律行为而领有该土地之谓"。① 而战争是双方行为,且是敌对双方的武装战斗。故在这个意义上,日本入侵琉球只能是侵略而非战争,所以日本"领有琉球"具有荒诞性。主张琉球独立的李纯青,在文章中给出解决琉球问题的方策如下:"一,让琉球人民投票愿不愿加入中国;二,如其不愿,则实行有期限的托治,扶助琉球民族自由独立,托治形式可交一国或数国共管;三,托治国不得有久占琉球的企图或设施,并不得利用琉球作战,除非为对付日本;四,联合国保证琉球永远脱离对日本的从属关系,并保证其永不受侵略。"② 这种解决问题的方法,客观上讲是站在公平、正义的法理立场上提出的。

然而,在美苏大国忙于"冷战"之际,不但没有国家在真正恪守公平正义的法理,反而在利用取得的非公平正义的话语权,在违法的取向上利用法律谋一己之私。因此,在"冷战"时代,琉球在没有任何防范的前提下就充当起了美国的军事基地。但随着"冷战"格局的终结,是否有人提起或重视过该如何界定琉球的问题?是否有过对后"冷战"时代亚洲国际秩序重新编排与梳理的考量?在编排与梳理国际秩序的过程中,是否曾为二战夺去生命的占琉球土著人口总量四分之一的琉球民祭奠过?究竟由谁来承担使历史上的附属国亡国灭种、文化流失、语言灭绝的罪责?在这一关乎国家存亡的重大问题上,所谓的国际法去了哪里?这一系列问题的答案,似乎只能从亚洲近代史的发展过程中找寻。

追溯历史,日本与琉球发生联系的上限应该在 1609 年,萨摩藩主岛津家久出兵三千攻陷琉球首都,俘虏了包括琉球王在内的官员等百余人,将琉球强行变为萨摩藩的附属国。此后直至明治维新前,琉球与中国的明清两朝、日本分别构筑起朝贡关系。1868 年以后,"万国公法体系"在东亚社会流播后,日本率先从原有的华夷秩序中游离出去,一步步将清政府在琉球的影响力排除掉。1872 年强迫琉球国解散而改设琉球藩。1876 年,琉球王尚泰曾派人偷渡到中国将

---

① 张雁深. 琉球问题. 太平洋杂志, 1947 (12): 4.
② 李纯青. 论琉球归属问题: 及可能纠纷的日本领土. 观察, 1947 (20): 3.

日本吞并野心通报清政府，可清政府在接下来的帮助琉球复国的对日交涉中举步维艰。1879 年，明治政府废除琉球藩，将其改设为冲绳县，从而非法吞并了琉球。对此，清政府极力反对，并于 1880 年就琉球归属问题与日本展开谈判，后在美国总统格兰特的调停下，出台了二分琉球的《球案条约》。①但因琉球人的反对与清政府的四面危机状态，为了拖延时间，清政府最终没有在这个条约上签字。从道义的角度讲，对于清政府而言，这个《球案条约》似乎是对琉球人的背信弃义之举。然而，从已被挖掘利用的原始资料来看，时任直隶总督的李鸿章对琉球问题一直极为关注，只是在迫于应付琉球问题的同时，又要应对中俄谈判（后于 1881 年签订了《伊犁条约》），故自己的所想都未得到落实使心情跌入低谷；以至于当他提出三分琉球之际，原以为美国总统格兰特会祖护自己，但实际相反，加之日方的不承认，遂成为没有签字的条约。从事件前后的情况观之，当国际条约体系在东亚地域不断进行渗透之际，晚清政府的衰微与没落，使其成为这一新的游戏规则的被游戏对象，从而清政府的外交官们经常处于规则游戏的外围而没有入门。从这个意义上看，李鸿章是一个悲剧的化身。

可见，近代东亚地域的争霸，已在一个新的"装置"中展开。这个"装置"是类似于西方世界所遵从的由"万国公法"确立的国际关系体系，只不过是到了东亚地区，该体系已经发生了变化，变得"形"似"神"非了。因为，"神"这一本质内核已被置换为日本主宰世界的欲求了。这似乎又可以归纳为西方世界的"普适性原则"在东亚社会发生了裂变，这种裂变反衬出日本民族的狡黠气质与鬼魅性格。关于这一点，陈宝琛在奏折中已明确指出。他认为，日本畏俄如虎，凭中国的力量还难以阻止日俄两国的接近。我们国力的强弱与否，也会直接决定日本对我国亲近与否的态度。因此，他提出了"日约不宜轻许"的奏议。

由此观之，上述系列问题的答案不言自明了，日本在琉球问题

---

① 鞠德源. 钓鱼岛正名：钓鱼岛列屿的历史主权及国际法渊源. 北京：昆仑出版社，2006：90.

上应该负主要责任，美苏大国应该承担以掌控的"国际话语权"① 纵容日本的罪责，而中国的内部矛盾及其软弱也是导致琉球问题的远因之一。因此，在今天看来，琉球的管辖权没有归还中国是一个历史遗憾的话，那么对于复国无望的琉球民族来说，其悲情色彩更加浓厚。

第二节 进犯台湾

日本学界有观点认为，出兵台湾为日本帝国主义提供了契机，是日本军国主义化的起点，也是切断清政府与朝鲜关系、从而使"华夷秩序"彻底坍塌的历史事件。② 这一事件发生在 1874 年，其结果为日本人带来了 50 万两赔偿金的物质利益，也带来了得到清政府承认琉球为日本领土的"法理利益"。③ 而且，这种结果在 20 年后因甲午战争而签署的《马关条约》中，为日本占领台湾做好了前期准备。从 1895～1945 年的 50 年里，台湾成为日本的殖民地。

在东亚国际形势复杂多变的现实情况下，多视角反思与忆起近代日本出兵台湾事件，具有一定的现实意义，也是研究者肩负的使命。从近十年的相关研究成果看，以实证主义的研究方法关注日本出兵台湾与美国因素之间关系的著述产生了。有成果显示，当琉球难民事件发生后，美国驻日公使德朗"欣喜若狂"，以为是天赐良机，并约见时任日本外务卿的副岛种臣，将"台湾通"李仙得推荐给日本做"军师"。④ 从国立公文书馆已经公开的史料看，近代之初的日本如此大胆地进犯台湾，的确是美国人李仙得在背后鼓噪的结果。

---

① 国际话语权不仅包括在处理国际事务中的主导话语，还应该包括中国政治家的外交失言而造成的话语权丧失，反而助长了主导话语权的实际。例如，1948 年中国外交部亚东司长黄正铭就琉球问题发表的声明称"琉球群岛是中国的一部分"不代表中国政府的观点。这种措辞在葬送了宋子文一直坚守的琉球问题立场的同时，为美日主导琉球问题留下了话柄。

② 纐纈厚. 台湾出兵の位置と帝国日本の成立//植民地文化研究，2005（7-4）：25-33.

③ 根据 1874 年的清政府与日本签署的"互换条约"与"互换凭单"，规定双方分别承认台湾、琉球为各自的领土。在这个意义上，笔者将琉球法律上成为日本领土的结果称为"法理利益"。

④ 陈杰. 明治维新：改变日本的五十年. 西安：陕西人民出版社，2011：224.

　　起初，李仙得将通过"征台"占领台湾作为美国处理对台关系的"理想"，可是因遭反对期待落空。后来他将其理想转而寄托于日本，因此他积极为日本提供征台策略，为其寻找征台借口。以至于在征台过程中及事后订约之际，都十分活跃。① 那么，李仙得以其熟悉的国际条约及相关法律，为日本提供了哪些侵略有理的法律依据？他给日本出谋划策的根据，是否有合乎当时国际规范的可行性？

　　第一，赋予"化外之地"以新解释，以当时流行的"万国公法"极力寻找否认台湾为清政府领土的口实，从而利用"万国公法"制造侵略有理的根据。尤其是在处理 1867 年的"罗妹"号事件时，清政府的行动拖沓与言辞暧昧导致后患无穷。当时昏聩腐化的清政府官员们，由于缺乏"万国公法"知识，在处理这一事件时以"生番乃化外之地"的措辞一再推诿，从而为美国直接接触台湾土著民"番人"提供了契机。此后，李仙得大肆张扬台湾乃"无主之地"，这样便迎合了"万国公法"中可对无主之地进行先占的条约规定，从而制造出"征台"合理的法理依据。

　　第二，李仙得不断提出备忘录及意见书，向日本政府进言进占台湾、移民、驻军以开发台湾的好处。1873 年，他提出了《关于台湾蕃地处分之美国人李仙得意见书》。该意见书制定了详细的选择良港、移民、驻军等一系列殖民步骤，并强调英帝国就是以同类手段获取了在世界上堪称第一的殖民地的。所谓良港主要有两处，其一他建议选在"北纬 24°6′18″的'毛里斯港'，水深 3 英尺"。② 因该地盛产樟树，故生产樟脑的售价足以抵消移民所需费用并有剩余。因此李仙得认为该地是选作殖民地的上佳场所。其二为"西亚里奥"港，1872 年美国船只停靠时已积累经验，该港口受季风与暴雨影响不大，即便暴雨之际港内船只仍完好无损。该地是进攻牡丹社的最佳场所，因此他建议可驻扎预备兵 400 人和一个炮兵队。然后，以良港为据点展开贸易，主张海陆军进驻以备应急之需。同时每年向台湾派遣 1000 人以繁衍人种。李仙得利用通晓的台湾地理知识，辅以介绍奥地利、俄罗斯的殖民地移民经验，最终建议以英帝国为榜

---

　　① 李理，赵国辉.李仙得与日本第一次侵台.近代史研究，2007（3）.
　　② 台湾蕃地处分二付米国人李仙得ノ意见书.国立公文书馆.レファレンスコード：A03022896600。

样，为日本找到了可资借鉴的"国际范例"。

第三，在李仙得的积极策划下，明治政府于 1874 年 2 月出台了《台湾蕃地处分要略》，总计由 9 款构成。这个"要略"实际上是出兵台湾前的总部署。主要包括：从清政府刊行的书籍中寻找台湾乃"清政府政权不逮"之"无主之地"的历史证据；阐释日本以"讨蕃公理"践行己任的合理性；并作出一系列相应部署等。①

第四，日本成立了专门的对台事务机构——台湾蕃地事务局。根据国立公文书馆公布的原始文献，1874 年 4 月 5 日，事务局正式成立，局长由参议大隈重信担任，事务参军由陆军少将谷干城和海军少将赤松则良担任。② 谷干城、赤松则良和担任台湾蕃地事务都督的西乡从道等在出兵台湾上积极主动，成为侵台的"急先锋"。

此后，蕃地事务局成为关注台湾动向的组织机构，主要的职责之一是为日后吞并台湾做宣传。例如，1875 年 1 月，蕃地事务局编辑出版的具有 10 款内容的《处蕃趣旨书》，实际上就起到了扩大宣传的作用。该趣旨书的第一款内容是根据外务少丞平井希昌等处理公务的公文撰写的，而第二款以下各条是根据遣外诸官的公报等逐条摘编而成的。《处蕃趣旨书》从 1871 年 1 月 18 日琉球宫古岛八重山岛出海渔民在台湾藩地遇难，有 54 人惨遭杀害的事件记起，详细描述了日本借机与清政府交涉的全过程，再现了副岛种臣、柳原前光及大久保利通等人的"谋交之术"，生动地暴露了日本人的难缠性格。其中，反向利用"万国公法"以为日本侵台进行合理辩护的措辞有以下几处：①第二款强调"两国间有野蕃（野蛮之地），行疾邻害人之事。其中一国如漠然视之，另一国可征讨之。此乃《万国公法》所载。"②第四款强调"根据万国公法，领有荒野之地，如该国无实际领有、在该地并无设置政厅，或目前尚无收得其地之益的话，（该国对其）无领有权或主权。"③第五款中涉及的"万国公法"，是清政府总理大臣董恂等人反驳大久保利通时所强调的，"万国公法乃晚近西洋各国所编，因无关乎我清国事之记载，所以不宜以此说进

---

① 这些部署包括：派公使前往北京；就台湾处分问题采取与清政府以"和言辩之"的"谋交之术"；于隶属福建省的台湾港设置领事 1 人；遣福岛九成、成富清风、吉田清贯、儿玉利国、田中纲常和池田道辉等六人进入熟蕃以侦查地形；选定琅峤港为士兵登陆地等。

② 蕃地事務局設置達．国立公文書館，レファレンスコード：A03030104000。

行谈判。”④针对董恂等人的质疑，第十款中记载了日本人再次以公法反驳，强调“清国王公大臣等有公法专门记载泰西之事、清国不在其列等语。然国有国法，万国相交有公法。此理不宜沦丧。”① 可见，在援引“万国公法”进行理论辩驳方面，由于清政府对公法的认识处于初级阶段，其辩驳显得过于牵强和软弱；相反，日本则成功地以此来证明出兵台湾是符合国际法规定的。

综上所述，无论从借助美国人李仙得的想法完善侵略计划看，还是从日本自身制定的侵台部署讲，亦或是从侵台之后的后续宣传观之，都显示出侵台活动的“细腻与周全”；且在处理出兵台湾的相关事务中，日本侵略者从“万国公法”的现有条文出发，努力制造出符合条文规定的证据。这样，“万国公法”真正成为列强手中赖以任意剪裁国际事务的工具。

虽然美国人李仙得只是美国人中的个体存在，代表不了美国，但他的举动及美国的态度已经昭示，在近代日本向东亚邻国扩张的过程中，美国已经开始扮演扶植、亲善与利用日本的角色，以便从中渔利。这些从日本出兵台湾后签订条约的过程中，都可窥测得知。因此，如从 1874 年算起，至今美国插手亚洲事务拉拢日本已有 140 年的历史了。期间，虽有近 5 年时间日美之间在打太平洋战争，但遭致美国痛打后，1945 年随着驻日盟军最高司令麦克阿瑟进驻厚木机场，日本还是被美国征服了。从现今日美关系的发展现状看，美国“重返亚洲”与近代其介入亚洲事务具有历史连续性，不值得大惊小怪。在美国“重返亚洲”之际，如何采取应对措施将是未来一段时间内国人应该集中思考的课题。

第三节　控制钓鱼岛

2013 年 4 月 10 日，中央电视台综合频道《新闻 30 分》节目播出了有关维基解密的报道。维基解密材料大部分是关于 20 世纪 70 年代美国外交与情报的文件。其中被解密的一份，1975 年 4 月 3 日的电文称：“美国政府不认同钓鱼岛的主权就是日本的，而是认为钓鱼岛的主权有争议。”自 4 月 8 日始截至 4 月 10 日下午三点左右，

---

① 蕃地事务局．处蕃趣旨書//明治文化研究会．明治文化全集第十一卷外交篇．東京：日本評論新社，1956：158，161，163，175.

网络上云集了类似的信息。我们现将 4 月 10 日登录网站所得的相关信息摘录如下：

（1）维基解密网站 8 日公布了 170 多万份美国 20 世纪 70 年代的外交和情报文件。美国将钓鱼岛的"行政权"移交给日本，美国政府并不认同钓鱼岛的主权就是日本的而是认为钓鱼岛的主权有争议。这些文件的产生于 1973 年 1 月 1 日到 1976 年 12 月 31 日，其中很多是基辛格发出或接收的。因此维基解密将这批文件称为"基辛格电报"。

（2）【阿桑奇维基解密再出手！"基辛格电报"透露美国不认同钓鱼岛属日本】阿桑奇创办的维基解密公布了 170 多万份美国外交文件，包括外交电报、情报报告和国会通讯等。在一份 1975 年 4 月 3 日的电报中，美国政府并不认同钓鱼岛的主权就是日本的，而是认为钓鱼岛的主权有争议。

（3）维基解密日前公布的"基辛格电报"，时任美国国务卿的基辛格指出，美国将钓鱼岛的管辖权移交给日本"并没有增加或减少日本对钓鱼岛的法律权利"。鉴于他本人提出的"管辖权不等于主权"，这意味着美国否认钓鱼岛属于日本。1972 年 5 月 15 日，美国将钓鱼岛的管辖权移交给日本。

（4）维基解密 4 月 8 日公布了 170 多万份美国外交文件，很多是时任美国国务卿和国家安全顾问的亨利·基辛格发出或接收的，这批文件维基称为"基辛格电报"。有些涉华内容观点很清楚，如关于钓鱼岛，美国明确交给日本的是行政权，而非主权；美国政府强烈建议美国的石油公司不要在钓鱼岛争端海域进行勘探或开采。

网上的解密材料信息和中央电视台《新闻 30 分》的报道是一致的。对于中国而言，相关解密材料为确认钓鱼岛主权归属增添了重要的佐证。然而，1972 年 5 月 15 日，美国将钓鱼岛管辖权移交给日本后，为延续至今的钓鱼岛闹剧埋下祸根。纵观多年来东亚视域中的美日关系，似乎美国的出尔反尔就是国际法规，是引导东亚国际关系的"路标"。

不言而喻，钓鱼岛问题是中日两国之间在领土争端上的又一悬案。由于钓鱼岛海域蕴藏着丰富的自然资源以及地理位置上具有极高的战略价值，中日两国冲突事件频频发生。钓鱼岛问题再次浮出水面，使得中日关系降至历史最低点。在铁证如山的原始资料与研究资料面前，日本人再三狡辩与纠缠不休的背后究竟存在什么及如何化解等问题，仍值得国人深思。因此，寻找解决钓鱼岛问题的国际协调机制、确定国际协调战略以及制定我国的钓鱼岛战略等，在今天看来显得十分重要。在众多涉及钓鱼岛问题的原始资料与研究资料中，国内外学者都有建树，现概述如下：

迄今为止，我国关于钓鱼岛的研究多集中于其历史归属、主权所在、法理依据、大陆架延伸等方面。吴天颖、鞠德源等在著述中批驳了日本军国主义分子右翼言论。刘江永、陈本善等，从历史和法律的角度论述了钓鱼岛乃中国领土的事实。何慈毅、司徒尚纪等，根据明清史料与日本史料等原始文献挖掘出钓鱼岛所属的历史依据。苏崇民、李清津以及吴辉等，根据"搁置主权、共同开发"原则，提出了解决钓鱼岛问题的方案。此外，香港学者郑海麟，从国际法视角解读、诠释了钓鱼岛问题，并在挖掘新史料、比对中日现存的历史资料等方面获得了巨大成功，得出的"钓鱼岛自古以来乃中国领土"的观点更具有说服力。

归纳起来，国内已有研究成果的特点有三个：①以详细考察钓鱼岛的名称由来、地理位置、自然概况等见长；②运用国际法原理诠释钓鱼岛问题日臻成熟；③解决钓鱼岛问题的构想已经形成，但缺乏可操作性。钓鱼岛问题的核心，已经不是继续探讨主权或归属的问题，而是如何解决的问题。这方面研究的欠缺以及"应对战略"的不足，显然已不能满足现实的需要。

在国外，钓鱼岛主要以日本学者的研究为主。近年来，日本学者出版了著作 20 余部，发表了大量专题论文。井上清、村田忠禧、杰拉德·卡蒂斯以及国分良成等人的著作与编著最具代表性。与国内研究相比，除井上清等进步史家坚守历史唯物主义外，大多带有强烈的民族主义倾向，其中不乏右翼言论。井上清的《尖阁列岛——钓鱼岛的历史阐释》是系统研究的代表作。村田忠禧的《如何看待尖阁列岛——钓鱼岛问题》，在承认钓鱼岛乃中国领土的前提下，提倡抵制狭隘的民族主义和爱国主义，要冷静地对待问题。其议论有指向中国民众的味道，带有民族主义倾向。国分良成等编著的《日美中三角关系》，是中美日三国学者试图呼吁三国协调、对话的杰作。概括来讲，日本学者的研究有如下特点：①从研究钓鱼岛主权及归属问题转向研究"用理性控制情感"上来，但是忽视了探讨建立对民众情感进行疏导的可控机制；②已有研究局限于研究者的本国视角，缺乏对钓鱼岛研究的全球和全人类视角；③缺乏学科交叉研究。钓鱼岛问题的敏感性及独特性，不存在单纯的政治、法律、经济或战略解决机制，它牵扯国际关系的诸多层面和国家战略的各方面。从"国家战略→国际战略→国际协调机制"的线索入手，或许能够制定出一个较为合理的应对措施。

钓鱼岛问题被强行纳入"万国公法体系"后，如何在法理上还原其独特性？钓鱼岛问题是如何被编入日本海洋霸权体系构想的？诸如此类的问题，应该从日本近代扩张史中寻找答案。

近代日本对钓鱼岛及其周边海域的关注始于 1879 年，即日本强占琉球并将其改为冲绳县的那一年。根据张启雄和戚其章的研究，同年 12 月，日本内务省编的《大日本府县管辖图》将钓鱼岛等诸岛列入琉球群岛的辖域①，从此日本便开始了觊觎钓鱼岛的侵略活动。1884 年，因福冈人古贺辰四郎对钓鱼岛主权文献记载的无知，而宣扬钓鱼岛乃无主之地，并为追逐商业利益而向明治政府提出占领开发的建议。② 于是 1885 年，内务卿山县有朋下令由冲绳县知事对钓鱼岛进行调查。然而冲绳县知事西村捨三派人考察的结果，却证明了钓鱼岛乃《中山传信录》中所载的中国遣琉使前往琉球之必经的无人岛，但主权归属清朝。因此，他在上书中涉及钓鱼岛划界问题时措辞极为谨慎，表示出对于在大东岛（钓鱼岛及周边岛屿）建立国标一事，"不胜担心之至"。然而，山县有朋却执意否认中国对钓鱼岛拥有的主权，故意以无主之地混淆视听，为将钓鱼岛纳入冲绳县管辖提前做好了准备，建议将钓鱼岛、黄尾屿、赤屿等划归冲绳管辖③，并在 1894 年中日甲午战争之际，由内阁下文将钓鱼岛并入冲绳县。二战结束后，根据 1951 年 9 月 8 日美国单方面的对日媾和条约《旧金山和约》，美国托管当局接管了北纬 29 度以南的西南诸岛，其中包括钓鱼岛群岛在内。1972 年 5 月，美国将钓鱼岛的行政管辖权转交给日本，此后钓鱼岛一直在日本的实际掌控下。

---

① 戚其章. 国际法视角下的甲午战争. 北京：人民出版社，2001：397.

② 张启雄. 钓鱼岛列屿的主权归属问题：日本领有主张的国际法验证. 中央研究院近代史研究所集刊，1993（22）：118.

③ 柯平. 反割台抗日运动. 天津：天津古籍出版社，2004：49.

前文已述，冲绳县知事给山县有朋的报告书曾对将钓鱼岛群岛划归冲绳县表示过担心。这种担心已昭告世人，钓鱼岛及其周边岛屿拥有法理上的独特性。利用流行的国际法，可将钓鱼岛的独特性予以还原，并能够证明日美两国将钓鱼岛划归冲绳县管辖的边界依据存在非法性。这种非法性不仅忽视了地理人文生态的自然特性，还与国际法的相关规定有悖。国际法规定边界的划分依据有四种，即地文疆界、天文疆界、几何疆界和人类地理疆界等。① 根据郑海麟的研究，当年美国托管局将钓鱼岛群岛列入琉球群岛的管辖范围依据的是天文疆界和几何疆界："1952 年钓鱼岛列屿在美军接管琉球岛之际，被美辖琉球民政府划入了琉球列岛的经纬线内，日本以此为据提出钓鱼岛列屿属于琉球列岛范围，从而采用事实占有的方法'有效控制'该岛屿。"② 很显然，这种划界依据忽视了地文疆界的重要性，而恰恰这个被忽视的地文疆界，却能够再现钓鱼岛的真实归属。换言之，按照地文疆界，钓鱼岛处于中国海浅海大陆架上，其海底与琉球列岛被深达 2700 米的东海海槽隔开，这成为钓鱼岛与琉球王国的天然国界线。从大量被发掘出的史料看，明代初期就已经有关于钓鱼岛的史实记载了。另外，根据最新披露的史料，日本博文馆发行的《东洋战争纪实》强调"钓鱼台或鱼钓台属于台湾黄州府蘄州"。可见从行政归属上，钓鱼岛群岛与台湾具有政治上的一致性。这几点构成了我们极力主张的钓鱼岛在法理上属于中国的独特性。

然而，国际法在海外扩张年代被弱化，"人类地理疆界"中所包括的"强权疆界"成为列强惯用的划界标准。山县有朋强行在钓鱼岛及其周边海域"建立国标"的举措就是佐证。实际上，在日本构筑海洋霸权的扩张史上，侵吞钓鱼岛只不过是其对外扩张的一个环节，而且是构筑海洋霸权体系的环节。

如果从 1952 年算起，钓鱼岛问题已存在 60 多年。多年来，无

---

① "地文疆界"，即一般以自然地理实体为划界标准。"天文疆界"，界线与地图经纬线吻合。"几何疆界"指从边界的某一个固定点，到另一个固定点划一直线为界。"人类地理疆界"，包括以民族分布划分的民族疆界、以居民宗教信仰区划分的宗教疆界和由战争和实力确认的强权疆界等。引自：郑海麟. 日本声称拥有钓鱼岛领土权的论据辨析. 太平洋学报，2011 (7)：95.

② 郑海麟. 钓鱼岛列屿之历史与法理研究. 北京：中华书局，2007：136.

论是政府间利用媒体的"口舌之战",还是学者们的苦心研究,至今大有"听觉上的疲怠感"与"研究上的疲劳感"。因此,将钓鱼岛问题纳入我国的中长期海洋战略,制定相应的战略目标、策略等,加强我国在钓鱼岛研究中的话语权,扩大在钓鱼岛问题决策中的影响力,保证我国在中日领土争端中不至于错失良机和争取主动,是未来学界肩负的重要使命。

第四节 入侵朝鲜

在近代初期的东亚,和晚清中国一样,朝鲜也难逃厄运。在西方列强对朝鲜进行侵略之际,日本是伙同的一分子。可以认为,近代日本在朝鲜半岛所动的脑筋,不亚于对晚清中国所做的一切。作为邻国的日本,究竟以什么样的借口干涉朝鲜内政,进而插手东亚国际事务?毫无疑问,"万国公法"是日本实施侵略的法律武器。因而,从国际法角度考量"万国公法"与日本入侵朝鲜的细部关联,今天仍有意义。

列强进犯朝鲜始于19世纪60年代,那是在列强已强迫清政府签订了《南京条约》、《望厦条约》、《黄埔条约》以及《天津条约》和《北京条约》,强迫日本签订了《神奈川条约》和《安政五国条约》以后的事情。

起初,列强以朝鲜为清朝附属国,以连带名义向清政府提出要求,欲将在中国攫取的特权适用于朝鲜半岛,但遭到清政府的拒绝。此后,列强便纷纷寻找打开朝鲜大门的路径。在法国、美国进犯朝鲜之际,国势衰微的清政府只能以事先告知朝鲜加紧防范的方式尽点微薄之力。因此在最初的战争中,事先部署与顽抗精神发挥了作用,使得朝鲜在对法、美的战事中最终获胜,维护了民族尊严。然而随着事态进一步发展,清政府在应对来自法、美两国的压力之际,对其侵朝的举措未加任何阻止,反而站在中立立场,这便为列强进犯朝鲜提供了法理上的根据。其义暗指,既然清政府不是朝鲜的宗主国,故当顺应"万国公法"而行万国交际时,列强可以避开清政府直接对朝鲜政府进行交涉。这样,在迁延推托的过程中,法美的实际愿望没有达成,反而由近邻日本捷足先登。在整个日本侵略朝鲜的过程中,公法再次成为理论指南。

首先,明治政府成立之初,便着手以对马藩主宗义达为处理对朝事务外交官，向朝鲜通告日本天皇亲政的政治变局以及急欲完成"大修邻好"的欲望。根据学者们的研究，这里的"大修邻好"是日本想要从外交文书的文本模式上制造日本天皇优于朝鲜国王的既成事实。[①] 日本的一切举动，按照当时的国际法来看，都合情合理。可就在日本派使通好朝鲜的前夕，以木户孝允、岩仓具视等为核心的明治政府领导人已经在策划"征韩"。据《木户孝允日记》1868年12月14日记载："早晨，关于局外中立一条，命史官发出英法同意之书面文书。翌日清晨岩仓公启程，下问前途之事，以数件进言。尤为重要者有二：其一速定天下方向，遣使赴朝，责其无礼。彼若不服则鸣罪攻其国土，以望伸张神州之威。如此一来天下陋习将忽变，远定目标于海外，百艺器械等随之进步。而窥视内部，一扫诽人之短、责人之非等各自不躬身自省之弊。因之国地大益自不待言。其二天下名分尚未确定。诸侯中或自古以来至镰仓、足利、织田、丰臣、德川等，各私赏功臣，分割国土。今日一新之际，宜火速收束奉还朝廷。"[②] 文中提及的"局外中立"条，是日本国内在"戊辰战争"之际对列强提出的固守要求。而在战争接近尾声之际，明治政府胜利在握，并于1869年2月向西方列强提出解除"局外中立"的请求，列强承认了维新政府。其中的"遣使赴朝，责其无礼，彼若不服则鸣罪攻其国土"，则是"征韩论"的嚆矢。第二年4月，外务省根据时任外交官佐田白茅的报告，提出了《对朝政策三条》，将朝鲜拒收日本国书视为良机，并决定派木户孝允等人前往问责，进而以与清朝订立和约来追求中日地位的平等，从而在"朝鲜乃清朝属国"的逻辑上推导出日本居于朝鲜上位的结论。因此，一旦"大修邻好"的愿望得不到满足，就为"征韩"找到了合理的借口。

其次，"朝鲜一切政教禁令向由该国自行专主，中国从无与闻"的措辞，成为日本单独处理对朝关系的依据。1875年的"云扬舰号事件"发生后，日本派出森有礼取道烟台来北京试探清政府对朝态度。在双方一来一往的照会文书中，森有礼得出了"宗属国"就等同于"朝鲜为一独立国"的结论；而清政府则坚持"朝鲜实属中国

---

① 曹中屏. 朝鲜近代史（1863—1919）. 北京：东方出版社，1993.

② 日本史籍学会编. 木户孝允日记一. 東京：東京大学出版会，1967：158-159.

属邦之一，无人不知"的态度。① 一面是清政府不肯放权的拼死抵抗，虽然这种抵抗有点落伍；而另一面则是日本政府堂而皇之地按照近代国际公法重新整理东亚国际关系，尽管其整理与归并带有强权与野蛮的性质。这种争论实际处在两条永无交叉可能的平行线上，会无果而终。不仅如此，彼此争论的"漏洞"反而会为双方处理国际事务提供口实。尤其是在急于打开朝鲜的锁国大门这一实质问题上，清政府对中朝关系的暧昧措辞，为一直妄图占领朝鲜的日本提供了法理依据。日本抓住清政府的措辞，反复纠缠"朝鲜既然不是清政府的属国"，那么日本就可直接要求朝鲜承担起炮轰云扬号战舰的"罪责"。1876 年 2 月 27 日，日方特命全权大使陆军中将兼参议开拓长官黑田清隆和特别副全权办理大臣议官井上馨，同朝鲜国判中枢府事申櫶、都总府副总管尹滋承多次商讨会谈后，在江华府签署了《日本国朝鲜国修好条规》（简称《江华条约》），从此朝鲜在国际法上成了一个"主权自主"国家，闭关锁国的大门被近邻日本打开了。与法、美列强相比，在朝鲜开国问题上日本"先鞭"夺人②，为日后的日韩合并奠定了基础。紧接着，1877 年日本驻朝代理公使花房义质带来了两种版本的公法著作——丁译本《万国公法》和《星轺执掌》，以增强朝鲜外交官的"公法意识"。

可是，在朝鲜外交近代化的过程中，朝鲜并非无意识地任由清政府摆布，而是一直表现出于清政府保护伞下的务实外交。因而，对清朝的亲近与疏远带上了功利主义色彩。根据新近学者的研究，近代朝鲜对清政府的策略，经历了"藩臣无外交"、"以夷制华"和"脱清独立"等阶段。③ 没有想到的是，刚刚从"华夷秩序"彻底游离出来的朝鲜，1910 年便在"万国公法"撑起的国际秩序下亡国了。

上述以"万国公法"为法律后盾的殖民扩张活动是近代日本践行大陆政策的实际举措。但从中可以看出，日本深知制海权及控制岛屿对于一个具有大陆野心的国家的重要意义。换言之，明治时代

---

① 伊原泽周. 近代朝鲜的开港：以中美日三国关系为中心. 北京：社会科学文献出版社，2008：87.

② 鹿岛守之助. 日本外交史 3 近隣诸国及び领土问题：东京：鹿岛研究所出版会，1970：18.

③ 石少颖. 试论近代朝鲜对清朝政策的演变（1863—1905）. 青海社会科学，2012 (1).

的海洋国家建设与陆地扩张密不可分。一般说来，判断一个国家是否为海洋国家的标准有三个：其一是地理上是否拥有"海洋国土"；其二是经济上是否依赖海上运输；其三是政治上是否拥有积极的海洋政策等。纵观明治时期，日本构建海洋国家的条件有一个逐渐成熟的过程，所以近代日本的殖民扩张以"陆主海从"为特点。但是，由于日本岛国的自然地理属性，其陆军兵力需要强大的海上力量来进行投送，这就客观上促使日本必须强化海上力量以及构筑海洋霸权体系。从结果来看，日本陆地派与海洋派的争论可谓殊途同归。这种海陆兼顾的扩张需要，客观上催促了对《海上万国公法》等著作的引进与译介。

本章探讨的主题虽还不间断地处于复杂化的发展态势中，但是近代日本殖民扩张史发人深省之处仍有以下几点：①在发挥"万国公法"的"效用"上，日本可谓挖空心思。在伴随侵略而迅速熟悉"万国公法"上，所做的投入是东亚其他国家所无法比拟的。②在仿效所谓的"先进"国家上，超越被仿效国是否是后进国家近代化所持有的普遍规律？如果不能这样下结论的话，在殖民扩张上对欧洲列强的模仿，日本何以采用的手段较之更为毒辣和残忍？要想更好地回答这些问题，恐怕又要回到日本国民性格中去寻找答案了。

第五章 甲午战争、俄国组建关东州 以及日韩合并的"合法性"

如前章所述，出兵台湾与吞并琉球是日本近代殖民扩张的起点。此后，日本沿着这个方向下行乃至有所"成就"，初步实现了明治政府治国方略中的"开拓万里波涛，布国威于四方"的理想。代表性事件有人们所熟知的甲午战争、日俄战争以及日韩合并等。这是日本摆脱"华夷秩序"后，彻底摧毁"华夷秩序"的最后屏障、急欲主导东亚新国际秩序的几次关键性侵略活动。

甲午战争不是毫无预谋的战争，而是由日本精心策划的。关于这一点，学界已经达成共识，但仍有诸多问题值得厘清。从当时流行的国际法看，日本发动甲午战争是否合宪？以天皇为首的统治集团在煽动民众情绪上，宣传口吻与当时的国际法是否发生了连接？就甲午战争而言，日本国内媒体持有何种观点等问题，是本章要解决的主要任务之一。

《马关条约》签订后，因条约限制了沙皇俄国南侵满洲的计划，而遭致俄联手法德进行干涉。不得已，日本被迫归还已经到手的辽东半岛。其结果，在此后近 10 年的时间里，俄国加快了在中国东北的侵略步伐，强占辽东半岛、组建关东州以及建设大连港等。在为侵略活动寻找根据时，俄国也求助于国际法了。但因三国干涉还辽事件，1904 年日俄在远东地区挑起了战事。从战争的结果看，俄国组建的关东州为日本入侵中国东北提供了殖民据点。

如果说东亚"新锐"国家日本打败腐朽没落的晚清帝国，使国家在近代外交上走向成熟的话，那么，在日俄战争中的获胜则为日本走上帝国主义道路提供了契机。其具体表现之一，打着遵守国际法规的名义，从俄国手中接管了关东州。这意味着日本帝国找到了向陆地全面扩张的立脚点。

在对待朝鲜问题上，1905 年日本与朝鲜签订的保护条约，使得朝鲜走上了国际法"指引下"的亡国路。根据国际法的相关规定，"保护国与被保护国的关系，本质上应该是弱国基于条约规定而接受一个强国的保护而发生的。"其特征有两点：即其一拥有保护国条约的特殊条款；其二是要拥有"依照保护条约取得对抗第三国的条件"等。① 这两点内容成为判断被保护国法律地位的指标。因此，保护条约的签订首先使得日朝之间的关系合法化，为接下来的"日韩合并"准备好了前提条件。

由此观之，日本在发动甲午战争、日俄战争以及日韩合并等一系列侵略活动上，已纯熟地利用了"万国公法"，将侵略活动纳入"合法"的轨道上来。

第一节　甲午战争与战时法的编撰

晚清中国人的公法意识的淡薄与否，取决于锁国与开国的对接程度。对接得顺畅，有利于提升国民的国际法意识。发生在晚清中国的鸦片战争提供了反面例证。实际上，1832 年 5 月，也就是在英国殖民者发动鸦片战争的 8 年前，美国传教士裨治文在广州创办了杂志《中国文库》（习惯上所讲的《澳门月报》），其主笔阵容有马礼逊、麦都思、郭士立和伯驾等，以搜集中国情报为英美殖民者的侵略活动辩护以及鼓吹以武力打开中国门户为办刊宗旨。其中，刊在 1836 年 7 月第五卷第三期第六篇名为《英中关系：迄今所执行的政策，关于将来措施的建议》一文，对中国的闭关锁国进行了批判，认为在国际交往中，闭关保守只能导致一个国家被"国际团体排除掉"或者"丧失国际法保护的权利"②。虽然这种措辞，有模糊殖民侵略本质和推卸有可能挑起战事责任的嫌疑，但也侧面反映出清政府根本不具备灵活的外交能力。一旦外交能力缺失并惯性地持续下去，就会导致在国际法上本来就不具备优势的晚清政府更加被动。不仅在鸦片战争前如此，在甲午战争来临之际，清政府面临的局势也没有改观，反而面对东洋日本时处境更加悲惨。相对而言，只有留法博士马建忠在国际法意识上要比他人走得远些。

1. 天皇颁布宣战诏书

甲午战争爆发前，日本就从国际法的角度为战争做准备，主要是利用"万国公法"为其侵略活动张目。1894 年 8 月 1 日，天皇发布对清宣战诏书，已明示要在"国际法许可范围内"，采用一切可用

① 沈克勤. 国际法（增订版）. 台北：台湾学生书局，1980：96.
② 广州省文史研究馆译. 鸦片战争史料选译. 北京：中华书局，1983：55.

之手段进行战争。在天皇诏敕的感召下，在陆战海战的实际需要下，一批"万国公法"著作被译介出来，为战争提供参考。因此有学者声称，甲午战争前后日本法学界上演了一场"万国公法话语秀"。

不言而喻，在宣战诏书中告诫百官谨遵公法，说明天皇使战争与国际法发生了有效对接。天皇在《日清战争宣战之诏书》中宣称：

"保全天佑、践行万世一系皇祚之大日本帝国皇帝向忠实勇武之尔等有众布告：

兹对清国宣战。朕之百僚有司宜体察朕意，致力于陆上海上对清国交战以达成国家之目的。只要不违反国际法，期待以各种权能尽一切手段，不得有所遗漏。思之，朕即位以来二十余年，于和平治世中求文明之化育，坚信干预外国事务极为不妥，故常令有司努力增进友邦之谊，幸好列国之交际逐年亲密。岂料清国于朝鲜事件上，违背我国之善邻交往，对我背信弃义。

朝鲜乃于我帝国之启发诱导下始步伍于列强之一独立国家。然而清国每每自称朝鲜为其属邦，阴里阳里干涉其内政。于其内乱之际，借口拯救属邦出兵朝鲜。据明治十五年之条约，宜出兵以备一时之变，进而永远免除朝鲜之祸乱、确保将来之治安、欲以维持东洋全局之和平。（下略）"①

诏书的内容，或明或暗地凸显出当时流行的处理国际问题的方法。其中，有以下几点值得注意：

首先，天皇利用国际法宣战。这要求天皇需拥有一定的国际法知识和国际关系常识。前文已提及，1889 年西村茂树为天皇进讲国际法，以吴尔玺的原著为教材，具体利用了丁韪良汉译本《公法便览》经日本转译点训后的《训点公法便览》。这为天皇将战争与国际法对接提供了知识前提，因此诏书强调为战争可采用"不违背国际法的一切手段"。

其次，利用了当时流行的"文明—战争"关系论。根据列强提出的"文明"对"野蛮"的关系图示，战争是获取文明的手段。天皇的诏书奉行的就是这一对立"原理"。天皇强调，明治政府治世的 20 年间，一直在追求"文明化"与"列国亲密"。因而在诏书中，他主张为消灭野蛮、保留文明乃至使文明地域最大化，日本必须对清

---

① 吉川弘文館編集部. 近代史必携—史料編. 東京：吉川弘文館，2007：10.

政府开战。

第三,为保存朝鲜的"独立国家"的地位,天皇向清政府宣战。在国际上,为第三国的独立而战是正义的本质所在。因此,天皇诏书中极力将甲午战争美化为正义战争。正好在同期,日本的国际法学家安达峰一郎将意大利法学家巴特鲁纳斯特罗的授课内容译介为《国际公法讲义》,强调国家具有"独立权","国家独立"概念与"国家主权"概念是同一体,而"国家主权是指动态的社会权力,包含许多其他权力"。① 天皇利用了国际法中的这一规定,找到了攻打清朝的法律依据。以至于在战后签订的《马关条约》中,将"清朝承认朝鲜国是完整的独立自主国家"清楚地写入条约中。

第四,在两种国际秩序的冲撞以及势力此消彼长的过程中,国际法在瓦解旧世界秩序上发挥了重要作用。根据新国际秩序,天皇强调朝鲜为独立国家;而出于维护旧有秩序的需要,清政府则出兵朝鲜帮助镇压内乱,被日本称为"干预朝鲜内政"以及影响朝鲜的独立发展。这里反映出的核心问题是,东亚地域原有的"华夷秩序"与西方国际法体系的冲突与对立。其结果,甲午战后随着清帝国的败北,"华夷秩序"的最后壁垒被拆除,东亚国家均被淹没在国际法体系中。由此可知,国际法成了天皇的宣战工具。

2.《万国战时公法—陆战条规》

在天皇颁布宣战诏书之前,日本的法学家们就对战时国际法、陆战法与海战法等国际法有所关注。有贺长雄编撰的《万国战时公法—陆战条规》由有栖川宫炽仁亲王题字、由陆军大将伯爵大山岩撰序,1894 年 8 月由陆军大学校出版。根据大山岩撰写的序文,我们可以了解到该书编撰的背景与目的。

19 世纪 60~90 年代,西方世界针对陆战纷纷制定了规范行为的国际法。例如,美国早在南北战争之际就制定了 157 条陆战例规。此后,欧洲各国争相效仿,并于 1874 年 8 月 27 日出台了《关于战

---

① [意]巴特鲁纳斯特罗.国际公法讲义.安达峰一郎,译.讲法会,1897:242-243.该书作者在明治法律学校讲学时,由安达峰一郎做翻译,由中村藤之进笔录而成。初版刊行于甲午战争前夕的 1892 年。

争法规和国际惯例的宣言》作为共同成果。① 虽因签字问题该宣言没有生效，但 1874 年国际法研究院（国际法学会）② 派人对其重新修改与完善后，1880 年编成《陆战法规手册》（又称《牛津手册》，总有 86 条内容）。这几次大的国际法之陆战法编撰活动惊动了东洋日本。后来在大山岩的授意下，陆军大学校讲师有贺长雄据此编辑了《万国战时公法—陆战条规》。

　　实际上，有贺长雄自 1891 年起一直在陆军大学校承担战时公法的讲授任务。在教授战时公法过程中，他以欧美战争实例、各国签署的联合条约及附件、日内瓦公约及其追加条款、圣彼得堡宣言、布鲁塞尔宣言以及《陆战法规手册》为文献依据，完成了《万国战时公法—陆战条规》的编著。全书由五篇四十章以及五篇附录构成。"通论篇"由"战争本义"、"战争权利"、"战争条规"和"战规之原则"等四章构成。"历史篇"由"战规沿革"、"陆战条规成文"、"日内瓦条约—红十字条约（1864 年）"、"日内瓦条约追加条款（1868年）"、"圣彼得堡宣言（1868 年）"、"布鲁塞尔宣言（1874 年）"、"公法协会编撰战规提要（1880 年）"等七章构成。"开战篇"由"开战布告之诸式"、"开战当时之手段"、"开战结果"等三章构成。"陆上开战条规篇"由"开战人员"、"居民防战、非战从军者、脱兵、盗兵"、"战争手段"、"杀伤"、"死者及负伤者"、"医务人员之保护"、"医务设施及医务器械的保护"、"红十字徽章的用法及红十字条约的实施"、"抓捕"、"战俘处理"、"停止捕捉战俘"、"围攻与炮击"、"奇计（特指不同寻常的计谋）"、"间谍、侦察、密使"、"敌国财产的处理（损坏与使用）"、"分捕"、"敌地居民的处理（束缚使役）"、"强征"、"征讨战费"、"占领"、"战使及战中规约"、"护送规

_____

　　① 1874 年在沙皇亚历山大二世的召集下，俄、德、美、英、法、奥匈帝国等 15 个国家于比利时首都布鲁塞尔召开关于制定战争法规和惯例的国际会议，讨论了"包围与轰炸、保护平民、个人财产、和平居民与游击队的区分、战斗员与非战斗员的区分以及禁止使用有毒武器"的规定等，形成具有 56 条内容的《关于战争法规和国际惯例的宣言》（即《布鲁塞尔宣言》）。虽未生效，但为 1899 年海牙和平会议通过的战争法奠定了基础。参见：王铁崖，李兆杰. 国际人道主义法文选. 北京：法律出版社，1998. 李巍岷. 制服杀人恶魔：禁止化学武器谈判纪实. 北京：法律出版社，1997.

　　② 国际法学会：1873 年由 11 位国际法学家在比利时的根特城发起成立的纯学术机构，1874 年在日内瓦召开第一次会议，之后每两年举行一次会议。该会以发展国际法为宗旨，是历史最为悠久的国际法学术团体。

约及开城规约"、"休战及休斗"等二十三章构成。"同盟及中立篇"由"同盟及声援"、"陆上中立之义务"、"通商之中立权利（战时禁制品）"等三章构成。附录由"海上法要义"、"红十字条约"、"红十字条约追加条款"、"比利时宣言草案（布鲁塞尔宣言）"、"万国公法协会编撰战规提要"等构成。①

从篇目构成看，《万国战时公法—陆战条规》是欧美战争实例及战争法的资料汇编。这一工作始于 1891 年，历时 4 年，于 1894 年编辑出版，目的之一是为甲午战争寻找"法理依据"。可见，在向陆军大学校的士官将校们灌输国际法知识上，日本法学家们的严谨细致态度，的确令人叹为观止。在当时的中国还没有人编撰与译介战争法，只能由美国人丁韪良将《陆战法规手册》节选译介为《陆地战例新选》，关于译介的时间说法不一。② 但是，根据梁启超编辑的《西政丛书第七册》第 33，34 页的陈兰彬与丁韪良的两篇序，丁韪良是在 1881 年游历欧洲之际获得该书，而 1883 年组织同文馆学生们翻译了该书。因此，1883 年的译介说较为可靠。然而不管哪年译介过来，清政府内部想要真正了解该书真意的人似乎并未浮出，因而可以断言，丁韪良的译作只是增加了晚清"万国公法"译介的数量而被积存起来，并未在战争中发挥实际效用。

3.《陆战公法》

与有贺长雄编撰《陆战条规》的同时，原敬的译介目标直接指向 1880 年于牛津成书的《陆战法规手册》。他对这本书的关注，源于 1885 年其担任日本驻巴黎公使书记官之际。原敬在巴黎任职期间（1885～1889 年），利用闲暇时间将其翻译成日语，目的在于"为政府当局提供参考"，或为"文明国军队"如何行事提供借鉴。从其"绪言"列出的西方国际法学大家的名字，可以得知《陆战法规手册》的编撰团队是世界一流的，包括布伦知理（原籍为瑞士，后为德国法学家）、霍尔（英国人）、牛津大学教授胡兰德以及马尔顿斯

---

① 有贺长雄编集.万国戦時公法－陸戦条规.東京：陸軍大学校，1894；1-614.

② 高晓芳在《晚清洋务学堂的外语教育研究》一书中认为，是由丁韪良于光绪六年即 1880 年翻译的。田涛在《国际法输入与晚清中国》一书中，则认为是光绪九年（1883）丁韪良翻译过来的。而马祖毅在《中国翻译简史："五四"以前部分（增订版）》一书中则认为，丁韪良是于 1899 年翻译过来的。

等 12 人。① 可见,《陆战法规手册》在当时欧洲的盛行,代表了 19 世纪 80 年代"万国公法之战争法"的最高水平。

全书由三章 86 条构成。第一章"总则",对"战争"、"军队"、"战法"、"违反战法的不法行为"、"军事条约"以及"侵略者占领土地"等相关概念及内涵进行了阐释。第二章"总则的适用"集中对"交战"、"占领地"、"捕虏的条件"及"中立国的拘禁"等问题作了详细评注。第三章"刑事制裁"主要对违反战争法的一方作出相应的处罚规定,并禁止"报复"行为的发生。②

有贺长雄与原敬二人,一个是陆军大学校的讲师,在甲午战争期间曾担任陆军的法律顾问;一个在 1892 年伊藤博文第二次组阁之际晋升为外务次官,负责制定统治台湾的方针政策。二人虽然站在不同的立场编辑与译注"陆战法",但在以国际法对甲午战争进行包装这一点上二者的想法不谋而合。

4.《媾和类例》

与陆军大学校编撰陆战公法的举措相呼应,海军大学校亦有编撰之举。在海军学校的嘱托下,藤田隆三郎编撰的《海上万国公法》于甲午开战的两个月以后由博文馆出版。关于这本书的介绍,详见第一编第二章第三节"多版本的《万国公法》"。这是以"万国公法之海战法"指导甲午海战的著作。

甲午战争的第二年,日本国际法学家中村进午③编著出版了《媾和类例》一书,以国际上曾有过的条约范例,为接近尾声的战争提供参考,以便日本"合理合法"地进行敲诈勒索。该书由"清法安南战争（1882～1885 年）"、"清俄伊犁纠葛（1871～1881 年）"、"俄土战争（1877 年）"、"台湾战争（1874 年）"、"普法战争（1870～1871 年）"、"普奥战争（1866 年）"、"法意纠葛（1859～1870 年）"、"英法同盟清国战争（即第二次鸦片战争,1857～1860 年）"、"克里米亚战争（1853 年）"、"英舰鹿岛战争（萨英战争,1863 年）"以及"鸦片战争（1840 年）"等 11 部分构成。

---

① 万国公法会编.原敬訳注.陆戦公法.東京：報行社発行,1894：3.
② 万国公法会编.原敬訳注.陆戦公法.東京：報行社発行,1894：1-56.
③ 中村进午（1870－1939 年）,日本新潟县出生。曾经留学德、英、法等国家,主攻外交史与国际法,历任学习院大学和早稻田大学教授。日俄开战前,曾极力鼓吹对俄强硬、主张对俄开战,为当时著名的"七博士建白书"的主要参与人。

虽然该书"细目"皆以战争为题，但实际上作者在编撰过程中，避免了对战争过程的叙述，而更为关注"战争的名义"、"战争死亡人数"、"休战的手续及时间"、"条约的谈判委员及条件"以及"条约批准及缔结的手续"等。

例如，在"清法安南战争（1882~1885 年）"一节中，中村进午关注的是法国如何从清政府的手中获取了对越南（安南）的保护权等问题。1862 年，法国强迫越南签订《西贡条约》，割占了越南的西贡（今胡志明市）等地。而 1874 年签订的由 22 条构成的《法安条约》（第二次西贡条约），有以下几条为日本法学家所重视：第一，"安南国承认为法国保护，法国负责安南国与外国乃至清政府的交谊事项。安南政府只有在法国的介绍下，才得以与外国交往。"第二，"法兰西共和政府自此王待安南王，对外国声称安南为独立国。如若安南有外患或海盗威胁，宜应其请求予以救援。"第三，"安南国按照法国政体进行政治改革，一旦形成不得变更。"[①] 上述两次西贡条约告诉我们，法国通过第一次西贡条约抢占了进一步侵略越南的据点；而通过第二次西贡条约，法国则将成为安南的保护国。然而，这两个条约并未阻止安南向清政府的朝贡，这"违反"了西贡条约。因此，在后来发生的中法战争上，"未履行条约"成为法国进攻的借口。实际上，彻底将安南纳为殖民地是法国长期以来的梦想，可以认为这是法国不惜对安南以及清政府开战的根本原因。在中法战争后签订的《中法新约》（中方代表为李鸿章，法国代表为驻华公使丁·巴德诺，因而也称《李巴条约》）彻底解决了这一问题。条约总计由 10 款构成。第一款将"越南诸省、与中国边境毗连者其境内诸国"的内乱、外患的平定大权一并交于法国。第二款承认了越南与法国签订的条约。第三款规定"条约签订六个月内，中法两国各派官员亲赴中国与北圻交易处所，会同勘定界线。……于其地设立标记以明界线之所在。"[②] 这样，法国切断了越南与清政府的宗属关系，逐步将越南纳入自己的"保护"范围内。

毫无疑问，法越关系为日本法学家所仰慕，其范式为日本处理东亚国际关系提供了模型。从近代日朝关系史看，朝鲜沦为日本保

[①] 中村進午編．媾和類例．東京：哲学書院，1895：2.

[②] 中村進午編．媾和類例．東京：哲学書院，1985：31-32.

护国的过程几与安南沦为法国的保护国如出一辙。因"清法安南战争"在时间上距离甲午战争最近，又因其直面传统东亚朝贡体系的核心，故中村进午在编撰《媾和类例》的时候，将其放在了首篇，其真正的用意不言自明了。

5.《干涉及仲裁　战使及降伏》

1895年2月2～4日，大体与日军占领威海卫同期，日本议员集会所调查部编撰出版了《干涉及仲裁　战使及降伏》小册子。在出版时间上，它晚于《万国战时公法—陆战条规》与《陆战公法》，而早于《媾和类例》。当时甲午战争已近于尾声，需要有国际力量进行协调以便谈判是该书诞生的背景。因此，议员集会所调查部的人们根据布鲁梅林克的《国际公法》、马尔顿斯的《国际公法》、布伦知理的《近世国际公法》、格罗迪特的《国际公法》以及富西利莫尔的《国际公法》等著作编撰了此书。[①]

仅有27页内容的小册子，像标题所展示的那样，由干涉、仲裁、战使及降伏四部分构成。该书在吸收前人成果的基础上，将"仲裁"的种类分为"善意的周旋"、"仲保"以及"仲裁（狭义）"等。然而不管哪一种，都是由敌对国之外的第三国来担任。可想而知，在战争尚未结束的时候，日本就已经在寻找调停中日关系的第三国了。历史事实告诉我们，在甲午战争即将结束之际，美国为了坐收渔翁之利，成为居间调停的第三国。为陆奥宗光和伊藤博文出谋划策的是美国人端迪臣，为李鸿章出谋划策的是美国人科士达。但无论是端迪臣还是科士达，都围绕着美国的既有政策展开。科士达曾为美国国务卿，在充分掌握晚清政府的动向后，先于李鸿章等人抵达日本密会陆奥宗光与端迪臣，以便在议和之际相互配合。但当李鸿章在日本遇刺而中方激愤甚至想退出和谈时，科士达告诫李鸿章等人要清楚"战败国地位"、"公平谈判是不可能的"以及"等战胜国订好条件就是"等措辞[②]，安慰与威胁清政府代表们。因而，晚清的李鸿章等人，在一直把科士达（"有名的亲日派"）当成好友反而屡遭欺骗愚弄且浑然不知的前提下，草率地在日方拟好的条约

① 三澤盛三．干涉及仲裁、戦使及降服．议员集会所调查部编纂发行，1895．
② 王俊彦．掠夺的开端——日本侵略中国的甲午战争．石家庄：花山文艺出版社，1998：203．

上签了字。①

可见，国际公法并非公正之法律。中日都以公法寻求第三国调停，然而背地里美日却援引公法相关规定完成永载史册的《马关条约》的签署工作。在这个意义上，美日联手为晚清政府奏响了悲歌。

6. "三国干涉还辽"加深"国际法无力"认知

从惯有的国际行为观之，《马关条约》一签订就成为国际法的一部分。然而在《马关条约》签署一周后的 4 月 23 日，在俄、德、法三国势力的干涉下，日本被迫承诺将辽东半岛归还给中国。这实际是对《马关条约》的否定，也是对国际法的亵渎。毋庸置疑，在与甲午战争关联的事项上，无论日本怎么做，其举动都富有侵略性与非正义性。三国干涉活动的本身并非真正为中国伸张正义，实乃假借伸张正义以满足列强的侵略需要。在三国的干预下，1895 年 11 月日本被迫签署的"还付条约"，丰富了国际法发展史，却弱化了国际法的约束力。这样在半年时间内，围绕甲午战争的处理结果所签署的两个条约，实际上是对国际法的反讽。这不仅为 1904 年的日俄战争埋下了祸根，而且加深了日本各界对国际法认知的变迁。概括说来，即发出"国际法无力"的慨叹。

在三国联合干涉期间，日本国驻欧洲公使等不断探听列强对《马关条约》的意向，并将该意向电报陆奥宗光等人。然后陆奥将情况反馈给内阁总理大臣伊藤博文。在其给伊藤的电报中，提及"欧洲各大国之强力干涉，似不可避免，此乃由于我国最初未对欧洲各大国言明对中国之要求条件。彼等方今得知，故有提出异议之机会。即我政府若在最初即向欧洲大国宣布我要求条件时必然发生之问题延迟至今日而已。"② 此后，在广岛行宫召开的御前会议（参加人有伊藤博文、山县有朋和西乡从道等）、在播磨召开的舞子会议（当时陆奥宗光在播磨的舞子养病，伊藤博文由广岛前来，大藏大臣松方正义和内务大臣野村靖③由京都前来）以及在京都召开的京都会议（1895 年 5 月 4 日召开，参加人有伊藤博文、松方正义、野村靖以及

---

① 张雁深. 美国侵略台湾史：一八四七至一八九五. 北京：人民出版社，1956：86.

② 陆奥宗光. 蹇蹇录. 伊舍石，译. 北京：商务印书馆，1963：157.

③ 野村靖（1842~1909 年），长州藩武士出身，子爵。曾为吉田松阴松下村塾的门徒，明治维新后曾为岩仓使节团的成员访问欧洲。1891 年担任驻法公使，1894 年担任伊藤博文内阁的内务大臣，1896 年担任松方内阁的邮政大臣。

海军军令长部长桦山资纪）上，日本政界的意见逐渐统一起来。
1895 年 5 月 9 日，日本政府宣布放弃对辽东半岛的领有权，三国先
后表示欢迎，干涉还辽事件遂告一段落。在整个事件发生乃至于解
决的过程中，力量对比的强弱成为关键所在。这便使得日本政府对
"强力"的认识又深入了一步。

与内阁要员们的实际活动相对应，早在甲午战前就已存在的
"世界有机体论"与"国家有机体"认识，与学界的国际法学说以及
甲午战后知识分子对"强力"的顶礼膜拜等产生了共鸣，使得国际
法在日本的发展发生了根本性变化。

在明治时代，井上毅所宣传的"世界有机体说"，强调"国家是
具有少壮老各期的有机体"，处于后进国地位的日本遵循自然界的
"优胜劣汰天法"，极有惨遭淘汰的可能。他特别强调，如果不注重
"生产实力"，不增强消费竞争力，国家将难以适应自然进化的法则。
这一学说在 19 世纪 80 年代东亚地区流播过程中，以国际法学家布
伦知理的国际法理论进行了包装。进而，在日本对东亚他国的外交
中，有机体说很自然发展为国际竞争原理。在井上毅提出的"朝鲜
永世中立化政策"中，虽然承认中朝的"上国与贡国"关系，但否
认了朝鲜为中国的属国，并主张朝鲜为独立国家。因此，保护独立
国家权益的说教，成为甲午战争爆发的理论原因。

然而，"实力"、"竞争力"至"强力"的认识变换，始终伴随着
日本近代外交。尤其是"三国干涉还辽"事件的发生，刺激并加速
了国民意识向"强力"的靠拢。关于这一点，在德富苏峰所代表的
知识分子中表现得尤为突出。他虽然没有直接对国际法的约束力作
过评价，但是其思想由平民主义向"力的福音"发生的转换，足以
说明当时国际法发展过程有偏离正轨的倾向。"三国干涉还辽"事件
发生后，他详细阐释了"力"转化为"道理"的逻辑。他站在记者
的立场强调，一旦记者大脑中有"道理"，且对其"道理"进行宣传
并得到多数人呼应时，那么"道理"就会转化为"力"。相反，他还
认为舆论宣传又可以将"力"道理化。基于此种认识，德富苏峰于
1896 年走访欧美，目的在于让西方世界了解日本，以便为日本介入
世界政局、掌控处理国际事务的发言权以及追求他国对日本国际地
位的认可打开一扇大门。因此，他在欧美诸国极尽拉拢报界人士之

能事，与国际法专家高桥作为对甲午战争的宣传形成呼应。① 可见，甲午战争后，日本各界似乎已达成国际法无力约束他国行为的共识，并加深了"强力等同于国际法"的认知。

综上所述，甲午战争促进了国际法在日本的发展，使其走上了为甲午战争进行装点的道路。上述的战时法及相关国际法著作承载着这样的使命。此外，三国干涉还辽事件发生后，国际法认识在日本社会也发生了变化，已不再单单是一个工具了，而且还添加了实力就是法律的认知，即谁强势谁就是国际法的代言人。因此，在海洋领土争端复杂多变的当下，如何强化国际法约束力，抵制霸权主义，是摆在人们面前的课题，也是国际社会肩负的重任。

第二节 国际法与沙俄组建关东州

"关东州"是沙俄在中国东北强占殖民地的产物，起初以俄国的行政区划"州"为统治机构，采取军政合一的治理模式。俄国组建关东州，以"万国公法"为依据，与西方列强抢占殖民地时所用的手段具有共性。日俄战争中沙俄战败后，日本接管辽东半岛，仍沿袭"州"的称呼经营关东州殖民地，统治时限长达 40 年。将殖民据点"合法"地植入中国东北，俄国走在了其他国家的前列。日本继承"关东州"的胆量和勇气是俄国给予的。在这个意义上，"国际法与沙俄组建关东州"有理由成为本论探讨的主要话题之一。

国际法是规范国家间关系的法律，各国家是国际法的"正常主体"，国际组织及"国家之外的其他人格者（有时被赋予一定义务的个人）"也是国际法主体的组成部分②。一切国家间的行为举措是否符合国际法要求，成为以国际力量解决问题的法理依据。反过来，国家间行为关系的错综变幻又会促进国际法自身的发展变化。例如，甲午战争和日俄战争在破坏原有国际法的同时，战后签署的条约又成为新国际法的有机构成。在分别于两次战后的 1899 年和 1907 年召开的海牙国际和平会议上，西方列强主导并出台了 13 项国际法律

---

① 陈秀武. 日本大正时期政治思潮与知识分子研究. 北京：中国社会科学出版社，2004：96.

② ［英］奥本海. 奥本海国际法上卷平时法：第一分册. 王铁崖，陈体强，译. 北京：商务印书馆，1989：13.

条文，为国际法的发展迎来了转型。在这一转型期，1898 年俄国强占辽东半岛建立"关东州"殖民地，7 年后因在日俄战争中失败，于 1905 年被迫将殖民地让渡给日本。本论将在回顾甲午战争前后东亚地区国际法发达状况的前提下，探究沙俄组建关东州从事殖民活动的法理依据，以及日俄战争之际清政府消极中立的本质内涵。

1.　甲午战争前后东亚地区的国际法发展概况

公法意识在东亚地区的萌芽以《万国公法》的传入为开端。而《万国公法》的传入，是在西方列强对东亚各国威逼利诱、侵占港口乃至于要求通商的背景下完成的。伴随着中日等国被迫签订不平等条约，东亚地区逐渐被纳入"万国公法体系"。① 从此在近代法学与国际关系发展史上，东亚各国开启了在这一体系中认知与利用"公法"的历史进程。反过来，对"公法"的认知与利用所留下的历史痕迹，是国际法发达史的有机构成。鉴于此，在探讨关东州殖民地的组建活动前，有必要对东亚地区国际法发达史的发展概况进行梳理。

近代国际法起源于欧洲，如从 1625 年荷兰法学家格老秀斯的著述算起，至今也有近 400 年历史。国际法最初被定义为"是那部习惯的及协定的规则，世界文明国家所认为在他们相互关系上，对于他们有法律约束力者。"② 该定义有三点值得注意：其一国际法是一部习惯法及协定的规则；其二国际法发生在世界文明国家之间；其三国际法具有法律约束力。其中的第二点，于"万国公法"在东亚社会流播之际，成为判断东亚国家是否具有资格使用与参入"万国公法体系"的价值标准。按照当时流行的文明观，东亚的中日两国同属"野蛮人"国家，是不平等条约的实践对象，能否适用国际法需要文明国的承认。③ 因此，东亚国家参入"万国公法体系"是在歧视偏见与委曲求全的双重压力下完成的。然而，东亚国家对"万国公法"的认知、接受乃至于利用，扩大了国际法的应用范围，成为欧洲国际法有意义的补充。在近代东亚地区，可将截至甲午战争

---

① 这一体系被称为"不平等条约体系"，也被称为"万国公法体制"。由于"万国公法"是法理依据，所以了为了方便起见，笔者将这一体系概括为"万国公法体系"。

② 周鲠生．国际法大纲．上海：商务印书馆，1933：2．

③ 林学忠．从万国公法到公法外交——晚清国际法的传入、诠释与应用．上海：上海古籍出版社，2009：218．

前后的公法发展史划分为以下两个阶段：

在第一阶段，近代东亚国际法的发展状况以对欧美国际法的接受与盲目崇信为特征。在时间断限上，以中国最早接触国际法为准的话，上限起于 1839 年林则徐等人对国际法的译介与利用，下限止于 1888 年日本人编著的国际法著作的诞生。但中日朝三国的具体情况又存有差异。

在中国，惠顿原作《国际法原理》被丁韪良译介为《万国公法》并由总理衙门于 1864 年出版后，迅速被日本翻刻并在东亚地区流播开来。此后丁韪良及其门徒相继译介并出版多部国际法著作，例如 1877 年将德国法学家马尔顿斯的《外交手册》翻译为《星轺执掌》，同年将美国法学家吴尔玺的《国际法引论》译为《公法便览》。1879 年将瑞士法学家布伦知理的《文明国家的近代国际法》译为《公法千章》（一名为《公法会通》）①，1883 年将国际法学会主编的《陆战法规手册》翻译为《陆地战例新选》②，1903 年将英国人霍尔的《国际法总论》译为《公法新编》等。而且，丁韪良还根据听讲记录于 1904 年自编了《邦交提要》一书。与丁韪良的国际法译著同期在中国流行的还有英国传教士傅兰雅的译作。他在担任江南制造局教习期间，翻译了多部国际法著作。与丁韪良不同的是，傅兰雅以本国的英人著作为译作底本，先后译出罗伯森的《万国公法总论》（又称《公法总论》）、费利摩罗巴德的《各国交涉公法论》以及被称为"近代中国引进的第一部国际私法"的著作《各国交涉便法论》等。③其中的《公法总论》被公认为具有"议公法以息兵乃仁人君子之用心"的特点④，故备受晚清时期维新派人士的推崇，因而在戊戌变法期间广为流传。大体以 1895 年甲午战败为限，中国的国际法发展史发生了变化。之前以吸收欧洲国际法为主，之后因败给东洋日本而受到强烈刺激故将译介目光投向东邻日本，或直接翻译日本法学

---

① 田涛.国际法输入与晚清中国.济南：济南出版社，2001：73.
② 曾宪义.中国传统法律文化研究 第九卷 借鉴与移值：外国法律文化对中国的影响.北京：中国人民大学出版社，2011：374.
③ 王健.沟通两个世界的法律意义——晚清西方法的输入与法律新词初探.北京：中国政法大学出版社，2001：149.
④ 林学忠.从万国公法到公法外交——晚清国际法的传入、诠释与应用.上海：上海古籍出版社，2009：61.

家著作，或以日译本西洋国际法著作为蓝本进行再译介。

起初，清政府的高官及当时的知识分子对外来的国际法规则等将信将疑。虽然亦有利用其解决外交事件的成功案例（例如 1864 年普鲁士公使在中国海域捕拿丹麦商船以作战利品，总理衙门以在中国领海内抓捕乃为"违约行为"予以抗议，最终使得事件得以解决。这一外交事件的解决是以惠顿的《万国公法》为法理依据的。再如 1883 年德国曾对西沙、南沙群岛进行调查，清政府利用国际法中的主权伸张向德国交涉而迫其停止活动。可见，在以国际法解决国际纷争之际，传教士们的国际法译著为晚清政府提供了可资借鉴的法律武器），但是知识分子及部分清政府高官对国际法的"强权本质"认识得十分清楚，因而曾抱有蔑视的态度与心理。随着中国殖民地半殖民地程度逐渐加深，中国积贫积弱的弊病暴露无遗。当处于被迫进行国际交往而又找不到可资依赖的规则办法的两难境地时，国际法便成为晚清政府的"救命稻草"。

朝鲜在日韩合并前一直处于中国的附属国地位，在法律制度上一直模仿中国，故在吸收国际法方面也带有浓重的中国式色彩。从朝鲜的法律制度发展简史看，在大韩民国成立前，朝鲜对外来法律制度的吸收主要指向中国的三国、魏、晋、唐、宋、元以及大明时期的律令。这种状况在 1897 年大韩民国成立后有所改变，并转向对西洋法律的吸收，1945 年朝鲜光复后吸收目标转向英美的法律制度。① 但从西洋法律著作传入朝鲜的时间看，似乎是在 19 世纪 70 年代。能够找到的有文字确切记载的是，1877 年 12 月 17 日驻朝代理公使花房义质来朝交涉之际，带给负责外交事务的礼曹判书赵宁夏两本公法著作，即丁译本的《万国公法》和《星轺执掌》②，目的在于告诫朝鲜外交之道应遵守"公法常道"。这一举动虽促使朝鲜方面在公法认识上出现了分化③，但从实际效用看并未真正引起朝鲜的

---

① 全信用. 韩国的法律文化//徐贤燮. 近代朝鲜的外交与国际法受容. 東京：明石书店，2001：77.

② 金凤珍：「東アジア三国の「開国」と万国公法の受容」，『北九州大学外国語学部紀要』，北九州大学外国語学部編集出版（通号 84），1995（8）：77.

③ 韩国学者认为，朝鲜方面对公法的认识分为三种：不信任和盲目排斥、不信任和消极受容、积极受容等. 金凤珍. 朝鲜的万国公法受容—从开港前夜到甲申政变. 北九州大学外国語学部紀要. 北九州大学外国語学部編集出版（通号 78），1993：53.

注意。其原因应该有以下几点：①固守"华夷秩序"的思维惯性地存留于朝鲜政界、知识分子的思想意识中；②朝鲜传统上对法律的轻蔑思想；③长期以来的弱化外交以及清政府对最后属国的强化控制造成朝鲜强烈的对清依赖；④中国的公法态度对朝鲜的直接影响；⑤还未及时反应就被卷入错综复杂的东亚国际关系造成其对公法"无暇东顾"的现实。① 迟至 20 年后的 1897 年，朝鲜的状况才有所改变。因此，朝鲜对公法的初识与接触与中国在本质上是相同的。

与中朝两国不同，在公法意识上日本的反应相对敏感和迅速，并且每一阶段的公法认知都与解决日本的实际问题结合起来。例如，为达成修改不平等条约目的，日本于 1859～1875 年大量译介包括"万国公法"在内的西方法律；为侵略亚洲邻国寻找法理支持，于 1875～1888 年译介、重译或译注西方国际法著作。日本成为了东亚国际法发达状况的代言人。

在第二阶段，东亚地区的国际法发展以日本为代表，对国际法的认知有所加深并对其加以反向恶用。同期中朝则将译介目光转向日本以解决实际问题为目的，在著述上以努力跟进日本为特征，但是还没达到反向恶用的程度。

为了粉饰日本的对外扩张与侵略，1888 年以后直至二战结束，日本人编著、撰写的国际法著作相继诞生。② 期间包括为甲午战争、日俄战争和侵华战争服务的法律著作。甲午战争后中国的留日学生在翻译国际法著作的同时致力于国际法本土化工作。以王鸿年为代表，他于 1902 年刊行的《宪法法理要义》是"中国最早撰写的宪法学著作"，同年出版的《国际公法总纲》是中国构筑国际法学体系的最初尝试。1904 年，他从东京帝国大学法科毕业后，一直在为探讨中国的国际法学贡献力量。③ 另一代表人物马德润则于 1903 年留学德国，后来获得法学博士。他于 1908 年著述并由上海商务印书馆发行的《中国合于国际公法论》推动了中国近代国际法体系的发展。然而，从本土化的国际法著作的数量看，中国远落后于日本，而朝

---

① 徐贤燮. 近代朝鲜的外交与国际法受容. 東京：明石书店，2001：77.
② 陈秀武. 近代日本多版本万国公法考察. 东北师范大学学报，2012 (3)：47-53.
③ 外交法学兼修 爱国名节双馨—纪念温籍历史文化名人王鸿年诞辰 140 周年. 温州日报，2011.

鲜半岛还谈不上独著国际法著作。

2. 沙俄组建关东州

甲午战后，东亚地区的国际关系进入重新调整与归并时期。日本强占辽东半岛的举措，威胁到西方国家的实际利益，因而各国纷纷利用所谓"国际均势理论"，积极介入中国辽东地区，以至于一时间是否将辽东半岛归还清政府成了国际热点问题。

1895 年 4 月 17 日，中日甲午战后签订的《马关条约》使中国丧失了辽东半岛、台湾岛以及澎湖列岛。然而，签约一周后俄德法三国便出面干涉并获得成功，迫使日本将辽东半岛归还给中国。1895 年 4 月 11 日在金州设置的日本"占领地总督部"，也被迫于 1896 年 1 月 4 日从金州撤回东京。这一干涉事件成为 9 年后日俄战争爆发的远因。俄德法之所以参与"干涉还辽"，根本原因在于《马关条约》威胁到三国在华的侵略构想。① 即是说，在列强掀起瓜分中国狂潮之际，都试图将本国在华利益最大化，所以为扫除通向"欲望之路"的障碍，三国走到了一起。事后它们纷纷借机向清政府施压以索取"报酬"。其中俄国以"邀功请赏"名义，迫使清政府于 1896 年 6 月 3 日在莫斯科签订了《御敌互相援助条约》（《中俄密约》）。该条约以日本为敌国，提出中国东北全境为俄军提供一切便利——俄海军可以任意在东北港口驻兵、允许俄国修筑经吉林、黑龙江直达海参崴的铁路以及其他军事援助等诸多要求。② 在这一条约的引导下，俄国首先派出海军于 1897 年进驻旅顺港。此间，德国也积极向清政府索要"报酬"，在《中俄密约》的"鼓励"下，加紧与俄国的私下沟通，并以交涉为主、威胁恐吓为辅，迫使清政府于 1898 年 3 月 6 日签订《中德胶澳租借条约》，占领山东全境、强租胶州湾，规定租期

---

① 各国的侵略构想：俄国继占领原属中国的外东北以及库页岛后，极欲侵占中国东北以获得极具战略价值的不冻港。德国染指东亚的想法由来已久，在受俄法联盟压抑而于欧洲地位飘摇之际，将侵略目光转向东亚，企图以干预日本来拉拢俄国，并以此换取俄国支持其东亚的侵略构想。法国是俄国的盟国，在干涉还辽事件上原本犹豫不决，但在德国拉拢俄国参与干预的背景下决心加入，其欲望指向台湾。英美两国则在权衡利害得失后宣告中立。参见：[英]菲利普·约瑟夫. 列强对华外交. 上海：上海商务印书馆，1959.

② 王绳祖. 国际关系史资料选编（17 世纪中叶—1945 年）. 北京：法律出版社，1988.

为 99 年。① 这个条约较《中俄密约》更加直接和赤裸,开列强以强占手段获取租界地的先河。21 天后,俄国强租旅顺口和大连湾,以 1898 年 3 月 27 日强迫清政府签订的《中俄旅大租地条约》将租借举动"合法化"。

　　然而,俄国强租旅顺口、大连湾以及组建关东州殖民地的一切条约及文件,是否具有法律依据,在国际法发达史上占有怎样的位置等,的确值得我们深思。从世界范围内的国际法发展简史看,俄国强租旅顺口正处于国际法发展史的六时段中的第五阶段。② 在这一阶段的 1878~1900 年近 30 年里,俄国在泛斯拉夫主义思想的支配下,与欧洲各国争夺领土及出海口等,成为欧洲国际关系的一条主线。俄国失败后,在条约的制约下其野心暂时收敛,成为近代欧洲国际关系的一大特点。例如,1878 年签署的《俄土圣斯特法诺和约》(1878 年 3 月 3 日签署)和《柏林条约》(1878 年 7 月 13 日签署)就是限制俄国的法律武器。此后欧洲各国间的分化组合频繁上演,因而相继诞生了《德奥同盟条约》(1879 年)、《俄德奥三国协定》(1881 年)、《德奥意三国同盟条约》(1882 年签订,以法国为假想敌国;1887 年的《第二次三国同盟条约》和 1891 年的《第三次三国同盟条约》)以及《法俄政治协定》(1891 年)和《法俄军事协定》(1893~1894 年)等。在上述国际关系的变换中,当俄国获得了想要的一切资源后,在野心的驱使下进而把目光投向中亚与远东等中国边境地区。早在 19 世纪 60 年代,沙俄的势力就已渗透到中国的新疆地区,他们采取殖民者惯用的不经清政府同意便擅自与阿古柏匪帮通商并承认伪政权的做法③,不断觊觎中国边境主权和践踏国际法权威。在远东太平洋地区,为了急于获得不冻港,《马关条约》签

---

　　① 1898 年 3 月 6 日签订的《中德胶澳租借条约》的开篇谈及签约背景时,有"中国另外酬德国前经相助之谊"的措辞,意在表明签约是为了答谢德国的"干涉还辽"之举。实际上,德国耍弄讹诈与无赖手段,迫使清政府签订了条约。

　　② 德国国际法学家、柏林大学教授李斯特将国际法发展史划分为六个阶段,即古代至威斯特法利亚和会召开的 1648 年为第一阶段;1648~1815 年维也纳会议召开与神圣同盟成立为第二阶段;1815~1856 年巴黎会议召开为第三阶段;1856~1878 年《柏林条约》的签订为第四阶段;1878~1900 年海牙保和会召开为第五阶段;1900~1914 年一战爆发为第六阶段。参见:刘达人,袁国钦. 国际法发达史. 北京:中国方正出版社,2007.

　　③ 程道德. 近代中国与国际法. 北京:北京现代出版社,1993:34.

订后为从日本手中分羹，俄国出面拉拢法德以"三国干涉还辽"，并于 1895 年在法国占有 63％的股份下，俄法创办华俄道胜银行以控制清政府的金融。1896 年逼迫清政府签订《中俄密约》，企图以经济渗透方式"吞并中国"。然而，这一出自沙俄财政大臣维特的侵略计划在德国强占胶州湾后被打破，转到采取占领殖民地的策略上来，因而有了后来的《中俄旅大租地条约》等。①

在国际法发展史中，似乎战争成了国际法的催生剂。各国为满足扩张野心纷纷诉诸战争，为解决战争而召开和会，为约束各相关国家行为而签订条约。这一切表象背后所隐藏的实际内涵是强权理论与"共同同意理论"。谁强谁就拥有话语权，且只要与会各国间在"共同同意"的前提下签订了条约，那条约本身也就有了国际法性质。至于这种国际法是正义的还是非正义的已经不重要，关键在于其符合当时"弱肉强食"的国际现实，并进而能使区域范围内的各种势力暂时达到一种平衡。

从这个意义上讲，《中俄旅大租地条约》就是规范中俄关系的国际法。条约由清政府代表总理各国事务大臣李鸿章、户部侍郎张荫恒和俄国驻华署理全权大臣巴甫洛夫在北京签署，由九款构成。其中第一款、第三款和第五款对旅顺口、大连湾租借及其以北的中立缓冲带作出规定。俄国凭借第一款以"断不侵中国大皇帝主此地之权"冕而堂皇的措辞，取得了旅顺口、大连湾及附近水面的租借权。第三款的"租地期限自画此约之日起定 25 年为限，然限满后由两国相商展限亦可"的规定将租借合法化。第五款则对所谓中立缓冲区进行了规定："所租地界以北定一隙地，此地地界由许大臣（许景澄）在圣彼得堡与外部商定。此隙地之内，一切吏治全归于中国官。唯中国兵非与俄官商明，不得来此。"② 条款中的"隙地"指金州地区，说明在俄国势力进入辽东半岛后，金州以南地区皆归俄国领有。条约一经订立，中俄行为规范便有了依据。1898 年 5 月 7 日，驻俄大臣许景澄、杨儒与俄国签订的《中俄续订旅大租地续约》（《中俄会订续约》），将《中俄旅大租地条约》中的相关规定进一步明确下来。首先明确的是俄租旅顺口、大连湾的北部边界，"租与俄国之旅

---

① 　[英]菲利浦·约瑟夫. 列强对华外交. 北京：商务印书馆，1959.

② 　沈云龙，刘瑞霖. 东三省交涉辑要. 台北：台北文海出版社，1968：216.

顺口及大连湾辽东半岛陆地其北界，应从辽东两岸亚当湾之北起穿过亚当山脊（山脊亦在俄国租界内），至辽东东岸貔子窝湾北尽处止。租界附近水面及陆地周围各岛均准俄享用。两国各派专员就地详确勘定所租地段之界线。"① 这一界限由 1899 年 3 月 28 日（中国旧历纪年）签署的《中俄勘分旅大租借专条》加以细化，以俄文字母为序立了大小共计 39 块界碑。② 从《中俄密约》至《中俄勘分旅大租借专条》，法律意义上的"关东州"与地理范围的"关东州"都有了法理依据。

然而，按照丁译本《万国公法》的阐释，"主权行于外者，即本国自主而不听命于他国也。"③ 很显然，《中俄旅大租地条约》不合于《万国公法》。丁译本原著惠顿的《国际法原理》成书于 1836 年，比《中俄旅大租地条约》的成立早 62 年。世易时移，如果说那时成立的国际法著述已不符合时代要求的话，那么正值西方列强势力东移之际出版的国际法著作，应该有更为广泛的实用性。例如 19 世纪 60 年代美国法学家吴尔玺写下的《国际法引论》（1877 年由丁韪良以《公法便览》译介到中国）一书，书中强调"邦国自有独操之权"与"自主、自立与平行之权"，"平行之权"④，即今天所谓国际交往中的平等之权。故按照此书的说教，《中俄旅大租地条约》的签订乃是"违法"之举。违法归违法，在列强心照不宣抢占殖民地、瓜分中国之际，各国的相互谅解成为国际间的"潜规则"。因而俄国进犯辽东半岛，在列强默许的状态下成了既成事实，《中俄旅大租地条约》及其后签署的划界条约也就成为国际法的补充。

此外，俄国为了掩盖侵略本质和试探列强的意向，也为了将已有的条约纳入国际法体系，在尼古拉二世提议下，各国于 1899 年 5 月在荷兰召开了海牙国际和平会议。关于会议的情况由于篇幅所限不作展开。1900 年，中国发生了义和团运动，列强借机进犯北京挑起八国联军侵华战争。俄国是侵华成员国之一，利用此次机会派遣 18 万军队出兵中国东北。虽于 1902 年签署的《中俄交收东三省条

---

① 沈云龙，刘瑞霖. 东三省交涉辑要. 台北：台北文海出版社，1968：221.
② 沈云龙，刘瑞霖. 东三省交涉辑要. 台北：台北文海出版社，1968：224.
③ ［美］惠顿. 万国公法. 上海：上海书店出版社，2002：12.
④ ［美］吴尔玺. 公法便览：第一卷.

约》规定俄军应该按期撤离，但俄国仍以各种口实驻军不走，并进而逼迫盛京将军增祺于 1903 年 11 月 2 日在旅顺签订了《奉天交地暂且条约》。① 这一切都成为远东国际法的有机构成。

一旦地域的租借有了着落并有法律保障，如何组建行政机构就成为俄政府的重点工作之一。在俄国统治辽东半岛的 7 年时间里，根据其行政机构，可将其对"关东州"殖民统治分为军政部、关东州厅与远东大总督等三个阶段。

军政部直接组建殖民地为第一阶段。从 1898 年俄军进驻旅顺港开始，关东州殖民地组建活动正式启动。起初，军政部采取的是军政合一的统治模式，由俄国太平洋舰队海军中将担任军政部首长，后来沙俄政府规定以"州"级行政机构对待并使其隶属于阿穆尔总督。

1899 年，俄国在辽东半岛的殖民地组建活动进入了第二阶段。这一阶段以同年 8 月俄国政府颁布的《暂行关东州统治规则》为起点。按照俄国本土行政区划，在旅大租借地成立"关东州"。州政府所在地设在旅顺，并成立关东州厅负责一切事务。州下设金州、貔子窝、亮甲店、旅顺和岛屿五个行政区。在俄国统治时期，将旅顺港称为亚瑟港，在其东北部建立了达里尼（大连）特别市。在实施殖民统治上，旅顺港发挥了海上基地作用，而大连港则承担着政治经济中心的任务。

1903 年 8 月，俄国政府任命阿莱克塞夫为远东大总督，标志关东州殖民地的建设进入第三阶段。俄政府规定阿穆尔省及关东长官管理下的各省悉归大总督统领，远东大总督不受俄政府各部节制，政府各部不经大总督同意无权对其属下之机关与官吏发号施令。这样，远东大总督被赋予了仅次于沙皇的权力，俨然成为一个独立王国的君主。

除了上述行政建设外，沙俄的关东州组建活动，还集中反映在修筑中东铁路与修建大连港的事业上。仅就大连港修建而言，在选

---

① 内容由九款构成，内容如下："（1）由将军保护地方，助造铁路；（2）保路俄兵之房屋粮食，由中国供备；（3）遣散华兵，交出军火；（4）毁拆全省炮台火药库；（5）地方安静后，再交还牛庄等处；（6）地方由中国自备巡捕弹压；（7）俄国派员驻盛京预闻要公；（8）遇事如华捕力尚不足，由俄派兵相助；（9）各款以俄文为准（见驻俄使馆档案）。"参见：旅大文献征存．大连：大连出版社．2008：121．

址问题上殖民者将大连湾北部的柳树屯作为首选建港地址，后因考察得知海底泥沙沉积过多以及南来季风威胁等不利自然条件被迫终止，转而改选在今天的大连港区进行组建活动。这一活动自 1899 年 7 月底开始，截止 1904 年日俄战争爆发。在为期 5 年的建设活动中，前期工程完成了"填海、铺路和兴建第二码头、甲码头和东西防堤波"① 的任务，后期工程主要以修筑第一码头和陆地设备为主。但因日俄战争爆发而中断，俄军在撤离之际将大连港炸毁。

沙俄的关东州殖民地组建活动仅维持了 7 年，随后被日本殖民者取而代之。从其获取关东州租界的法律根据，到《暂行关东州统治规则》的出台以及建筑大连港的一切行为看，俄国殖民者强权好战的本性被披上了法律外衣。

3. 抗俄运动及清政府的"消极中立"

1902 年以来，俄国驻留在中国东北的兵力迟迟不撤，不但引起中国知识分子的强烈抗议，还招致了日本的不满。此间日本不断与俄国交涉并以撤回驻俄大使相威胁。1903 年，远东大总督的设立标志着俄国完成了对日的开战准备，也被认为是进入日俄战争的实质性阶段。1903 年 11 月 2 日签订的《奉天交地暂且条约》更增强了日本的危机感，日本国内对俄开战的舆论甚嚣尘上。1904 年 2 月 5 日，完成备战的日本政府向俄国发出了断绝外交关系的文书，接着于 2 月 8 日偷袭俄国远东太平洋舰队，2 月 9 日正式宣战，日俄战争爆发。1905 年 1 月 2 日，俄国签署了无条件投降文书，为近一年的战争画上了句号。

对于发生在距今 108 年前的日俄战争，我们该如何去思考与进行资料整理，已然成为学者们不可规避的话题。这场战争爆发的 5 年前，在荷兰召开了第一次海牙国际和平会议。这说明，第一次海牙会议及诞生的所谓公约并没有转化为强劲的约束力量，反而成为各国争相利用的工具。日俄战争结束的第二年（1907 年），第二次海牙国际和平会议在荷兰召开。日俄战争是否是第二次海牙会议召开的背景因素之一，本文不想去作考察，只想从国际法的发达状况视角探究日俄战争前后东亚地区的局势以及围绕清政府举措的内外反响等。

---

① 朴云孝．俄日帝国主义统治时期的大连港//大连文史资料第二辑．

俄国强租旅顺港大连湾后，1900 年借中国内乱增兵东北，清政府几经交涉没有达到使其撤兵的目的。对此晚清的中国学生、知识分子及各界人士走上了抗俄以及探求解救东三省的道路。1902 年 4 月 30 日，以京师大学堂学生递交的《请代奏拒俄书》为发端，安徽学生的爱国会、江西大学堂的义勇队、福州成立的海滨公会、河南演讲会等都在抗俄运动中发挥了不可低估的作用。与此同时，留日学生的抗俄运动与国内遥相呼应，形成互相促进的局面。留日学生于 1903 年 4 月在东京组织"抗俄义勇队"，向社会各界呼吁抗俄，5 月 2 日改为学生军。同期留日女学生则组织红十字社加入抗俄的队伍中。①

在知识分子中，蔡元培于日俄战争爆发前曾在上海创办爱国学社，以《苏报》为舆论阵地，力主教育立国以唤醒民众，并提倡排满革命，在《苏报》案发生后逃避青岛免于一难。然而受 1903 年 10 月 20 日沙俄军队再次占领奉天并升起沙俄国旗的刺激，蔡元培悄悄回到上海，并于 12 月组织了"对俄同志会"，创办日报《俄事警闻》。该报围绕沙俄侵占东三省，用白话文、小说、漫画等形式揭露清政府的卖国行径，抨击了列强在东三省的角逐。同时，他还在该报上连载小说《新年梦》，阐释了解救东三省的三个对策，即"恢复东三省"、"消灭各国势力范围"及"撤出租界"等。② 1904 年 2 月 8 日，日俄战争爆发后，《俄事警闻》更名为《警钟日报》，意在唤醒国人忧患意识，在日俄战争问题上猛醒，并率先宣传了孙中山的"驱除鞑虏，恢复中华，建立民国，平均地权"等革命纲领。但是更名后的日报自 1904 年 2 月 26 日至 1905 年 1 月 28 日共出刊了 338 号③，便在清政府镇压下被迫停刊。

在蔡元培等知识分子抗俄举措的鼓励下，全国各地的抗俄活动活跃起来，抗俄组织也不断涌现出来。1904 年 1 月，上海商界联手惩罚与沙俄侵华机构道胜银行勾结的奸商。广东的拒俄同志议会、哈尔滨的商民自保会、锦州的仇俄会以及湖北的拒俄会等也成为强

---

① 杨天石. 寻求历史的谜底——近代中国的政治与人物. 北京：首都师范大学出版社，1993.

② [韩]崔博光. 东北亚近代文化交流关系研究. 济南：山东大学出版社，2008：13.

③ 刘小清，刘晓滇. 中国百年报业掌故. 南京：江苏人民出版社，2000.

有力的抗俄力量。其中,丁开嶂的"抗俄铁血会"、朱锡麟的"东亚义勇队"以及带有"绿林领袖"性质活跃在东北地区的大小组织将抗俄运动推向高潮。

与风起云涌的民众抗俄运动相反,清政府的昏庸无能表现在走上了中立的道路。这样选择,既是清政府的无奈之举①,又是清政府对国际法的盲从。

然而,清政府出于无奈也罢,出于对国际法盲从也好,其政策指向与民众的抗俄运动形成反差,因而给后人留下了理解难题。即日俄战争来临之际,是否有清政府官员也提倡过与中立不同的主张?如果有的话,那么清政府基于何种思考而未加采纳?民间的有文字记载的不同主张虽已无从考据,但根据晚清的外交史料,可以得知在清政府的地方大臣中确有不同于中立的主张。至于清政府为什么没有采纳,除了英美俄日列强的逼迫外,清廷内部袁世凯的蛊惑性宣传也是迫使皇帝宣布中立的原因。现将与日俄战争相关的主要外交奏折、电文、上谕、照会以及条章等按时间顺序列表如下:

日俄战争前后东亚主要相关奏折、电文、上谕以及外交照会一览表

时间(按照晚清时期的旧历计算)	当事人	文书名称
光绪二十九年(1903)十二月初四	滇督抚丁振铎、林绍年	《滇督抚丁振铎、林绍年致枢垣日俄将战中国必受其殃请速变法以挽危局电》(全文见附录)
光绪二十九年(1903)十二月初七	皖巡抚诚勋	《皖抚诚勋奏中立难久边防益亟拟请东三省速筹练兵折》(全文见附录)
光绪二十九年(1903)十二月二十三日	胡惟德	《使俄胡惟德致外部日俄已互撤使韩声明守局外电》(全文见附录)
光绪二十九年(1903)十二月二十五日	粤督岑春煊	《粤督岑春煊致外部日俄开战宜乘势收回东三省电》(全文见附录)

---

① 喻大华.日俄战争期间清政府"中立"问题研究.文史哲,2005(2):118-126.

光绪二十九年 （1903）十二月二十六日	直督袁世凯	《直督袁世凯致外部日已宣战请旨布告中立条规电》（全文见附录）
光绪二十九年 （1903）十二月二十六日	直督袁世凯	《直督袁世凯致外部日拟由青泥洼金州击俄电》（全文见附录）
光绪二十九年 （1903）十二月二十七日	光绪帝上谕	《谕各省将军督抚日俄失和着按局外中立办理并保护各国人民财产二件》（因王芸生在《六十年来中国与日本》第四卷一书中有所收录，且笔者也在文中将有所引用，故附录不再添附全文）
光绪二十九年 （1903）十二月二十七日	光绪帝	《日俄战争中国严守局外中立条规》（原因同上，不附录全文）
光绪二十九年 （1903）十二月二十八日	杨枢	《使日杨枢致日外部俄开战中国当严守中立照会》（原因同上，不附录全文）
光绪二十九年 （1903）十二月三十日	日本外务部	《日外部覆杨枢日俄战争不敢损害中国主权照会》（原因同上，不附录全文）
光绪二十九年 （1903）十二月三十日	胡惟德	《使俄胡惟德致外部俄外部言中国恪守局外俄绝不侵越电》（全文见附录）
光绪三十年（1904）一月十一日（1904 年 2 月 26 日）	日俄两国	《两国战地及中立地条章》（原载《日俄战纪》第一编，为王芸生等所引用，不附录全文）
光绪三十年 （1904）一月	许台身	《许台身公使为清政府于日俄失和持中立事与韩国外部往复照会》（见权赫秀编辑《近代中韩关系史料选编》396—397 页）
光绪三十年（1904）四月四日	许台身	《许台身公使为再声明日俄战争严守中立事致韩国外部照会》（见权赫秀编辑《近代中韩关系史料选编》397—398 页）

　　上表中的《滇督抚丁振铎、林绍年致枢垣日俄将战中国必受其殃请速变法以挽危局电》、《皖抚诚勋奏中立难久边防益亟拟请东三省速筹练兵折》和《粤督岑春煊致外部日俄开战宜乘势收回东三省电》代表了不同于袁世凯等中立主张的另外两种意见:其一,云南巡抚丁振铎等人力主清政府迅速变革以求自保;其二,虽然不反对中立,但援引国际法知识,阐释要想达到所谓中立,只有将俄国势力"请出东北"才有法律保障,并要求日俄两国将交战场地设在库页岛以东和西伯利亚以北的俄领土。具体方针为"东三省酌练精兵,乘时屯垦以自强"。两广总督岑春煊认为以公法向国际社会呼吁给俄日以压力的同时,中国应该积极备战乘机收回东三省,即"不问日俄之战否,自行出兵以收东三省为断"。有趣的是,提出这种主张的地方大臣分别担任云南、安徽和两广总督。他们位于中国边疆地带,对地理位置上与东北三省同处边陲的现实感同身受,深切地体会到固守边疆对于一个国家的重要性。然而,在"南岑北袁"的对峙中,清政府所采取的不清不楚的消极中立对策,宣告岑春煊等人的思想主张彻底失败。

　　实际最有理由以武力驱逐俄国势力的清政府,与俄方多次谈判未果。因而,1903年4月以后面对贪婪的俄国,积贫积弱的清政府内部滋生出了将东北问题国际化以求达到"以夷制夷"的幻想。在日俄谈判陷于僵局的时候,直隶总督袁世凯分别于1903年12月27日、1904年1月22日、1904年2月8日先后三次谏言催促清政府"中立",这加强了清政府将东北问题国际化和联日抗俄的决心。联日的主张,可以认为是近代之初以东亚联合的方式排斥列强思想的延续。不同的是,中日的真实目的错综复杂且交织在一起了。换句话说,为了找一根救命稻草,不顾那根稻草是否有毒的外交心理占据了上风。从后面的结果看,清政府的这一举措为引狼入室打开了方便之门。日本在1904年1月曾告知清政府,倘若日俄谈判万一决裂,"愿贵国中立",请以"固守内地以防变乱发生"为盼。[1] 日本的主张因得到美英列强的支持,因而在侵吞中国东北问题上,态度一下子明朗起来。

　　面对风起云涌的抗俄运动,俄国方面最为担心的是,日俄发生

---

　　① 赵佳楹.中国近代外交史.北京:世界知识出版社,2008:509.

战争之际中国会联手日本共同抗俄。俄国既想联合清政府抗日，又担心战后处理问题。所以，在开战后不久，俄国便借英美德等国宣告中立之机，向清政府施压。而日本方面对清政府采取了同样的政策。1904 年 2 月 12 日（光绪二十九年十二月二十七日），光绪帝发布以"日俄两国失和用兵，朝廷轸念彼此均系友邦，应按局外中立之例办理"为内容的上谕。第二天，中国驻日公使杨枢照会日本外务省："本大臣今接外务部来电内开，大日本帝国大俄国现已失和用兵，中国政府轸念彼此均系友邦，为睦谊起见，应按局外中立办理。……东三省城池官衙人民财产，两国均不得稍有损伤。原驻各该处中国军队彼此各不相犯。……若两国军队稍有侵越中立境界，中国即当阻拦，以保和平。至于满洲地方，虽有外国驻兵未撤之处，非中国兵力所及，难于实施中立之例。然三省疆土，无论两国胜败如何，应归中国主权，两国均不得侵占。"① 就这样，清政府宣布局外中立满足了日俄以及其他列强的要求。

关于"中立"，19 世纪初期的国际法上就有相关规定。但从其本身进化的角度看，"中立"以及"局外"观念的产生，比起古罗马、古希腊时期的"两国交战之际邻国与其中的一个交战国非友即敌"的规定有所进步。惠顿版的《万国公法》曾以"战时局外之权"对此有过讨论："凡自主之国遇他国交战，若无盟约限制，即可置身局外，不与其事，此所谓局外之全权也。自主之国本有此权，无可疑议，否则不为自主矣。然虽为局外，倘与战者仍欲友善往来，则于战事不得不有关切之情也。"② 这里给出了局外中立之国的先决条件有两个：其一是"自主之国"；其二是与交战双方无"盟约"。而日俄战争之际中国的实际情况比这种规定复杂得多。在中国本土进行的战争，中国却固守中立，让人觉着中国是由他国主宰的"他主之国"。然而，既然是"他主之国"就应该任由他国来安排参加战事而不是选择中立，这种逻辑判断与思考同清政府实际作为的背离，让现今中国人想起那场战争就会切实地加重塑造近代悲情化的中国形象。晚清政府是腐败的，晚清政府是昏庸无能的，晚清政府是积贫

---

① 王芸生. 六十年来中国与日本：第四卷. 北京：生活·读书·新知三联书店，2005：187.

② [美]惠顿. 近代文献丛刊 万国公法. 北京：世纪出版集团，2002：123.

积弱的，晚清政府是无可奈何的。

正因为如此，晚清政府的弱国形象为列强在远东地区构筑霸权体系提供了"机缘"。列强为不断满足扩张欲望，在利用与破坏国际法规的二维空间中，谋求侵略利益的最大化。国际法规定："在局外之地不可行战权。战权所行之处有三个，即战者疆内、海上以及无主之地。至局外之国与二交战国均系友谊，无分彼此，故在其疆内行战权者即为干犯公法。"① 按照这一条款进行推断，日俄两国在中国东北进行战争就已经违法了。然而，这种违法行为不但没有遭到国际社会的制止，反而却有效推动了带有畸形特征的国际法条规的出台。既然战争发生在中国的辽东半岛，那宣布中立的清政府如何权衡中立宣言与真实战场之间的矛盾，便成为一大难题。

作为解决办法，清政府走上了仰赖中俄签署的特殊中立地条约（《两国战地及中立地条章》1904年2月26日签署）的道路。针对"交战地"，该条约规定："西自盖平县所属之熊岳城，中间所历之黑裕龙潭、洪家堡、老岭、一面山、沙里寨、双庙子，以东至安东县界街止，由东至西所历以上各地名，分为南北界限。界限以南至海止，其中之金州、复州、熊岳三城及安东县街为指定战地；抑或西至海岸起，东至鸭绿江岸止，南自海岸起，北行五十里止，为指定战地。两国开战后，凡战地县内之村屯城镇人民财产，不免冲突，倘有损失，照公法应由战败之国认赔。如有无故杀伤人民，烧毁房屋，抢掠财物，何国所行之事，应由何国认赔。两国开战，我既守局外，所有界限以北之城市，应由我自行派兵防守，两国军队不得冲突。在其界限以南，即指定战地内之金州、复州、熊岳、安东镇各城，向有华官处所，仍当由我派兵保守。坚壁清野，以卫民生而清界限。"②

此外，在《两国战地及中立地条章》出台的前后，清政府驻朝大使许台身先后两次奉命照会朝外交部，以示日俄战争之际的"严正中立立场"。至此，清政府的消极中立一举完成。然而，清政府的畸形中立政策，并没有使东北民众免于灾难。日俄战争的后果告诉

---

① ［美］惠顿．近代文献丛刊　万国公法．北京：世纪出版集团，2002：126.

② 王芸生．六十年来中国与日本：第四卷．北京：生活·读书·新知三联书店，2005：185-186.

我们,无论是交战区还是中立区,辽东半岛都遭受了一场浩劫。日俄两国为了便于各自战事,在辽东半岛毁房践地、抢杀掳掠等恶行不胜枚举。①

俄国的关东州组建活动止于1905年战败签约。从公法的角度观之,俄国组建关东州,是其以公法为武器构筑帝国主义霸权体系的关键步骤。综上所述,"国际法视角下的关东州组建活动",是破坏公法的实践。可见,本论的研究有助于理解国际法在近代东亚地区的存在实态。此外,研究"国际法与沙俄组建关东州",可以引发的连带思考有以下几点:①"关东州"殖民统治模式的特征如何? 日本殖民者接管关东州并对关东州进行再建设之际,多大意义上继承了俄国统治模式?②"关东州"既是殖民地域,又是公法意义上的实体,围绕这一实体的国际法律法规等,是对国际法发展史的有意义的补充还是一种畸形存在?③日俄战争与1907年海牙国际和平会议的关系。④"固守中立"与侵略战争的连带思考问题。

第三节 国际法视角下的"日韩合并"

近代以来,朝鲜一直是远东国际关系中十分敏感的存在。它是原有"华夷秩序"的最后堡垒,因而它以何种方式存在关系到新旧国际秩序能否顺利转换。在步入近代社会之际,朝鲜半岛不仅引起了欧美国家的注意,还备受中、俄、日等国"青睐"。受到中国的青睐,原因在于清政府想要守住朝贡体系的最后屏藩。而日俄在朝鲜问题上的争夺,本质上在于为本国的海外扩张寻找据点。然而,这一切似乎都是在国际法体系的范围内进行的。

1. 中朝关系与国际法

"万国公法"进入亚洲地区以后,清政府按照原有的模式开展与亚洲其他国家的关系已不再可能。其调整方向是将国际法处理问题的相关原则引入进来。最为明显的是,李鸿章接受黄遵宪在《朝鲜对策》中给出的提议,主动地将宗主意识嫁接到国际法上来。关于这一点,中国已有研究学者在相关著述中进行了阐释。在日本逼迫朝鲜签订《江华条约》期间,日本驻华公使森有礼与总理衙门以

① 郭铁桩,关捷.日本殖民统治大连四十年史:上册.北京:社会科学文献出版社,2008.

及李鸿章就朝鲜的国际身份问题展开过争论,日方意在迫使清政府承认朝鲜的独立国地位,而清政府则据理力争一再为确认朝鲜为清政府属国地位而努力。一时间,清政府在宗藩关系问题上,曲线利用了国际公法,以便为衰微的宗藩关系寻找"权力补给"的法律基础。①

在中朝关系上,足以引起我们注意的是清政府试图用国际公法的原理来处理问题。1879 年 8 月 26 日,李鸿章在写给时任领中枢府事李裕元的第 10 封书信中,以国际公法中的"均势理论"规劝朝鲜为宗藩关系寻找"国际法"的权力基础。②

文书开篇便提请朝鲜注意,"日本行事乖谬,居心叵测,亟应早为之防,有不能不密陈梗概者。"接着列举了日本在亚洲进行殖民扩张的成因及举动:"日本比年策,崇尚西法,营造百端,自谓已得富强之术。然因此致库藏空虚、国债累累,不得不有事四方,冀拓雄图以偿所费。其疆宇相望之处,北则贵国,南则中国之台湾,尤所注意。琉球系数百年旧国,并未开罪于日本,今春忽发兵船,劫废其王,吞其疆土。其于中国与贵国,难保其将来不伺隙以逞。"

在文书中,李鸿章揭露了日本的侵略计划,并指出了对日朝关系的忧虑:"中国兵力、饷力十倍日本,自忖尚可勉支。唯尝代贵国审度踌躇,似宜及此时密修武备、筹饷练兵、慎固封守,仍当不动声色、善为牢笼、恪守条约,勿予以可乘之端。一旦有事,则彼曲我直、胜负攸分。第思贵国向称右文之邦,财力非甚充裕,即令迅图整顿,非旦夕所能见功。现闻日本派凤翔、日进两战舰,久驻釜山浦外,操演巨炮,示知何意。设有反复,中国即竭力相助,而道里辽远,终恐缓不及事。尤可虑者,日本广聘西人教练水陆兵法,其船炮之坚利,虽万不逮西人,恐贵国尚难与相敌。"③

在日本与西方列强的关系上,李鸿章还提请朝鲜注意日本巴结西洋入侵近邻的危举:"况日本谄事泰西各国,未尝不思藉其势力侵侮邻邦。往岁西人欲往贵国通商,虽见拒而去,其意终未释然。万

---

① 张卫明. 在宗藩体制与国际公法之间:晚晴中朝秩序的重新建构. 学术研究,2011(3).
② 郭廷以. 清季中日韩关系史料卷 2.
③ 郭廷以. 清季中日韩关系史料卷 2.

一日本阴结英、法、美诸邦,诱以开埠之利,抑或北与俄勾合,导以拓土之谋,则贵国势成孤注,隐忧方大。中国识时务者,佥议以为与其援救于事后,不如代筹于事前。夫论息事宁人之道,果能始终闭关自守,岂不甚善?无如西人恃其剽锐,地球诸国无不往来,实开辟以来未有之局面,自然之气运,非人力所能禁遏。贵国既不得已而与日本立约,通商之事已开其端,各国必将从而生心,日本转若视为奇货。为今之计,似宜用以毒攻毒、以敌制敌之策,乘机次第亦与泰西各国立约,藉以牵制日本。彼日本恃其诈力,以鲸吞蚕食为谋,废灭琉球一事,显露端倪,贵国固不可无以备之。然日本所畏服者泰西也。以朝鲜之力制日本,或虞其不足,以统与泰西通商制日本,则绰乎有余。"可见,李鸿章为朝鲜摆脱危局开出的良方是"与泰西通商"以牵制日本。

关于如何开展与西方列强的通商,李鸿章在书信中强调:"泰西通例,向不得无故夺灭人国,盖各国互相通商,而公法行乎其间。……若贵国先与英、德、法、美交通,不但牵制日本,并可杜俄人之窥伺,而俄亦必随即讲和通好矣。"① 引入国际"均势理论"以维系东亚地区的国际关系,反映了李鸿章等人对西方列强认识的肤浅,也侧面反映了面对列强势力的无奈。"均势理论"的存立,以有竞争关系的各国间在力量对比上互不占有优势状态为前提条件。在这个意义上,李鸿章的方策只不过是为朝鲜自保拉拢他国以牵制日、俄势力的制衡论。即便朝鲜愿意按照李鸿章的规劝行事,但也要首先满足列强在朝鲜半岛的需要,其中可能藏有对朝鲜半岛的觊觎与领土要求的野心。即便如此,李鸿章却还是将化解危险的希望寄托在国际公法上。

可悲的是,近代中朝关系史已昭告世人,李鸿章不但没能成功借助国际公法的力量守住与朝鲜的宗藩关系,反而被日朝、中日签订的条约葬送了中朝关系,并为日本提供了法律口实。这是东亚以朝贡体系为内涵的宗藩关系,输给了国际公法及其相关条约。1882年,日朝两国签订的《济物浦条约》,使日本获得了在朝鲜的驻兵权。1885年,中日签订的《天津条约》,则确立了日本在朝鲜半岛与清政府平起平坐的地位。日本与清政府一道成为朝鲜的"保护国",并否定了中国在朝鲜的宗主权。而1895年中日签订的《马关条约》,

---

① 郭廷以. 清季中日韩关系史料卷 2.

则有“朝鲜完全独立”的相关规定。这样中朝藩属关系寿终正寝，中朝国家关系一度中断。迟至1898年，以清政府派出驻朝公使徐寿朋为发端，中朝开始建立了平等外交关系。

2.“朝鲜永世中立化”

与清政府建立的对朝平等关系相反，日本一开始就想确立优于朝鲜的国际地位，因而步步紧逼为吞并朝鲜做精心策划。1882年，朝鲜半岛发生了“壬午兵变”，为日本提出“朝鲜中立化”提供了契机。当他们看到清政府为镇压朝鲜内乱出兵朝鲜，并在朝鲜居于绝对优势地位时，便想方设法肢解中朝关系。① “朝鲜中立化”有了最初的构想。其首倡者井上毅，于1882年分别向伊藤博文和山县有朋提出由“日、中、美”三国或“日、中、美、英、德”五国对朝鲜实施保护及使其中立的对策。虽然日本并非满足于朝鲜中立，但朝鲜中立化政策却是其完善侵略计划的关键步骤，是吞并朝鲜的缓兵之计。因而，朝鲜中立化政策在日本有一个变化过程。

1882年井上毅提出朝鲜中立方案后，1883年日本派田边太一会见清政府驻日公使黎庶昌，试图说服清政府的外交官以践行之。遭到拒绝后，便转而乘中法战争之机，挑唆依附日本的“独立党”对依附清政府的“事大党”进行清洗，这就是朝鲜历史上的“甲申政变”。但在袁世凯驻军的帮助下，日本及其扶植的“独立党”一派失败，这加剧了清政府与日本之间的矛盾。而这一矛盾的激化，为英、俄两国提供了可乘之机，两国纷纷介入朝鲜半岛，以造成互相牵制之态势。这样，朝鲜中立化问题复杂化。在这种形势下，为了对抗俄国势力在朝鲜半岛的成长，日本方面一度提出了联合清政府促使朝鲜独立的“联合中立”案。然而，1885年4月英国进占巨文岛，割断了中日间联合中立方案的进程。② 这是“朝鲜中立化”被国际

---

① 1882年壬午兵变之后，清政府在朝鲜京城设立总理衙门，并派遣吴庆长率兵三千驻守。后来的袁世凯就是吴庆长的幕僚。他们在朝鲜扶植亲清势力“朝鲜事大党”。这种情况让日本倍感紧张。因而，日本加快了侵朝步伐。

② 巨文岛事件，英国以阻止俄国势力南下为借口，1885年派皇家海军侵占朝鲜巨文岛的历史事件。随着俄国势力在朝鲜半岛的渗透，朝鲜一度出现了浓厚的亲俄倾向，且有人主张接受俄国的保护。在这一背景下，英国方面则出兵占领了巨文岛。而日本方面认为，为阻止俄国势力南下的巨文岛事件，恰恰为俄国的入侵提供了口实，因而提出了中日联合的构想。作为宗主国的清政府，在巨文岛事件发生后，由李鸿章派丁汝昌率舰队在巨文岛附近巡逻游弋，并在英俄两国间进行斡旋，最终俄国承诺不侵占朝鲜领土，英国军队撤出巨文岛，使事件得以解决。

化的时代背景。

当英、俄两国企图介入朝鲜半岛时，李鸿章按照当时流行的国际规则成功加以抵制后，清政府统治集团内部滋长了骄情，对日本提议的中日联手的"朝鲜中立化"建议置之不理。这种情绪反映了清政府对日本所抱有的轻视心态，此后这种心态直接影响了甲午战争。

而就在甲午战争之前，朝鲜开化派代表人物金玉均与俞吉浚等人，也提出了朝鲜国自己的"中立化"理论。虽然金玉均是中朝政界的眼中钉，但其开化的思想意识促使他在思考中朝关系之际，把中国确定在可资利用的工具的位置上。例如，他借用在"江华岛事件"上李鸿章与森有礼的晤谈内容，阐释了朝鲜可以接受李鸿章的主张，即根据"万国公法"，清政府代替朝鲜办理国际事务并不妨碍朝鲜为一具有"自主之权"的国家地位。他提出了"今敝邦与各国交际，若得上国（清政府）遣大宪代办，则敝邦向后事似可有涯畔。如未则敝邦情状将不知至于何境界。"① 可见，金玉均试图在宗藩体系与"万国公法体系"之间寻找中间道路，以求朝鲜早日独立。"甲申政变"后金玉均频遭暗杀，即便如此，他仍在谴责朝鲜国王及清政府的暗杀政策之际，呼吁由清政府担任"东亚盟主"以解决朝鲜中立问题。他在报纸上致李鸿章的书信中强调："阁下何不推尊大清国皇帝陛下为天下盟主，布公论于欧美各大国，与之连续，立朝鲜为中立之国，作为万全无危之地？"② 这一中国主导型的中立计划，在朝鲜颇具影响力。当时同为开化派的俞吉浚也持有相同的看法。他在著作《中立论》中，强调指出："今我邦地处亚洲之咽喉……是固我邦国之体势，常兼比、发（比利时、保加利亚）两国之典例也。……唯中立一策，实我邦保守之策。……（何不）乞中国为之盟主，会同诸国如英、法、日、俄之有关系于亚土者，而进我于其间，共订其盟款乎？此非独为我邦之地，亦中国之利也，诸国相保之计也。"③ 金玉均也好，俞吉浚也罢，为了朝鲜民族能够存活下去，提出了利用大国关系以保国的"中立化"理论。从国际公平的角度观

① 郭廷以．清季中日韩关系史料卷3.
② 金健人．韩国研究：第八辑．沈阳：辽宁民族出版社，2007：281.
③ 金健人．韩国研究：第八辑．沈阳：辽宁民族出版社，2007：285.

之，他们的主张与提议具有合理性。但面对虎视眈眈的国际列强，其中立化论不免流于空谈。

说它流于空谈，原因在于朝鲜对日本的估计不够充分。1885 年中日《天津条约》签订后，日本获得了与清政府在朝的同等地位，这在本质上否认了清政府对朝鲜的宗主国地位。表面上，由中日两国共同保护朝鲜，实际上日本暗地里一直在寻找独自"保护"朝鲜的机遇。而这个机遇就是朝鲜甲午农民战争。1894 年 4 月，以全琫准为首的起义军打出了"逐灭夷倭，尽灭权贵"、"济世安民"的口号，短时间内席卷了全罗道。朝鲜政府在镇压不利的情形下，被迫通过袁世凯乞师清政府。对此，日本政府一直在密切关注中朝动向。日本各报纸纷纷发表时政，力促出兵朝鲜。据《清季中日韩关系史料》记载："日本日日报"指出日本出兵的正当理由有以下几点：其一，保护旅高（朝鲜）日民的必要性；其二，根据"中倭天津条约"，中日两国都有保护朝鲜的义务；其三，"朝鲜动乱"关系东洋大局，暂违公法定例，以派兵救高，亦何不可？其四，日本出兵前，按照"中倭天津条约"，行知中国即可。

然而，正在日本国内找不到更好出兵借口之际，应朝鲜政府之邀，清政府派时任直隶总督叶志超和太原镇总兵聂士成进驻朝鲜的牙山地区；并于 1894 年 6 月 6 日，由清驻日公使汪凤藻以履行《天津条约》的名义，将中国出兵朝鲜一事照会日本政府。早有预谋的伊藤博文内阁，在掌握了清军出兵总数的前提下，顺理成章地拿到了出兵朝鲜的门票，并于 6 月 7 日照会清政府日本将出兵朝鲜。表面看来，中日都在履行条约，但其中却暗含着清政府对"万国公法"的愚守愚忠与日本的狡黠奸诈。无疑，这为日本增兵朝鲜提供了口实，进而日军占领仁川、汉城等，并主动向清军挑战。但就在中日两军出兵朝鲜不久的 6 月 10 日，东学党与朝鲜政府达成了具有 27 条内容的《全州和约》，战事遂告停止。朝鲜政府认为危机已经解除，便要求中日两国撤军。对此，中日双方久议未果。日本旋即便推出了"中日共同协助改革朝鲜内政"的方案，并伺机挑衅中国，为发动战争寻找时机。关于这一点，只有聂士成看到了日本的野心，并极力主张乘朝鲜要求撤军之机应该火速完成撤军之举，以"免资口实"。清政府并没有采纳聂士成的意见，而在日军牙山挑衅之际，频频请示国内。清光绪中日朝关系史料记载如下：

"军机处奏会拟次第办理对日各事片 光绪二十年六月 臣等公同商酌：现据李鸿章电报，倭兵已在牙山击我兵船，并击沉英船一艘，狂悖已极，万难姑容！且衅自彼开，各国公晓，从此决战，尤属理直气壮。现拟先将汪凤藻撤令回国，再以日本种种无理情状布告各国，然后请明发谕旨，宣示中外，至一切布置进兵事宜，请寄谕李鸿章妥筹办理。"①

在日方步步紧逼的态势下，军机处大臣们商议并奏请皇帝准予对日开战。其中，"布告各国"与"宣示中外"等，已表明要将对日开战纳入到"万国公法"范畴内。之后，李鸿章于同年6月上奏文书，及时呈报中日在朝鲜的对立形势，并汇报在朝军队的布置状况，并把牙山附近日军炮袭我军，致济远舰多处重弹，士兵阵亡13人、受伤27人以及派遣丁汝昌率舰赴朝鲜相机迎击的情况密报国内。在日军已进攻我军的形势下，李鸿章等人的部署显然为时已晚。

陈舜臣在相关著作中，曾经披露了袁世凯上当的细节。即日本驻朝公使大鸟圭介借助和袁世凯的私人关系，不断麻痹袁世凯，并通过袁世凯将虚假情况报给李鸿章，诱使清政府出兵朝鲜，便可顺利达到按照《天津条约》的规定，出兵朝鲜的目的。这是造成李鸿章、袁世凯等人没有作任何战争准备的原因。从甲午战争的结果反观，清政府的涣散与日本精心策划的非对称性，最终导致了清政府在甲午战争中惨败。

随着中国战败签约，在"朝鲜中立化"问题上，日本掌握了主动权，抛弃中国转而单方面确立在朝鲜话语权的时代来临了。因此，甲午战后的朝鲜中立化政策，实际上是日本在"中立化"的幌子下，展开吞并朝鲜的一种策略。这种策略在陆奥宗光撰写的《蹇蹇录》中表达得更为露骨与彻底。他把李鸿章寄希望于欧美列强居中调停以及向北京政府建议出兵朝鲜的举措，评价为"虚张恫吓"。他倾向于用欧美的文明制度武装日本，痛恨治外法权和领事裁判制度，认为此种制度是以牺牲"相互平等"观念而建立起来的。因而他强调，"这个制度在国际公法上对于一般条约是不适用的"。② 但在具体涉

---

① 中国史学会主编. 中国近代史资料丛刊中日战争. 上海：上海人民出版社，1957：1.

② 陆奥宗光. 蹇蹇录. 伊舍石，译. 北京：商务印书馆，1963：93.

及朝鲜问题之际，陆奥宗光的建议比领事裁判权等制度更富于侵略性。

当论述朝鲜问题时，陆奥宗光将朝鲜视为中日矛盾激化的焦点。在他看来，近代以来中日之间的互相谩骂与攻击，是由于日本模仿欧美建设近代国家而遭到了中国的诋毁，此后两国关系的僵化程度日益加深，导致1882年前后中日矛盾完全集中于朝鲜半岛了。如果说陆奥宗光的这种措辞，带有掩盖日本海外扩张用意的话，那么在讨论有关朝鲜内政问题上，则暴露了日本的侵略野心。他反对尊重道义的朝鲜对策论，在剖析了该论调主倡者心理后，认为该论调主倡者在朝鲜问题上的主张就是为了扩张日本帝国的版图。他强调：

（日本对朝鲜政策）除了政治上的需要外，是没有其他用意的；同时也绝不认为有以侠义精神大兴十字军的必要。因此，我认为改革朝鲜内政，主要是为了满足我国的利益，只要能达到这个目的，根本没有牺牲我国权益的必要。……所谓朝鲜内政改革，不过是为打开中日两国间难以解决的僵局而筹划出来的一项政策，后因事态变化，以致形成不得不由我国单独承担的局面。所以我从开始就对朝鲜内政之改革并不特别重视，而且对于朝鲜这样的国家是否能够进行合乎理想的改革尚抱怀疑。但改革朝鲜内政现在既已成为外交上的一个具体问题，我国政府总不能不加以试行，至于我国朝野的议论究竟基于何种原因，已不必深问，总之，由此协同一致，不论对内对外，皆属便利。因此，我便想借此好题目，或把一度恶化的中日关系重加协调；或终于不能协调，索性促其彻底决裂，总之，想利用这一问题使阴霾笼罩的天气，或一变而为暴风骤雨，或者成为明朗晴天，像风雨那样表现出来。①

这段文字，鲜明地表达了陆奥宗光的态度：其一，他对朝鲜的关心完全出于政治目的，并急于将干涉朝鲜内政的权力掌控在日本手中；其二，将日本干涉朝鲜内政等，说成是解决中日之间纠纷的契机；其三，作为解决的具体手段，陆奥宗光提出的"暴风骤雨"暗指一场大的战争。

此后的日朝关系，按部就班地沿着陆奥宗光的设想前行。其中，关于上文提及的朝鲜内政改革，日本外务省编撰的《日本外交文书》

---

① 陆奥宗光．蹇蹇录．伊舍石，译．北京：商务印书馆，1963：29.

第 27 卷第 1～2 册，收录的甲午战争前后日本插手朝鲜内政改革的往来文书、训令、公使任命书等文件，总计 128 件（369～496 号）。按照驻朝公使与外务大臣陆奥宗光之间的文书往来，可将这批文书分为两个时期，即大鸟圭介驻朝公使时期和井上馨驻朝公使时期。在大鸟圭介任职期间，涉及朝鲜内政的文书始于 1894 年 6 月 20 日，总计 90 件，收录于《日本外交文书》第 27 卷第 1 册。自井上馨于 1894 年 10 月 15 日起担任驻朝公使起，截至 1894 年 12 月 28 日发给陆奥宗光的《朝鲜政况报告书》，总计 38 件，收录于《日本外交文书》第 27 卷第 2 册。

在大鸟圭介时期，尤为引人注目的文书是 1894 年 6 月 28 日的《排斥朝鲜属邦说及断行内政改革手段之上申件——由驻朝鲜国大使大鸟圭介致陆奥外务大臣》。这一文书记载了大鸟圭介对朝鲜时局的认知，并将作为驻朝公使的活动汇给外相，涉及"独立属邦"与"内政改革"两方面问题。毋庸置疑，这些意见书为陆奥宗光外交政策的形成奠定了基础。在文书的后面，附有大鸟圭介给朝鲜国王上的意见书《附属书》。内容如下：

大君主陛下：

圣德日跻，兆民沐化。鄨治弥隆。寰宇献颂。无任钦仰之至，窃尝南民蠢尔硬化。敢抗有司。跳梁一时。王师爰发，大张挞伐。复虑灭此朝食之不易。竟有借鄰援之举。我政府有闻于此，以为事体较重。乃奉大皇帝陛下谕旨令使臣带领兵员回任阙下自卫使馆商民併念贵国休戚所繫如有所求。兼可一臂相助。以尽敢鄰友谊。

使臣衔命抵京也适闻完成克复。余党鼠退。于是班师善后。渐将就绪。此莫非圣德所被。实为内外所共庆颂也。顾我日本国与贵国共处东洋一方，疆域逼近。询不翅辅车唇齿。况讲信修睦。使币往来今昔不渝。徵之史册。历然可稽。方今观列国众邦之大势。政治、教民、立法、理财、劝农、奖商。无非富强自致。遑长专能。而欲雄视宇内耳。然则泥守成法，不思通变达权，广开眼界。不力争势自主。何能相持介立乎列邦环视之间耶？是以又命使臣以会同贵朝廷大臣。谨明此道。相劝贵政府务举富强实政，则休戚相关之谊。于是乎可始终。辅车相依之局。于是乎可保持矣。伏坐

陛下圣鉴，降旨饬令办理交涉大臣或专委大臣。会同使臣俾尽其说庶几无负我政府笃念鄰谊至意。别大局幸甚。使臣圭介不胜仰

望屏息之主。

爱祈陛下洪福无疆。谨奏。①

从内容观之，该文书是在日本为拖延从朝鲜撤军而寻找借口的那段时间提出的。文中阐释了日本"一臂相助"的情谊，陈述了"疆域逼近"与"辅车唇齿"的利害，并建议朝鲜"通变达权"，以实现"力争自主"的愿望。

1904 年 2 月 8 日，日俄战争爆发。日本挑起战争的原因之一是极欲确保在朝鲜半岛的优势地位；而俄国想要确保在中国东北的优势地位。因而，两国纷纷主张"满洲中立"和"朝鲜中立"。这样以日俄战争为界，"朝鲜中立化"战略进入了一个新的阶段。尤其是在日俄开战 15 天后，即 1904 年 2 月 23 日，日朝两国代表在汉城签订了《日韩议定书》，将"为日本提供战略要地、按照日本的意思改革内政"等列入条约之中。这样，所谓的"朝鲜中立化"口号的侵略本质便暴露无遗了。

1904 年 8 月 22 日，日朝签订的《韩日外国人顾问傭聘协定书》（第一次《日韩协约》），规定由日本向朝鲜政府推荐财政事务与外交事务人选。1905 年 11 月 17 日，日韩又签署了第二次《日韩协约》。根据条约，日本将驻朝公使馆改设统监府，并专设统监 1 人负责处理朝鲜外交事务。朝鲜从此沦为日本的"保护国"。1907 年 6 月 15 日，第二次海牙和平会议在荷兰召开，李氏朝鲜高宗皇帝为了求助西方列强干涉日本侵略朝鲜事宜，向海牙派出了密使。"密使事件"败露后招致伊藤博文不满，遂于 1907 年 7 月 24 日强迫朝鲜签订了第三次《日韩协约》，强化了日本对朝鲜的控制，使得伊藤统监在朝鲜取得了诸多权力，他也因此被称为"没有王冠的朝鲜国王"。②1910 年 8 月 22 日签订的《日韩合并条约》，日本正式吞并了朝鲜。

3. 日韩关系暴露的国际法本质

从国际法角度观之，"日韩合并"属于违法行为。在日本变朝鲜为"被保护国"乃至于合并朝鲜的整个过程中，虽有列强的反对声

---

① 外務省編纂. 日本外交文書第二十七巻第一冊. 東京：日本国際連合協会，昭和二十八年：576-577.

② 片山慶隆. ハーグ密使事件・第三次日韓協約をめぐる日英関係. 一橋法学，2009（8）：53.

音,但在日本外交表演的蒙蔽以及列强的百般纵容下,日本的野心实现了。在这一事件上,西方各国的纵容与默认,暴露了国际法被大国玩于掌心的实质。

在日韩合并前,列强出于对各自在远东地区切身利益的思考,以英国为代表的欧洲各国在主张"朝鲜中立化"问题上,没能最终坚守己见,表现出对日的妥协倾向。虽然有英日同盟,但为抑制日本的扩张,英国早就极力主张"朝鲜中立",并联合多国于1903年2月2日向驻韩公使林权助提出交涉意见,结果遭到林的拒绝。即便如此,英国曾多次坚持,最终失败。但在俄国于远东势力的增长引起日本恐慌、增加英国不安的现实形势下,出于本国利益的考虑,英国放弃了"朝鲜中立化"主张,原本正义的国际构想就这样被淹没在利益分割的魔幻世界中。可见,"利益等于国际法"的逻辑同样被用于东亚社会之中。

在日本的紧逼下,朝鲜政府参与修正国际法相关条约的活动受到遏制。根据韩国学者研究,1904年12月21日的《病院船条约》,虽由韩国皇帝行使缔结条约权,但是批准权却在明治天皇的手中。自1906年5月26日的《万国邮政条约》起,情况发生了改变。因韩国丧失外交主权,由明治天皇任命的全权委任者代表日韩两国签字。例如,在1906年7月6日由35个国家签署的《红十字条约》上,时任日本驻比利时公使的加藤恒忠在日本代表与韩国代表两处署名。[①] 其法理根据是1905年的第二次《日韩协约》。这样,韩国原本所拥有的参与修改与完善国际法的义务,被日本殖民者剥夺了。

面对日本的侵略,朝鲜曾多番向国际社会呼吁。尤其在第二次海牙国际和平会议召开期间,朝鲜派出了密使控诉日本干预朝鲜使其丧失外交主权的罪行,并提出了相关控诉书。但根据第二次《日韩协约》,只因日本代替韩国行使外交主权,使得朝鲜密使被排斥在国际会议之外而受到冷遇。此后,海牙密使的持续活动虽得到西方媒体的同情与支持,但最终以三名代表中一名死亡,两名逃往英国的结局告一段落。这是国际会议召开期间的欧洲情况。而在朝鲜,密使事件触怒了统监伊藤博文,他迫使高宗皇帝退位,并强迫韩国

---

① 李圭先.'保護国'体制下における大韓帝国の外交主権_日本政府による国際国際条約の締結と批准をめぐって//歴史学研究会編.歴史学研究,2010(5):9-17.

签订了第三次《日韩协约》。根据条约，统监伊藤博文将黑手伸向了朝鲜的法律制定、官吏任免以及内政建设等领域。从此韩国丧失了立法权，并为1910年日韩合并奠定了法理基础。在日朝关系上，如果说日本是玩弄国际法的罪魁祸首，那么列强的漠然处之就是愚弄国际法的帮凶。日本侵略东亚近邻利用了国际法，其后所发生的条约又是国际法的畸变。

第三编 "万国公法"与"东亚新秩序"

综上所述，不难看出在近代东亚社会，日本的一切外交"成就"都是在"万国公法体系"内取得的。日本近代扩张史告诉我们，从打赢甲午战争的那一刻起，日本就已踏上疯狂对外侵略的歧途。在日俄战争中取胜后，日本接手"关东州"，从而取得了进一步入侵中国东北的据点。《日韩合并条约》签订后，日本吞并了朝鲜，版图有所扩大。与之相对，晚清中国与朝鲜虽也曾被纳入"万国公法体系"，但两国没有日本运气好，不但没有摆脱列强的束缚，反而在沦为殖民地的道路上越走越远。

可见，同属东亚的中日朝三国，利用"万国公法"处理东亚国际关系收到的实效相去甚远。然而，不可否认的是，当西方列强入侵东亚时，三个国家都有过学习西方法律的历史，都曾努力地接近西方国际秩序。一时间东亚三国纷纷被纳入"万国公法体系"。

新体系进入东亚后，晚清政府努力地使原有的"华夷秩序"不断做内部调适，或以自保，或与新来者相容。结果，"华夷秩序"瓦解后新体系渐居上位。在这一体系转位过程中，中日朝三国关系存有心理上的较量、相互间的无奈与哀愁以及野心膨胀的"上国优位意识"等特征，东亚国际关系变得更加复杂。

吞并朝鲜后，日本进一步入侵中国。1931年发动了九一八事变，次年扶植溥仪建立了伪满洲国。虽然与朝鲜总督府的直接占领不同，但二者在殖民本质上无异。伪政权一经成立，日本便率先予以承认。同时为得到国际社会的认可，日本极尽宣传之能事。然而，最终却未得到西方对伪满洲国的承认及签字，所以，1933年3月27日日本宣布退出国际联盟。此后，在"亚洲门罗主义"思想的指导下，日本逐渐走上了构筑"大东亚新秩序"的道路。

本编"万国公法与东亚国际秩序"想要解决的问题有以下几个：①"万国公法"在东亚社会的流播给原有东亚国际关系带来的冲击；②在"条约体系"与"华夷秩序"对峙之际，原有秩序被消解以及以"万国公法"为法理依据的三国被纳入"万国公法体系"的过程；

③在东亚"万国公法体系"确立的过程中,近代东亚三国关系的特质;④在走向东亚新秩序的过程中,日本退出"国联联盟"(以下简称"国联")的法理思考、公法与"亚洲门罗主义"的本质等。

第六章 东亚三国加入"万国公法体系"

新旧体系交替，以新体系入主与旧体系退出为表象。二者的冲撞与纠葛使交替进行得步履维艰，这是客观规律。从根本意义上讲，1625 年的《战争与和平法》、1648 年的《威斯特伐利亚和约》、1758 年出版的《国际法，或运用在国家和主权的行为和事务上的自然法原则》以及 1836 年出版的《国际法原理》等，成为新体系进入其他地域的敲门砖。

这一敲门砖为东亚提供了"思想资源"，也提供了"概念工具"。尤其是国际条约及国际公法著作等，为东亚国家提供了处理国际关系的范例与法律规范。公法著作及公法理念进入东亚社会后，显示了强大的生命力与冲击力，衍生出"万国公法"与"华夷秩序"的对峙，并促使"华夷秩序"走向坍塌。

第一节 "万国公法"对"华夷秩序"①的挑战

惠顿的《国际法原理》被以《万国公法》之名译介到东亚各国前，西方列强口中称颂的"万国公法"概念就已经发挥侵略"效用"了。当西方列强进犯东亚各国并迫使其打开锁国大门时，"万国公法"同样为列强提供了"侵略工具"。正因为如此，东亚各国的"开国"，似乎没有马上引起各国对"万国公法"的重视、诠释与译介，而是各国被堂而皇之地以"万国尊重公共交际之道"的思想而签订了屈辱条约。

以 1842 年 8 月 29 日签订的中英《南京条约》为标志，近代东亚地域开始被强行纳入本论所强调的"万国公法体系"。东亚原有的国际秩序受到了前所未有的挑战。归纳起来，"万国公法体系"挑战"华夷秩序"的表现主要有以下几个方面：

（1）以"万国"理念冲击"华"与"夷"的民族区分。

丁译本《万国公法》强调，"所谓国者，唯人众相合，协力相护

---

① 有学者认为，东亚地区的"华夷秩序"是一种立体的存在。其立体结构由"文化上的'华夷关系'；政治上的'宗藩关系'；经济上的'朝贡关系'"等三部分构成。参见：韩东育.东亚的问题点与新思考.社会科学战线，2011（3）：71.

以同力者也";"蛮夷"则指向"流徙无定所,往来无定规者"。① 我们理解,"万国公法"中指代的"国",乃是"众人和睦"、"合作相护"、"齐心协力"的集合体;而"蛮夷"则指流离失所、无君主、无约束、无固定的疆界与自主者。如果按照这个解释,东亚三国都是"万国"中之"一国"。这样,在"万国"理念的浸润下,"华夷秩序"立体形态中的"文化上的'华夷关系'"便难以维系了。可见,"万国"概念强调疆界、国民与主权的重要性,而否定了所谓的"尊贵、中心"与"卑下、边缘"的逻辑范式。

(2)"万国公法"的"总旨"对"华夷秩序"之"政治上的'宗藩关系'"的挑战。

丁译本《万国公法》规定,可以按照公法惯例进行交往的"公法总旨"有两个,其一乃"以人伦之当然,诸国之自主,揆情度理,与公义相合者";其二为"诸国所商定辨明,随时改革而共许者"。② 它所强调的是,遵从"万国公法"的国家有两类,其一是心悦诚服地信奉"万国公法"并将其视为"人情之自然";其二是能够参与"公法"修订及改制的国家。然而,"华夷秩序"所强调的是,为实现在文化上"尊华夏为上国"的目标,在政治上要把周边的"夷狄"编入"藩国行列"。此外,《万国公法》的"进贡藩属所存主权"条款还强调,"进贡之国并藩邦,公法就其所存主权多寡,而定其自主之分。"很显然,"公法总旨"与"进贡藩属所存主权"的规定,是对"宗藩关系"的分化与瓦解。

(3)公法中"通使之权"的相关规定对"朝贡关系"的挑战。

丁译本《万国公法》规定,应该派遣"钦差"驻扎各国。目的有二,其一是"治理各国通商、交际事宜";其二是"防止有恃强凌弱、有碍于均势之法者"。而"华夷秩序"所强调的是经济上的"朝贡关系"。在这个意义上,西方列强想纳东亚各国进入世界资本主义体系的主张,对"朝贡关系"构成了强有力的威胁。因此,"万国公法"的传来,说明近代"通商关系"对峙封建礼法色彩浓厚的"朝贡关系"的逻辑得以成立。

(4)以"万国公法"为法理依据的东亚不平等条约,为原本就

---

① [美]惠顿.万国公法.上海:上海书店出版社,2002:11.
② [美]惠顿.万国公法.上海:上海书店出版社,2002:9.

松散的东亚国际秩序①的崩坏打开了缺口。在东亚各国不平等条约中出现的"最惠国待遇"、"领事裁判权"、"治外法权"以及"自由权"等，都是由"万国公法"所派生的概念。

这些概念的原生态内涵，揭示了主权国家在处理国际关系时应该遵循的准则。"主权国家"的概念，在西方有尊重彼此主权的含义，因而在这个意义上缔结的条约大多是平等的。可是，当西方列强进犯东亚并居于主导地位，而东方处于被动地位时，"主权国家"的概念就为"强权国家"的"作为"化解掉。因而，这些概念在东亚国家的出现，就已经带有一定的侵略性。故后人解释东方社会产生的一系列不平等条约时，便选用了"片面的最惠国待遇"等措辞。"最惠国待遇"是针对主权平等的国家间，彼此"相互享有"的一种特殊待遇而言的。说是"片面的"，原因在于在近代东亚条约体系中，西方列强单方面在东亚国家享有种种特权的同时，东亚各国的相应权利却被抹杀的缘故。这种具有共性的特点在近代之初的东亚社会是普遍存在的。

第二节　三国被迫参入"万国公法体系"

虽然"万国公法"在东亚的传播有力地冲击了"华夷秩序"的三个有机构成，但传统"华夷秩序"根深蒂固，决定了短时间内不会退出历史舞台。伴随着不平等条约的签订，东亚社会进入了"万国公法体系"的形成与"朝贡体系"逐渐消解的二元对立的阶段。

因腐朽没落的清帝国遭受西方侵略的时间最早、被迫签订不平等条约的时间也最早，加之处于朝贡体系的"中心"地位，所以清帝国参入"万国公法体系"的过程，自然而然地成为判断"万国公法体系"在东亚发展的参照系。

1. 晚清帝国被纳入"万国公法体系"

大体与 1648 年签订《威斯特伐利亚和约》同期，"万国法"或

---

① 有学者将东亚国际秩序的特点规定为"封贡关系"。这种封贡关系的变化始于明代。1369 年在朱元璋宣布"15 个不征之国"之后，传统的东亚华夷秩序发生了质的变化。即中国"不再将东亚视为自己的东亚"，只是追求"天朝大国的尊贵地位"，承认了东亚其他国家为"独立的政治实体"，对东亚的区域事务采取"不作为"态度。还有学者将前近代东亚国际秩序称为"中华帝国体制、册封体制"，是由"册封"与"进贡"的双向动态因素构成。明清时代的"册封"与"进贡"体制发挥了政治、经济与文化的"三种机能"。

"国际法"就已经传入东亚地区的清帝国。这里的万国法是指由意大利传教士带来的西班牙法学家苏阿瑞兹（Suarez，1548～1617 年）的伦理神学派著作，是早期国际法理论的先驱。据林学忠考察，著作的名称可能是"1612 年出版的《法律作为立法者的上帝》"。① 可以认为，国际法在西方诞生后不久，便被传教士带到了东方，只不过当时并没有引起中国的注意罢了。到了 17 世纪中期，清政府的官员在与荷兰商人通商的过程中，曾被荷兰人告之国际法的效用。但在中国，试图真正以国际法解决国际纷争的是 1689 年 9 月 8 日中俄签订的《尼布楚条约》。清帝康熙的代表团中有传教士张诚和徐日升，在本着"近代国际法的国家主权平等原则"的前提下，缔结了条约。然而，这一条约并没有成为将晚清帝国纳入"条约体系"的开端，也没有带来"万国公法"在中国的传播。相反，天朝大国的政治意识与优越感，还成了"万国公法"在中国传播的最大心理障碍。

等到英国东印度公司向中国大量倾销鸦片之际，为了在观念上找到可以与西方列强对话的可能性，林则徐于 1839 年重用美国的传教医师伯驾等，翻译滑达尔（瑞士法学家，1714～1767 年）的《国际法：适用于各国和各主权者的行为和事务的自然法原则》一书中关乎战争以及诸如封锁、禁运等敌对措施的法律条文，并在禁烟运动中将其付诸实践。此外，在处理林维喜案②之际，当义律③以"领事裁判权"和"治外法权"为由，拒绝承办英国犯罪嫌疑人时，林则徐则以滑达尔的《国际法》，否定了义律所谓的"治外法权"。可见，林则徐不仅是清帝国放眼西方国际公法的第一人，也是东亚地域内活用西方国际法的先驱人物。

虽然在对西方国际法的认知上，林则徐的思想走在了前面，但是其思想的重要性不但没有得到认可，反而以林则徐被撤职而遭到抹杀。如果说林则徐于民族危亡之际，在接受与翻译西方国际法上

---

① 林学忠. 从万国公法到公法外交—晚清国际法的传入、诠释与应用. 上海：上海古籍出版社，2009：43.

② 林维喜案：1839 年 6 月 20 日，英商船水手酗酒后与尖沙咀地区村民发生斗殴，结果村民林维喜重伤不治。这一事件成为第一次鸦片战争的导火线。

③ 义律（1801～1875 年）：1836～1841 年担任驻华商务总监，英国海军上将，挑起鸦片战争的罪魁祸首。

的思想具有先进性和主动性的话，那么晚清帝国进入"万国公法体系"则是被动的。即是说，晚清帝国是被西方各国强行纳入该体系的。根据时代的特点，其进入"万国公法体系"的过程，又呈现出一定的阶段性。

（1）1842～1854 年签订的系列条约，是晚清帝国进入"万国公法体系"的起始阶段。

实际上，"万国公法"这一名称，正式出现是在 1864 年清政府总理衙门出版的丁译本《万国公法》以后。之前在欧洲流行的概念是"万国法"或"国际法"，因此将 1842～1854 年这一时段内签订的系列条约，命名为"不平等条约体系"是理所当然的。然而，惠顿的著作出版于 1836 年，在所有关乎国际法的理论著作中，时间上距离英国发动的鸦片战争最接近，且从事后的条约内容看大有以该书中的理念为指导的特色，因此虽然被译介为《万国公法》的时间相对较晚，但是将这一时段作为"万国公法体系"的起始阶段应该不会产生疑义。

众所周知，鸦片战争是中国近代史的开端。战争结果使晚清中国被迫加入资本主义体系，并签订了一系列不平等条约。其中，主要包括《南京条约》（1842 年 8 月）、《虎门条约》（1843 年 10 月）、《望厦条约》（1844 年 7 月）及《黄埔条约》（1844 年 10 月）等。

仅就《南京条约》来看，"万国公法"在充当殖民扩张的工具上，特点非常鲜明。条约规定：①"嗣后大清大皇帝、大英君主永存平和，所属华、英人民彼此友睦，各住他国者，必受该国保佑身家安全。"① 这是对所谓"和平"与"友睦"的吹嘘。②"自今以后，大皇帝恩准大英国人民带同所属家眷，寄居大清之沿海之广州、福州、厦门、宁波、上海等五处港口，贸易通商无碍。且大英君主派设领事、管事等官住该五处城邑，专理商贾事宜，与各该地方官公文往来，令英人按照下条开叙之例，清楚交纳货税、钞饷等费。"② 根据这一条，英国便轻巧地获取了五口通商权与派驻领事

---

① 翦伯赞，郑天挺. 中国通史参考资料近代部分：上册. 北京：中华书局，1985：65.

② 翦伯赞，郑天挺. 中国通史参考资料近代部分：上册. 北京：中华书局，1985：65.

权。③"今大皇帝准将香港一岛给予大英君主暨嗣后世袭主位者长远据守主掌，任便立法治理。"① 这一条款则是导致香港沦丧 155 年的祸根。④赔偿"英商鸦片损失及水路军费等贰千壹佰万元"。②这一条款的规定，充分反映了清政府的腐败无能以及近代文明中"落后就要挨打"这一荒唐逻辑的客观存在。⑤"凡系大英国人，无论本国、属国君民等，今在中国所辖各地方被禁者，大清大皇帝准即释放。凡系中国人，前在英人所据之邑居住者，或与英人有来往者，或有跟随及俟候英国官人者，均由大皇帝俯降御旨，誊录天下，恩准全然免罪。且凡系中国人，为英国事被拿监禁受难者，以加恩释放。"③ 实际上，这一条款对中国的要求是，无论是在华的英国人，还是为英国人做事的中国人，清政府都应该予以保护与宽容。⑥"前第二条内言明开关俾英国商民居住通商之广州等五处，应纳进口、出口货税、饷费，均宜秉公议定则例，由部颁发晓示，以便英商按例交纳。今又议定，英国货物自在某港案例纳税后，即准由中国商人遍运天下，而路所经过税关不得加重税例，只可按估价则例若干，每两加税不过分。"④ 这一款的内容是"协定关税"。也正是这一条款，导致了清政府的国家主权乃至于经济利益大受损失。

根据后人的研究，可以说"五口通商"为时人最为痛恨者，割地也是最难容忍之事。然而，如果予以反思便可发现，时人乃至于当时的清政府都没有清醒地认识到"五口通商"之地之于清政府的重要地位。甚或更为严重者，身居北京的清廷要员们居然不知道香港位于何处，就更难说其具有怎样的战略意义了。清政府在近于 200 年的太平盛世中，培养出来的"优越感"已经成为愚弄自己的"利器"。他们的海防知识几乎为零。与此同时，时人完全不懂国际形势与"万国公法"，而造成了他们"该争的不争、该放的不放"等可悲

---

① 翦伯赞，郑天挺. 中国通史参考资料近代部分：上册. 北京：中华书局，1985：66.

② 翦伯赞，郑天挺. 中国通史参考资料近代部分：上册. 北京：中华书局，1985：66.

③ 翦伯赞，郑天挺. 中国通史参考资料近代部分：上册. 北京：中华书局，1985：66.

④ 翦伯赞，郑天挺. 中国通史参考资料近代部分：上册. 北京：中华书局，1985：67.

后果。不仅如此，负责签约的伊里布、耆英等道光时代的政府要员，还将与英国的签约视为外交成功的表现；将严重损害中国主权的"协定关税"与"治外法权"等，视为找到了治理"外夷"的捷径。即他们的思维，已经为"协定关税、治外法权"＝"便捷、省事的制夷法"的逻辑所左右。① 由此可见，不平等条约的签订，意味着法制建设已迫在眉睫。

（2）1858～1860 年签订的系列条约，是晚清帝国参入"万国公法体系"的第二阶段。

与前一阶段相比，这一阶段的特点是在签订了一系列不平等条约的同时，清帝国被迫承认了"欧美国际秩序"的存在。这些不平等条约主要包括：《中俄瑷珲条约》（1858 年 5 月）、《天津条约》（1858 年 6 月）、《北京条约》（1860 年 10～11 月）、《中德通商条约》（1861 年 9 月）、《中俄勘分西北界约记》（1864 年 10 月）等。

其中，《天津条约》和《北京条约》的签订应该说最具代表性。从这两个条约签订的背景来说，可以发现它们之所以最具有代表性的根本原因。在"亚罗号事件"（1856 年两广总督叶名琛派兵搜查英商船上的海盗，造成英国发动战争的口实）引发的第二次鸦片战争中，清政府的失败，成为签订条约的直接背景。而引发战争的根源却在于英法等国要求增开通商口岸、要求公使驻扎北京以及减轻关税等。当时中国的实际状况是，北京没有外交部这一处理外交事务的机构，两广总督府似乎成了代理机构。而总督叶名琛的处理方案，却是与时代的趋势相违背的，即他对外国人的请见置之不理。无奈英法等国转而赴两江总督府与天津提出请求，除关税减免一项可以商酌外，其他要求均以无果告终。遂借口"亚罗号事件"，伙同法国发动了第二次鸦片战争。然而，战争爆发后，叶名琛谎报军情，咸丰帝信以为真，并在批示的令文中，强调了"不胜固属可忧，亦伤国体；胜则该夷必来报复……当此中原未靖，岂可再起风波"的妥协政策，使得清政府一败再败。这样，在英法等国进犯天津大沽口之际，清政府被迫于1858 年签订了《天津条约》。一时间，英法联军撤退。但由于条约中有"各国公使常驻北京、外国商船可在长江

---

① 蒋廷黻. 中国近代史. 上海：上海古籍出版社，2010：28.

各口岸往来以及英法人可往内地游历、通商、自由传教"① 等内容，清政府对此耿耿于怀，一直心存希望找机会解除《天津条约》，遂派出桂良与花沙纳到上海进行交涉。交涉未果，于是便派僧格林沁布防于大沽口，并于 1859 年向英法船只开炮。这一举动引发了英法联军于 1860 年再犯大沽口并进犯通州的战事。8 月 21 日通州八里桥失守后，22 日咸丰皇帝仓皇逃往热河，由其弟恭亲王奕訢和步军统领②文祥留守北京，处理议和事宜。原本并无外交经验的奕訢与文祥，在北京就要失守之际，依然承认了英法等国的要求，于 10 月 24、25 日签下了中英、中法《北京条约》。

从《天津条约》到《北京条约》，期间中国与英法经历了三年的战事。在这些条约中清政府处于被侵略的地位，其抗争具有正义性；而另一方则是侵略者，是非正义的存在。但是从消化理解西方近代文明（无论其文明的流播方式如何）之主观意识觉醒的角度观之，如果说《天津条约》签订后，清政府还处在意识觉醒过渡期的话，那么《北京条约》的签订，则成为清政府高官们主动迫近西方近代文明的起点。换句话说，他们已经开始主动地思考西方的国际秩序了，并思考着清政府与西方如何交往才能合乎"规范"等问题。很明显，解决内部建设问题是缩短差距并进入同一规范的前提。因此，政府层面的洋务运动开始了。奕訢与文祥等人，成为政府层面的洋务派代表。

2. 幕末日本被纳入"万国公法体系"

在近代东亚社会，日本回应西洋列强侵略的方式方法，与晚清中国有相似的特征。然而，需要指出的是，幕末日本人的"爱国心"似乎与晚清的人们有所不同，即较晚清中国人更强烈。造成这种差异性的主要原因，有以下两点：①1840 年开始的鸦片战争以及签订的不平等条约，对日本的震动很大，客观上给日本提了醒，使其能够及时根据国际形势的变换考量应对措施；②日本人本身所具有的吸纳外来文化的能力，使之更容易务实、求新、求变。

---

① 中国近代史编写组.中国近代史.北京：中华书局，1983；80.

② 步军统领：原名为"步军统领衙门"，是"提督九门步军巡捕五营统领"的简称。主要负责包围京城、稽查、门禁、缉捕、审理案件以及监禁人犯等。权力之大，相当于卫戍区司令。"九门"概指今天北京地铁的停靠站崇文门、正阳门、宣武门、西直门、阜成门、东直门、朝阳门、德胜门以及安定门等。

　　1853 年的培理来航，是近代日本思想界的标志性事件，是促使整个日本国家意识发生转换的历史事件，它标志着日本参入"万国公法体系"也是消极被动的，这一点与晚清的中国存有共性。确切地说，培理来航事件是西方列强对东亚所进行的又一次殖民侵略活动，也是以"万国公法"为后盾的。日本被迫签订的《日美亲善条约》(《神奈川条约》,1854 年 3 月 3 日)、《日英亲善条约》(1854 年 8 月 23 日)、《日俄亲善条约》(1854 年 12 月 21 日)和《日荷亲善条约》(1855 年 12 月 23 日)等，构成东亚近代史上的第二组不平等条约。这些条约是日本参入"万国公法体系"的开端。

　　其中，《日美亲善条约》是其他条约的蓝本，由 12 条款构成。主要内容有：① "日本与合众国人民缔结永世不朽之和亲，无场所与人品之差别（没有高下贵贱之分、没有所遇场所之别）"。[①] 这一和亲条款是武力胁迫的产物，看似强调两国应该平等对待，实际是殖民强权的集中表现。② "伊豆的下田、松前的箱馆两港对外开放，为美国船只提供淡水、食品、煤炭等"；"合众国的船只在漂流至日本海滨之际，应予以救助，并将漂流民送至下田或箱馆"。③ "漂流民或渡来人的对待问题，应以宽大为准则，不应将其封闭在一隅。但是，他们必须服从正直之法度。"此处的"正直之法度"，是"JUST. LAW"的译语，是与被视为非公正法律的日本锁国法、习惯法相对的一个概念，后来发展为所谓的"治外法权"。④ "倘若日本政府时下给予他国的权利先前不曾给予过美国，美国则同样享有。"这一款的规定，使得美国获得了享有"最惠国待遇"的特权。⑤ "两国政府均存有必须之情态。据此，宜在下田置合众国官吏，并在条约签订 18 月以后履行。"[②] 这一款成为日后哈里斯以总领事身份来日并驻在下田的根据。

　　丁译本惠顿原著《万国公法》曾有条文规定："领事官不在使臣之列，领事官不分与万国公法所定国使之权利。若无和约明言，他国即可不准领事官驻扎其国，故必须所往国君准行方可办事。若有横逆不道之举，准行之凭即可收回，或照律审断，或送交其国，均从地主之便。至有争讼罪案，领事官俱服地方律法，与他国之人民

---

① 清水書院編集部編.新版日本史資料.東京：東京清水書院，1978：185.
② 清水書院編集部編.新版日本史資料.東京：東京清水書院，1978：185.

无所异焉。"这段文字所暗指的意义有四个:①领事官在级别上低于大使、公使;②必须在条约明言的基础上,才有领事官进驻他国的可能性;③领事官在他国如有霸道之举,则将被罢免;④至于诉讼案件,领事官也应该服从该国的法律。在这个意义上,应该说惠顿的《万国公法》中的主张具有一定的正义性。但是,从西方列强在东亚的所作所为来看,其核心主张应有的正义特质被抹杀掉后,而被"活用"到侵略活动上来。

大体和晚清中国的经历相似,以《日美亲善条约》为首的系列不平等条约的签订,是日本被纳入"万国公法体系"的第一阶段。不言而喻,这个阶段在对待"万国公法"问题上,日本与中国的特点也颇为相似。紧接着,美国的驻日总领事哈里斯(1856年9月在下田设立领事馆)以《日美亲善条约》为后盾,利用威逼利诱的外交手段,逼迫日本于1858年6月19日签订了《日美修好通商条约》(该条约的第13条规定:1872年7月4日,根据双方政府的意见,对此条约或神奈川条约及其附件各条尽力协商,或修补或改正)①。不久,荷兰、俄国、英国、法国也依次迫使日本签订了同类条约,这就是日本历史上的《安政五国条约》。通过这一系列条约,西方列强为将日本变为自己的殖民地找到了法理依据。他们强加在日本头上的"领事裁判权"使日本丧失了司法权;"协定关税"则使日本丧失了关税自主权。

从中国与日本的情况分析,当西方殖民主义者用枪炮轰开东方各国大门的时候,两国面临着同样的命运,即因不平等条约丧失了诸多国家主权。然而与中国不同的是,日本在试图摆脱殖民地危机时,急欲把自己构建的殖民枷锁套在东亚其他民族的头上。因而从东亚国际关系近代化的进程来说,日本在摆脱原有"华夷秩序"的束缚、凭借公法与强权步入"万国公法体系"上表现得非常鲜明。

3. 朝鲜被纳入"万国公法体系"

与中国、日本进入"万国公法体系"所不同的是,朝鲜半岛进入该体系不是由西方列强的武力强迫所为,而是日本威逼利诱的结果。

起初,西方列强在觊觎中国与日本的同时,对朝鲜半岛也垂涎

---

① 乾宏巳编集. 史料大系 日本の歴史 第6卷 幕末. 維新.

三尺。以法、美为首的帝国主义也曾向李氏朝鲜提出通商要求,而当时执政的大院君①固守锁国政策予以拒绝。

法国向朝鲜扩张势力是以天主教徒的布教活动为掩盖的。因此,大院君在1866年下令对天主教徒进行镇压,将9名法国神父和8000多名教徒处死。此即朝鲜历史上的"丙寅邪狱"事件。这一事件,被另外3名法国神父报告给驻在中国的法国公使,法国遂派七艘军舰多路进攻江华岛与汉江。由于朝鲜方面准备充分,激战两个月后,法军不敌被迫撤退。这是朝鲜历史上的"丙寅洋扰"事件。1871年,美国亚洲舰队司令罗杰斯率领五艘军舰来到江华岛近海要求通商,却被朝鲜军队击退。这是朝鲜史上的"辛未洋扰"事件。②

两次击退洋人的事件,大大鼓舞了大院君,增强了其锁国攘夷的决心与意志。然而引人注意的是,法国、美国等帝国主义势力虽在中国、日本频频得手,而在朝鲜却遭遇了滑铁卢。究其原因可以认为,除了列强各自内政问题掣肘外,朝鲜民族性格中的"凝聚力与战斗力"成为击退洋人的精神因素。这是朝鲜半岛在近代之初遭遇外敌来临之际的实际情况。

最终将朝鲜纳入"万国公法体系"的力量,来自东亚内部的日本。明治维新后,日本的国力渐强,随之野心也逐渐膨胀。日本多次要求与朝鲜签约,大院君政权则以"倭洋一体"的认识,予以拒绝。可是到了1873年,情况发生了转变。朝鲜内部因争权夺利,导致曾断然执行彻底锁国攘夷的大院君在政治上失脚下野。其后,高宗的王妃闵氏集团掌握大权。在外交上,新政权抛弃了大院君的锁国政策转而采取开国政策。但是,这个开国政策并非在认识到与西方差距后想要富国图强的政策,而是为了应付国内反对派而不得不采取的措施,确切地说是内政上的窘境在外交上的反映。这一切恰

---

① 大院君:1392~1910年是朝鲜历史上的李氏王朝统治时期,前后经历27代国王,统治长达518年。在朝鲜史上,儿子虽然继承王位,父亲却失去机会,遂把没有机会继承王位的父亲称为"大院君"。例如,第13代国王明宗无子,侄子宣祖即位为14代国王,因而宣祖之父德兴君被追尊为"德兴大院君"。而朝鲜近代史上的大院君则特指27代国王高宗的父亲,当时被尊称为"兴宣大院君"。因为1863年其子即位时只有12岁,不能处理朝政,因而大权便落入了父亲大院君手中。在外国势力的介入下,大院君派与高宗的王妃闵氏集团之间对立并演绎了一幕幕朝鲜政变史。

② 朱立熙.朝鲜史.台北:台湾三民书局,2010:156.

好为一直觊觎朝鲜的日本提供了便利条件。1875年，日本开始践行将遭遇美国炮舰示威而被迫开国的经历强加到朝鲜头上，4月21日派出了"云扬号"为首的军舰进犯朝鲜的釜山与江华岛一带，在那里进行勘察、测量与挑衅；8月21日，接受了进攻朝鲜首都汉城任务的"云扬号"军舰，再次来朝并迫近江华岛的草芝镇炮台进行挑衅，遭到守备兵的炮袭，这就是著名的"云扬号事件"。1876年，日本以追究"云扬号事件"为借口，派出了特命全权大使黑田清隆和副使井上馨在江华岛强行登陆"兴师问罪"，并迫使朝鲜签订了《日朝修好条规》，亦称《江华条约》。

该条约虽然只有12款，但是根据第一款"朝鲜国自主之邦，保有与日本国平等之权。嗣后两国欲表和亲之实，须以彼此同等之礼相待，不可好友侵越猜嫌。宜先将从前为交情阻塞之患诸例规一切革除，务开扩宽裕弘通之法，以期永远相安"① 等诸多内容。其中有两点足以引起我们的注意：①表面上，一开始该条约便是在"万国公法理念"与"近代国家主权"的法律指导下展开的；②条款中想要革除的"阻塞交情之诸患例规"，实际暗指东亚传统的"华夷秩序"以及中朝之间坚固的宗属关系。第二款内容为"日本国政府自今十五个月后，随时派使臣到朝鲜京城；朝鲜国政府亦随时派使臣到日本国东京。商议交际事务。"第五款为"京圻、忠清、全罗、庆尚、咸镜五道中，沿海则便通商之港口二处，指定地名。"第七款为"朝鲜沿海岛屿岩礁，极为危险。准听日本国航海者随时测量海岸。"② 由此可见，日本的目的相当明确，第一步假借近代国家主权说，鼓吹朝鲜自立从而使其摆脱清政府的庇护，继而要求互派使臣驻留、开港通商以及借口"朝鲜沿岸多岛屿礁石"而争得在朝鲜海岸随时进行测量的"合法权益"。此外，第八条款的"于朝鲜国指定各口设置管理日本国商民之官"与第十款的"日本国人民在朝鲜国如其犯罪交涉朝鲜国人民，皆归日本官审断"③，实际是列强在日本

---

① 伊原泽周. 近代朝鲜的开港—以中美日三国关系为中心. 北京：社会科学文献出版社，2008：93.

② 伊原泽周. 近代朝鲜的开港—以中美日三国关系为中心. 北京：社会科学文献出版社，2008：94.

③ 伊原泽周. 近代朝鲜的开港—以中美日三国关系为中心. 北京：社会科学文献出版社，2008：94.

获得的"领事裁判权"与"治外法权"的翻版。在这个意义上,《江华条约》乃不平等条约的性质就无须言明了。

由于《江华条约》并非是欧美列强"作为"的产物,因而带来了学者们对朝鲜真正开国时间的理解上的歧义。① 然而,《江华条约》是朝鲜为吸收西洋文明向近代化迈进的开端,也是其向国际舞台出发的第一步,这种认识似乎没有异议。不仅如此,《江华条约》的签订还标志着朝鲜被纳入"万国公法体系"。1882 年被迫签订的《朝美修好通商条约》则是使朝鲜深深嵌入该体系的不平等条约。

可见,在时间上东亚各国进入"万国公法体系"是按照"中国—日本—朝鲜"的先后顺序展开的,三国参入"万国公法体系"均是在武力胁迫与威逼利诱的情况下完成的,侵略者均以"万国公法"为法律武器。但是,在晚清中国与朝鲜半岛被纳入"万国公法体系"的初期,两国在意识上仍处于模糊不清的状态。与此相反,日本表现出较为清醒的认识并对国家的发展方向作出相应的调整。概括说来,在受到西洋列强凌辱后,日本近代国家意识发生了变化。藩阀官僚们所抱有急欲摆脱列强束缚的愿望,化作了建设国家的动力。这样,他们在追求目标时,将日本的国家发展类型指向"要成为西洋类国家"。在这种心理驱使下,东亚国际关系变得更加扑朔迷离了。

---

① 金凤珍将《江华条约》规定为朝鲜形式上开国的标志,而将 1882 年的《朝美修好通商条约》视为"实质上"开国的标志。伊原泽周则认为,《江华条约》是朝鲜与外国签订的最初的条约,是日本开港的标志;1882 年的《朝美修好通商条约》则是朝鲜对外全面开放、走向世界的第一步。

第七章　近代之初东亚国际关系的特质

"华夷秩序"在"万国公法体系"的冲击下走向解体之际，不断追问本国面临的主要任务等，成为摆在东亚各国官僚面前的难题。同时，在对这一难题进行解决时制定的政策与采取的行动等，构成近代之初东亚国际关系的主体内容。

概括地说，东亚三国面临的主要任务是迅速摆脱民族危机，废除不平等条约。因时间上中日两国进入"万国公法体系"较朝鲜早，相应地两国在寻求解决问题的动作上也要早于朝鲜。然而，从与西方对抗的角度来看，问题解决得都不好，晚清中国逐渐加深了半殖民地半封建社会的程度，而日本则在努力寻找修改条约的途径之余把目光对准了东亚各国。因而，客观上造成了从内部破坏东亚"华夷秩序"以配合列强的现实，使得东亚国际关系复杂化。具体说来，近代初期东亚国际关系的特质由下述的三节内容构成。

第一节　中日关系中的心理较量

中国在近代之初的一应遭遇，对日本人思考国家建设时的影响很大。有鉴于此，日本人在"西力"面前迅速转换思维，产生了急于摆脱东亚传统国际秩序的愿望。在外部行动上，表现为日本积极与欧美列强周旋修改不平等条约。在东亚内部，日本为了最终成为欧美列强那样的国家开始对邻邦实施侵略，沿着缔结平等条约以追求与清政府的对等地位，进而以此为基础获取名义上优于朝鲜的道路上前行。

在这一时期的中日关系上，日本以"刺探中国的虚实和争朝鲜为第一步"。[1] 而清政府的官僚们对日本的真实用意并非十分清楚，例如在《安政五国条约》签订 12 年后的 1870 年，明治新政府派出外务大丞柳原前光等人前来订约。围绕柳原前光的订约事宜，清政府官员逐级上奏，并在奏折中充分地暴露出对日本估计的偏差，以及带有单方面设想构建中日关系的矛盾心理。

---

[1]　王芸生．六十年来中国与日本．北京：生活·新知·读书三联书店，2005：5.

三口通商大臣①成林的奏折最先触及了与日本的订约事宜。同治九年九月二十一日（公历 1870 年 10 月 15 日）的《成林奏日本差官柳原前光来津递函折》，是探讨近代中日关系可以仰赖的最初的官方文件。奏折内容如下：

"署三口通商大臣大理寺卿成林奏：

窃奴才于九月初三日，接据江苏苏松太道涂宗瀛禀称：据日本国翻译官蔡祐良、橘正宏等，持长崎县来书，以该国差官柳原前光等均已到沪，定期相见。该道随即与该国差官晤会，据称，此次赴京，系为投递总理各国事务衙门信件等情。即于初五日，据津海关委员连兴等禀称：日本国差官柳原前光等五员，仆从八名，乘搭美国轮船，由上海到津，寄居旗昌洋行，并据该差官等投递公文，欲与奴才会晤。经奴才照覆，约于初七日，在奴才署中见面。是日，柳原前光、花房义质、郑永宁、尾理政道、名仓信敦五员名来署，与奴才接晤。该差官等礼貌恭顺，言词驯谨，并声称：奉伊国外务卿之命，赍送总理各国事务衙门信件。将函匣呈出，奴才未便拆阅，询其信中何语？据覆：商议通信事宜，以为他日定条约之地。当经奴才告以：从前泰西各国入华定约，均系在津守候，先由通商大臣呈报总理衙门，奉到示覆，始能议办一切。该差官等词婉意坚，总以赴京为荣，且计由津至京甚近，不敢以亲投之件假手于人，意在必行，似恐奴才故为阻止，允即函请总理衙门示覆。

奴才即于次日（初八日），率同海关委员连兴等，赴该差官等寓所答拜。先饬连兴等，将泰西各国历次来津订（定）约成案，一一指陈，详明告谕。复经奴才开诚布公，剀切晓谕，并称扬彼国久有修好之意，尔等此次前来，虽属通信议约，正为尔国自谋之计，何得坚执己见，故违中国向章。况通商大臣议约是专责，若舍通商大臣不向与议，越次进京，投谒总理衙门王大臣，势必拒见，与其徒劳往返，曷若代为呈递。该差官等闻奴才详晰开导，其入京之意，

① 三口通商大臣：1861 年 1 月，清政府为了处理外交事务，咸丰帝批准成立了"总理各国事务衙门"，简称"总理衙门"。其下，在天津增设"三口（天津、牛庄后改为营口、登州后改为烟台等为三口）通商大臣"，掌管北方洋务及海防事宜；在上海增设"五口（掌管福州、广州、厦门、上海、宁波及琼州、潮州、淡水等地通商事务）通商大臣"，后改为"南洋通商大臣"。"三口通商大臣"由崇厚任职 10 年，后因处理天津教案事宜，由成林代理。后来直隶总督李鸿章兼任该职后，机构改名为"北洋通商大臣"。

始即中止。复经奴才将接准总理衙门来函,备文照会该差官去后。旋据该差官等备具照覆,以深悉前事与历次办过成案不符,即据奴才相告之言为凭,将所齐伊国书函求为转递,在津守候回文等情前来。奴才查该差官等,既知遵照向章,不复坚执进京,是其已知理法。当经奴才备文,将日本国差官所递书函,派弁齐赴总理衙门呈交。俟接准回文,作何办理之处,再行遵照核办。理合会同协办大学士直隶总督李鸿章具奏。

御批:该衙门知道。

九月甲申[二十一日,公元十月十五日]"①

归纳起来,这份奏折的核心要点有三个:①柳原前光一行来华的预定行驶路线:先到达上海,然后从上海搭乘美国轮船赶赴天津,最后目标地是北京。而到达天津后,赴京计划搁浅。②来访的目的在于:递交日本外务卿之国书,"商议通信事宜,以为他日定条约之地"。③成林以中国的订约程序相告,将柳原前光的行为暂时规范在晚清中国所谓的"理法"之中,迫使其同意由三口通商大臣代为呈递国书。

据史料记载,日本国书的主旨也存有三个层次的内容:①力说世易时移,以"近代思维"要求中国顺应世界潮流。国书宣称"方今文明之化大开,交际之道日盛,宇宙之间,无有远迩矣。"②鼓吹订约乃世界大趋势,主张在地缘相近的中日两国应该最先订约。"我邦(日本)近岁与泰西诸国互订盟约,共通有无,况邻近如中国,宜最先通情好,结和亲,而唯有商舶往来,未尝修交际之礼,不亦一大阙典也乎。"可以看出,此时的日本人在对"万国公法"的理解乃至于活用上,远在清政府官员之上了。③书信还阐明派出柳原前光等在时间上稍有迟缓的原委。"我邦(日本)政治一新之始,即欲遣钦差公使修盟约,因内地多事,迁延至今,深以为憾焉。兹经奏准,特遣从四位外务大丞藤(柳)原前光、正七位外务权少丞藤原(花房)义质、从七位文书权正郑永宁等于中国豫前商议通信事宜,以为他日我公使与中国定和亲条约之地,伏冀贵宪台下款接右官员等,取裁其所陈述。"②

---

① 筹办夷务始末(同治朝八),卷77. 北京:中华书局,2008:3120.
② 筹办夷务始末(同治朝八),卷77. 北京:中华书局,2008:3132.

对此，清政府在"给日本国外务卿照会"中，以中国与日本"久通和好"为由，以"大信不约"为指导理念，予签约请求以委婉相拒。该照会文书亦从三个层面予以回复：①告日本外务卿已知晓日本意欲签约本意。"同治九年九月十四日，由三口通商大臣转递到贵国从四位外务权大丞柳原前光等带来信函。备陈商议通信事宜，意与中国通商，修交际之礼，为他日定条约之地。"②告日本外务卿，自同治元年起，日本商人已数次来华通商，并在理念上强调这种交际方式最为妥当。"查同治元年（1862），据上海道禀称：贵国头目助七郎等八人，带领商人 13 名，携有海菜等物，来上海贸易。迨三年（1864）四月，贵国官锡次郎等，复携带货物数种，在上海贸易而回。足征中国与贵国久通和好，交际往来，已非一日。缘贵国系邻近之邦，自必愈加亲厚。贵国既常来上海通商，嗣后仍即照前办理，彼此相信，似不必更立条约，古所谓大信不约也。"③告知日本外务卿，"通商不约"比之西洋的立约通商更为简便。"贵国货物到上海时，先行通知上海道，验货纳税，两无欺蒙，自可行诸久远。似较之泰西立约各国尤为简便。此乃中国与贵国格外和好亲睦之意，谅贵国必洞悉此情也。"①

可见，在成林上奏后，经总理衙门王公大臣们的商讨，最后给出的"照会"等文书，在本质意义上，说明晚清政府已经在"万国公法体系"之内思考中日关系了。只不过在选择方向上，是对原有中日关系的肯定，对"万国公法体系"的否定。

然而，成林的奏折给后人留下的理解难题是：让日本也按照西方来华订约的程序递交书信，是否意味着晚清中国的官僚们已经将日本与欧美列强等同视之了？总理衙门出具的带有谦逊礼貌的"照会"措辞，是否已经在非法律的意义上承认了中国与日本具有平等地位？同时可能带来的相关问题是，如果以中国为圆心来考虑问题的话，日本是否已经被放到了圆周上并与其他国家一样在处理与中国的关系上彼此具有对等性？在这个意义上，可以认为，成林的奏折与日本的国书以及总理衙门给出的"照会"等文书，在近代之初中日关系思想史上的价值更为重要。

很显然，这一"照会"文书给出的答复与日本的实际构想相去

---

① 筹办夷务始末（同治朝八），卷 77. 北京：中华书局，2008：3132.

甚远，这便给予了极富表演天才的柳原前光以充分展示的空间。实际上，在清政府给出这个照会前，柳原前光就已在发挥他的表演才能了。

在态度上，他继续以"礼貌恭顺、言词谨驯"应之；在实际效用上，则以暗含的"中日联盟抗敌"的说教诱惑李鸿章；继而暗示欲请"英法居间调停"的手段迫使清政府同意签约。关于这一点，有学者指出，柳原前光曾"以所议未协，再三恳请"①，并与李鸿章、成林等人悉心周旋，以求达到目的。

《奕䜣等又奏议覆成林奏日本来函折》有如下记载："……旋于（九月）十四日，据成林覆称：日本差官进京之举，经成林详切开导，已允中止。并将该国书函原件，专送到臣衙门。……臣等悉心酌核，泰西各国既准通商，该国（日本）与中国，尤为邻近之邦，自难歧视。"可以看出，"近邻之邦，自难歧视"的措辞，表明在参入"万国公法体系"之际清政府的高官已为自己植入了"日本乃一独立主权国家"的理念。

紧接着，奕䜣在奏折中援引李鸿章的函件内容阐述联日抗敌（西洋列强）的必要性。"正核办间，复接据直隶总督李鸿章函称：日本距苏、浙仅三日程，精通中华文字，其甲兵较东岛各国差强。现以英、法、美诸国，受其欺负，心怀不服，而力难独抗。中国正可联为外援，勿使西人依为外府，宜先通好，以冀同心协力等语。"② 柳原前光的诱惑说教，与李鸿章的忧国意识产生共鸣，因而萌生了欲与日本"同心协力"的想法。在中国遭受列强屈辱蹂躏之际，在急欲解救民族危亡的时刻，这种想法，是所有主持外务事宜的晚清大臣们的普遍价值取向。换言之，东亚的普遍遭遇，使得急于抓住救命稻草的李鸿章等人，根本来不及深入思考日本人的真正意图。

然而，总理衙门仍以儒家思想中的"诚信"说教，重申"彼此相信，不必立约"予以婉拒。其主要是担心陷入"因立约而受要挟"的境地。对此，柳原前光以"其意甚坚，其词极婉"的态度，与李

---

① 王芸生. 六十年来中国与日本第一卷. 北京：生活·新知·读书三联书店，2005：31.

② 筹办夷务始末（同治朝八），卷77. 北京：中华书局，2008：3130.

鸿章及成林等人继续周旋,其"委婉措辞"中带有拿英法为"护符"的言语威胁相暗示。这在《奕䜣等奏已允日本定约折》中转述成林等上奏内容中便可见一斑。"本月十月初六日,复据成林函称:于接奉谕旨后,旋面晤日本差官(指柳原前光),陈说多方,往复再四。该差官等持论甚坚,一若不允所请,难以回国销差。中国商民,在该国贸易者甚多,该国与泰西各国通商,无不立约。中国因未立约,故诸事每形掣肘,常为泰西各国所欺凌。该差官等来时,泰西各国复谓:西邦各小国,向系邀我等大国同往,方得允准,如径前往,中国必不即允。今果不允,必将为所耻笑。"① 首先,柳原前光以不订条约回国难以交差为由,苦求成林与李鸿章等人;其次,他强调如果不订条约,在日本从事贸易活动的中国人的切身利益将难以得到保护;再次,他进而以英法等国帮助西洋小国完成与他国签约事实相要挟,暗示李鸿章等人,日本也有联合英法以达到与中国签约目的的可能性。

柳原前光的这一手段的确引起了清政府高官的心理变化。因为在西洋小国与中国订约之际,英法等国就起到过"护符"作用,他们遂开始担心日本效仿并投入到英法等国的怀抱中去。一时间,总理衙门的对日交涉陷入了心理困境,即在"异日该国(日本)复浼(央求)英法为介绍,彼时不允则饶舌不休,允之则反为示弱"与"在彼(日本)转声势相联;在我反牢笼失策"的两难境地中徘徊。最后下定决心"明示允意,以安其心"。

可见从心理层面讲,日本代表柳原前光为了达到目的大搞心理战术,而清政府代表李鸿章等人也在盘算着为摆脱危局而如何利用日本。在双方心理活动的驱使下,柳原前光凭借表面的谦恭与戏作性的外交技巧,"感化"清政府官员,使其不断上奏与复奏,最终使得订约问题得到了明确的答复。这场心理战的经过似乎更能说明,在这一轮的角逐中,由于思想意识的落后与敏感性的强弱差异,清政府的官员们以失败告终。

在近代中日关系史上,清政府的官员们在起点上就遭遇了失败。1871 年 9 月 13 日签订的《中日修好条规》,将这种"失败"以条约的形式确定下来。实际从双方全权代表(李鸿章与伊达宗城)的正

---

① 筹办夷务始末(同治朝八),卷 78. 北京:中华书局,2008:3158.

式接触到条约的签订，花费了长达两个月的时间。最后在天津签订了具有 18 款内容的条约及具有 33 款内容的《中日通商章程》。① 所以大费周折，原因在于日方想仿效西方将不平等特权纳入条约之中，而清政府则据理力争予以反对。但关于条约的性质，许多研究者将其认定为"近代中日两国第一个平等条约"。

如果从条约的文面看，这种认定是准确的，无可非议。但是表面的公允掩盖不了侵略的实质，从以后两国的实际行动看，清政府在应对西方列强的现实形势下，应该说连享受《中日修好条规》中所列各条款的"能力"都不具备。② 与之相反，日本在单方面享受该条约种种规定的同时，不断以此为依凭，为其窥探清政府的实情创造条件，并频频向清政府施压。1873 年，日本外务卿副岛种臣来华换约的同时刺探情况，为侵略台湾准备了条件。在这个意义上，很难再说条约是平等条约了。

综上所述，在近代之初的中日关系上，由于日本对"万国公法体系"理解得透彻，因而决定了其在利用"万国公法"上达到了极致。相反，清政府在儒教大一统的观念指导下，固守己见，虽有签约，但未有细心对待使得其被日本甩在了后面。所以，《中日修好条规》既是根据"万国公法"以规范中日关系的条约，又预示了此后中日关系的主导权转到了日本方面。不仅如此，这一时期的中朝关系也是有力佐证。

第二节　中朝关系的无奈与哀愁

东亚的"华夷秩序"，在本质上是以儒家理念为根基的"宗藩体制"。维系该体制的是"上下等级身份、礼仪以及亲情"。③ 宗主国有义务保护附属国的一应权益；附属国则在奉正朔、朝贡册封等事务上从不怠慢。当"万国公法体系"在东亚地域流播与扩散之际，中国原有的周边属国同宗主国一样，纷纷沦为半殖民地，并有属国从原有的"华夷秩序"中游离出去。在所有的属国当中，无疑中朝

① 王芸生．六十年来中国与日本：第一卷．北京：生活·新知·读书三联书店，2005：45.

② 詹子石．帝国主义侵华罪行录——中国近代史上的不平等条约选编．济南：山东人民出版社，1986：95.

③ 张存武．清代中韩关系论文集．台北：台湾商务印书馆，1987：170.

的宗藩关系最为牢固。然而，在与"万国公法体系"遭遇并发生冲撞之际，来自朝鲜的诸多奏折与咨文等，无不证明了朝鲜对清政府的"铁杆忠诚"。与之相对，每况愈下的清政府，在保护属国上的"无力"与"软弱作为"，不仅言说了清政府在对朝问题上的无奈，似乎还在诉说着中朝宗藩关系已穷途末路的无尽悲哀。

确切地说，从西洋列强觊觎朝鲜半岛的那一刻起，朝鲜与清廷的联系就更加密切了。从朝鲜上报给清政府礼部、总理衙门的咨文，以及由礼部、总理衙门再上奏给皇上的奏文来看，更能说明中朝间的主仆关系及应对西方列强的政策变化。

从受到外部势力威胁的角度说，1866 年是朝鲜近代思想史上具有特殊意义的年份。3 月份开始的大院君下令捕杀 9 名法国神父及 8000 余名朝鲜天主教徒的"丙寅邪狱"事件，直接诱发法国进犯江华岛及被击退的"丙寅洋扰"事件。7 月份，美国船只"舍门将军号"① 来犯而被击退的"丙寅洋扰"事件，也发生在这一年。因而仅一年内，礼部及总理衙门接到的朝鲜咨文，以及其后上奏关于朝鲜事宜的奏文等多达 13 件。从文件的内容来看，多以咨询、禀报以及为朝鲜面临的危局寻找对策为主。

（1）围绕法国来犯事宜的相关文件。

1866 年 8 月 1 日，《礼部奏法将与朝鲜构兵拟行文该国王查照片》：

"礼部奏：

准总理各国事务衙门咨开：法国与朝鲜构兵等因前来。臣等查朝鲜之于中国，奉朔称臣，数百年来，至为恭恪。兹与法国将有构兵之衅，虽经总理各国事务衙门排解，似应行知该国，使之熟思审处，计出万全。臣等公同商酌，拟由臣部行文朝鲜国王查照，以示朝廷眷顾藩服之意。军机大臣面奉谕旨：依议。"②

按时间推测，这个奏折应该是同年 7 月就"丙寅邪狱"事件，法国驻华公使照会总理衙门后，由礼部将法国伺机报复的消息知照

---

① 1866 年从中国芝罘港出发前往朝鲜要求通商的美国船只，船长及驾驶员由美国人担任，水手多为中国人，同乘人员还有英国传教士托马斯（中文名崔兰轩）。该船在朝鲜爱国志士袭击中焚毁。

② 筹办夷务始末（同治朝五），卷 42. 北京：中华书局，2008：1788.

朝鲜的文书。知照朝鲜的理由有两个：①"朝鲜之于中国，奉朔称臣，至为恭恪"，这是宗藩关系的主要特征；②"使之熟思审处，计出万全"，这是清政府在谋划应对策略上，应尽的保护国义务。

而在朝鲜方面，则对清政府的依赖心理浓重起来。1866 年 9 月，李氏朝鲜国王高宗李㷩给礼部送来了一份咨文，其情实可查：

"为沥陈情形咨覆事：

同治五年七月初七日，承准贵部咨：准总理各国事务衙门咨开，法国、朝鲜构兵等因，并礼部请旨一折。同治五年六月二十一日，准军机处交片，军机大臣面奉谕旨：依议。钦此。钦遵知照到部。为此抄录原奏，知照朝鲜国王查照可也等因。奉此。窃念小邦偏荷圣朝天地覆帱之恩，报答无阶，北望攒颂。迺又诸大人仰体皇上字小之德，俯谅敝邦事大之诚，既纡总理衙门之排解，至蒙贵部行文查照，感极涕零，罔知攸谢！兹具事实本末，冒渎私悃。敝邦自昨冬（同治四年，1865）以来，有凶徒匪类，聚党纠结，潜图不轨。遂乃掩捕，则异国人八名，不知何岁冒越，衣冠言语，与东国无别，甚至奸昵妇女，幻形匿跡，久处敝境，借曰传习其教，又安用此秘诡为哉？异国人之漂到敝邦者，尽行护还，至若无公凭潜越者，一切置辟，原系成宪。假使敝邦之人潜入他国，冒禁煽诳，民国舆（舆）受其害，则他国必锄诛无疑，敝邦亦不当一毫致憾，靖封疆，严邦禁，易地则皆然矣。

敝邦与法国隔以重溟，不通书契，抑有何旧怨夙嫌，忍行此诛殛之举乎？盖藩臣无外交，关市讥异言，尤系守邦之彝典。小邦粗知义分，恪守侯度，而今此法国之执言寻衅，诚图虑之所不及也。敝国僻远，全昧机会，而幸蒙诸大人之排难解纷，教之以熟思万全之计，此诚格外眷佑之盛德至意也。冀藉隆庇，永获妥靖，环东臣庶，相与聚首忻祝，容俟前头使行，称谢忱悃，兹先备悉事由，烦乞贵部照祥转奏施行。"[1]

针对朝鲜国王的咨文，1866 年 9 月 29 日《礼部奏朝鲜国王李㷩齐到咨文抄录呈览折》将上述来自朝鲜国王的咨文原文呈给军机大臣。主要内容如下：

"礼部奏：

---

[1] 筹办夷务始末（同治朝五），卷 44. 北京：中华书局，2008：1846.

准朝鲜国王李熙差来齐咨官吴庆锡齐到咨文一件，臣等公同查阅，系因本年［五年］臣部据总理各国事务衙门咨称：法国似欲与朝鲜构衅，已为排解。臣等于六月二十一日（上述 8 月 1 日的奏文）请行文知照等因，该国王于七月初七日接奉部咨，兹复遣齐咨官来京，自伸其感激天恩之意，并沥陈事实情形，先行移咨臣部。臣等不敢壅于上闻，谨据情转奏，理合抄录原咨，恭呈御览。

军机大臣面奉谕旨：该衙门知道。"①

接着，1866 年 10 月 1 日，在《奕䜣等奏议覆礼部朝鲜国王来咨折》中有如下内容：

"总理各国事务恭亲王（奕䜣）等奏：

本月（八月）二十日（即阳历 9 月 29 日），军机处交出礼部奏，朝鲜国王李熙咨请代奏谢恩一折。军机大臣面奉谕旨：该衙门知道。钦此。查法国使臣伯洛内，自接臣衙门照覆力为排解后，已阅数月，未据照覆，是否愿与罢兵，抑尚凭借师船观衅，臣等无从臆揣，第事关军务，朝鲜国自应妥为处置，不可稍有大意，贻误事机。除将现在未据法使照覆缘由，密咨礼部行文朝鲜国王知照外，理合具奏。

御批：依议。"②

（2）围绕英商来朝要求通商之咨文。

在朝鲜国王向礼部递交咨文后，礼部、总理各国事务衙门以及军机大臣等层层奏请的奏文等，虽然努力地为朝鲜应对外族入侵寻找解决方案，但是随着法国正式出兵，中朝两国的应对措施均告失败。这与中朝两国对法国的估计不足有关。1866 年 11 月 8 日的《礼部奏朝鲜国王李熙齐到咨文抄录呈览折》以及《朝鲜国王李熙给礼部咨文》的全文足以说明问题。

整个咨文对 1866 年 2 月以来洋人来犯的实情进行了勾勒：①阴历二月十二日，英国船主马力胜驶船来海美县西面调琴津后洋，意在通商。遭拒后于十五日离开北去。②六月二十六日，英国商人戴拔前来海美县西面调琴津后洋，"抵书于海美县监（金膺集），申言进献货物及交易等"。遭拒后于七月初三撤离往西南方向。③七月十一日，英国商人戴拔的船只抵达江华府月串津鸼岩墩下，意在"专

---

① 筹办夷务始末（同治朝五），卷 44. 北京：中华书局，2008：1845.
② 筹办夷务始末（同治朝五），卷 44. 北京：中华书局，2008：1847.

求通商，并无别情"。因朝鲜方面给予的答复"我国之法，上国无许施之公文，则不敢擅便"，在英商请求朝鲜代为向大清申请通商公文遭拒后，于七月二十日发船离开向南。④同年七月根据平安道观察使朴珪寿①的汇报，十一日英国人崔兰轩的船只来平壤府草里坊新场浦口，宣称六月二十一日曾得到大清国允诺英国与朝鲜通商交易的咨文，并借此以要挟朝鲜。据称该船上有 5 名洋人，清国 13 人，乌鬼子 2 人。七月二十四日，该船只向朝鲜发炮，彼船 20 人尽数就死。

除此之外，咨文还披露了朝鲜对待洋船态度的理由。这些理由是当时朝鲜人心理状态的真实反映：①对大清国的赤胆忠心。凡朝鲜的诸宪章、律令、条约、法禁，悉尊皇朝敕咨而行之，且对大清国毋敢违越。②对崔兰轩所言持有大清国咨文的措辞抱有怀疑。③朝鲜信奉的"道"是尧、舜、禹、汤、文、武、周、孔，学问上尊崇的是诗、书、礼、乐等，因此难以接受天主教等异教。②

对于朝鲜国王的上述咨文，1866 年 11 月 12 日的《奕䜣等奏议覆礼部朝鲜咨陈洋舶情形折》给予了回应。表示针对英商赴朝要求通商一事，"中国只有随时阻止，实无准令朝鲜通商之文，英人所云中国咨文蹑后发船之说，显系捏造。"然而，在言及法英美进犯朝鲜的事实时，该奏折中的忧虑跃然纸上。在强敌压境的情势下，清政府对于属国朝鲜的应对外夷之策，悄然发生变化。即奏文有内容称：

"臣等查法国自与朝鲜用兵之后，其与从前只要求传教局面不同，英、美虽闻前有劝阻之言，顷又复与朝鲜构衅。将来通商之说，势必持之愈坚，且既经用兵，如欲讲解，势必又有兵费之议。三国駸駸乎已有相合之势，就目下而论，则法国为甚，而英次之。此时若由臣衙门再给英、法二国照会，措词之间稍露痕迹，该二国未必遽就范围，即使能有转圜，亦必以通商、传教、赔偿三事相责。今朝鲜原咨既深以通商传教为不可行，是否亦曾虑及利害？特赔偿一

---

① 朴珪寿（1807～1876），朝鲜近代著名的实学家及开化派。在 1860～1870 年，历任地方及中央要职。1862 年任庆尚道安抚使。1866 年任平安道监司，指导进攻不法入侵大同江的美国船只"舍门将军号"获胜。截止 1871 年，负责起草对清国礼部的关于洋扰事宜的一应咨文，并负责答复美国的责问与同上要求。1861 年与 1871 年，曾作为"燕行使"先后两次来清朝，与清朝政界及学界人士交友。

② 筹办夷务始末（同治朝五），卷 45. 北京：中华书局，2008：1885.

节，其害亦复相等。臣衙门亦断不能于朝鲜稍涉勉强，相应请旨饬下礼部，应如何咨照朝鲜国王计出万全之处，务须妥为处置，不可稍有大意。除由臣衙门随时相机酌办外，谨再恭折密陈。"①

可以看出，因担心法、英、美三国联合迫使朝鲜开国通商，清政府在对朝政策上开始转变，既由全程包揽式的对朝政策转向尊重朝鲜意愿并由其独立定夺。

（3）围绕法朝关系的相关文件。

1866年11月12日，在《奕䜣等奏议覆礼部朝鲜咨陈洋舶情形折》等文书的同时，又上《奕䜣等又奏又接法使照会片》等奏文。该奏文告知清政府接收"法国欲出兵朝鲜的照会"、"指责朝鲜杀害法国传教士的告示"以及给予法国使臣的"给法署使伯洛内照会"等。

其中，《法国告示》的原文如下：

"为晓谕事：照得高丽国王残暴不仁，擅杀本国主教并传教士数员及教民男妇老幼多命，揆度情理，发指难容。因此本军门声罪致讨，先带本营水军前往该国征剿，所有西海沿通该国京城之河各口，早经本营兵船堵塞，把守一切。别国船只暂停前往，倘有故违强进者，应即按照各国军例严办。为此特示。"②

针对法国公使的照会及告示，清廷在《给法署使伯洛内照会》中予以辩驳：

"六月初五日，本爵以朝鲜国杀害教众一事，似可先行据理查询，不必遽起兵端，照覆贵大臣在案，至今未荷覆知。兹于本月（九月）十六日，接据贵大臣照会内称：现准本国水师提督来文，移送该员所出告示一张等因。……至两国交兵，均关民命，该国僻处海隅，向知谨守，此次何以杀害教民，贵国是否曾经查询，可否先行详究情由，无庸遽行攻战，以全两国民命之处，统希贵大臣查察可也。"③

可以看出，清政府想履行宗主国的保护职能，在无力控制法国势力的现实条件下，只能以"两国交兵，均关民命，详究情由"的

---

① 筹办夷务始末（同治朝五），卷45. 北京：中华书局，2008：1894.
② 筹办夷务始末（同治朝五），卷45. 北京：中华书局，2008：1896.
③ 筹办夷务始末（同治朝五），卷45. 北京：中华书局，2008：1896.

措辞寻求解决问题的办法。这种办法背后的思想实质，是儒教式的，是仁义道德的说教。

然而，法国使臣伯洛内在 1866 年 11 月 26 日的照会中阐释：①没有及时照覆，只因"格外情由难覆"。②针对清政府要求详究事宜，则以朝鲜残杀本国主教并传教士及教众多命万难容赦，不论有无缘故本国不屑查询的傲慢态度予以拒绝。③强调出兵征伐，定罪，没收凶手家产后变卖以偿还受害家属。④欲罢免朝鲜国王及大员等人官职，听候法国皇帝降职办理。⑤以朝鲜未举事之前曾先通意于清国为由，用宗主国强力包庇的说辞指责清政府。对于这一指责，奕䜣在照会各国使臣之际，认为法国的指责是"以毫无影响之言，为中国庇护朝鲜之据"，并告知各国，"中朝往来历有成案，并非始于今日"。① 但是，以传统地域的封建礼法说教，回应咄咄逼人的强力态势，已无济于事了。可见，近代之初的中朝关系以凄婉与哀怨为特征。

第三节　日本追求对朝的"上国优位"

在近代之初的东亚国际关系上，朝鲜因有中朝宗藩关系的保护，大事小情都向清政府请示。而明治维新后的日本，以西洋列强为榜样，在政治、经济、文化乃至于社会体制上着力推进近代化的同时，在外交上以"万国公法"为依据处理国际事务，并试图借助"公议"原则完成修改不平等条约的夙愿。然而，当时的日本人在外交心理上却表现出了双重性，即对欧美的"劣等"心理与对东亚各国的"优越"心理。双重心理反映在行动上，便是屈从与极度傲慢。"劣等"的自卑心理，驱使日本富于攻击性，即近代日本的国家发展取向一开始就是想将本国转变为所屈从的对象国那样的国家。这一点特质，从破坏地域和平的角度讲，应该说极为可怕。在这个意义上，可以认为近代之初的日本，与东亚其他国家不同，在接触"力道文明"的瞬间，就注定了它是世界的不安分子，是战争的祸根。

实际上，近代日本成为祸根，应该归功于"万国公法体系"。早在法国进犯朝鲜半岛时，日本就开始假借公法蠢蠢欲动了。当时清政府所掌握的"新闻纸（报纸）"就曾有过日本欲攻打朝鲜的报道。

---

① 筹办夷务始末（同治朝五），卷 45. 北京：中华书局，2008：1907.

史料《新闻纸五条》中有如下记载：

"一、英国来新闻纸云：英君主无意合法国攻打高丽。又云：法国主因其水师提督攻打高丽，不甚喜悦。英国所以不合法国者，缘船只所有被高丽人烧毁者，均系升美国旗号，与英国毫无关涉。现闻法国主令其兵船队停兵，并怪其水师提督做事麤鲁。高丽不过为杀教头，不应骤举干戈，果有大不合情理事，再与理论，未为晚也。

二、芝罘来信，花旗之大兵船名猾诸舍，于洋正月二十一日（十二月二十六日），议由芝罘往高丽，为查问花旗夹板船名然那能而沙满在彼打破，其水手被高丽人杀死一事。又风闻英、美、法三国，约于春间各带跑船往高丽，迫取通商和约。又风闻法国自己要先与高丽讲和，不等英、美二国同行，究竟三国同去居多。

三、日本国人名八户顺叔送来新闻原稿云：近来日本国武备颇盛，现有火轮军舰八十余艘，有讨朝鲜之志。朝鲜王每五年必至江户拜谒大君各献贡，是古例也，朝鲜王废此例久，故发兵责其罪云。

四、华人云：法国兵船被高丽打败，是以回兵。不知非也，北方天气寒冷，法国兵船实因冻河暂且停兵，闻开春和暖之时，不但法国进兵前去，日本亦欲兴兵前往。

五、闻日本名儒八户顺叔先生言：迩来其国政事风俗，革故更新，蒸蒸乎日臻上理。……现有兴师往讨朝鲜之志，因朝鲜五年一朝贡，今负固不服，此例久废故也。"①

报纸上登载的传闻，在潜移默化中改变了奕䜣等重臣们的外交意识。他们认为，日本进兵朝鲜之患较之法国侵朝之患更为严重，且为"中国切肤之患"。奕䜣在奏折中曾强调，英法等国挑衅朝鲜志在传教通商而无领土要求，日本则不同，有贪恋朝鲜领土之嫌。能够认识到这一点，对一向以天朝大国自居的清政府来说，已实属难能可贵。

同期，在德川幕府刚被推翻后的 1867 年 12 月 18 日，即《王政复古大号令》发布后的第 9 天，大久保利通等新政府代表制定了《给外国之王政复古布告案》，试图按照西方的国际交往准则办事。告文内容如下："朕乃大日本天皇，为同盟列藩之主。朕允许将军之权归朕，兴列藩会议，并告知如左：第一，朕废除委任国政之将军

---

① 筹办夷务始末（同治朝五），卷 47. 北京：中华书局，2008：2007.

职;第二,大日本一应内政外交,皆由同盟列藩会议商讨,经由有司上奏,最后由天皇裁决;第三,条约虽以大君名义缔结,以后宜改换为天皇。为此,朕命有司接待外国有司。其未定期间,遵照旧有条约行事。"① 只因其中有"天皇乃同盟列藩之主"、"同盟列藩会议商讨内政外交事宜,并由天皇裁决"等措辞,遭到松平庆永等人反对而被迫中止。

虽然如此,但在以天皇为首的藩阀官僚们的意识中,学习西方并极力把日本变成西方列强的决心更加坚定了。为此,他们将"万国公法"的理念迅速活用在以下两个方面:

首先,在东亚地区,明治政府要解决的问题是恢复日朝关系。1868 年 1 月,明治政府通过对马藩向朝鲜递交了国书,告知朝鲜:"我皇上登基,更改纲纪,亲裁万机,欲修邻交。"② 然而,因这份国书中有"皇、敕"等文字,故朝鲜方面拒受,他们只认同出现在来自中国国书中的同样措辞。正是这一并非否认明治政府的举动,反被日本误认为"不承认"新政府的合法性。如此一来,双方的理解错位为日后的"征韩论"提供了口实,朝鲜便成了日本实施侵略计划的最初的目标指向地。

其次,为达到修改不平等条约的目的而活用"万国公法"。历史事实告诉我们,西方的"公法体系"观念似乎在遭受殖民侵略的同时,便已被植入日本人的思想深处。1868 年 2 月 8 日,明治天皇下发的诏敕便是佐证。诏敕声称:"外国之事,先帝(孝明天皇)多年之宸忧,因幕府之过错因循至今。时下世态一变,许多事情不得已而为之。朝议之上,关于缔结和亲条约、上下一致,不生疑惑,充实兵备,将国威布达于海外诸国。上可答祖先、先帝之神灵,天皇圣虑下可及天下列藩士民,臣民奉旨尽心尽力。然至今幕府所缔结之条约之中,有诸多弊害,其利害得失在公议之上,必须改正。另,与外国交际,宜以万国公法从事。"③

然而,上述两个任务完成得并不好。在朝鲜的碰壁,并没有改

---

① 乾 宏巳编集.史料大系 日本の歴史 第 6 巻 幕末.維新.大阪:大阪書籍,1980:338-339.

② 日本外務省編撰.大日本外交文書.第一巻.

③ 鹿島守之助.日本外交史 2 条約改正問題.東京:鹿島研究所出版会,1970:3.

变明治政府指导者的企图。他们仍在处心积虑地寻找解决问题的"最佳"方案。1868～1869年，木户孝允曾两次提议征韩。1870年柳原前光也提出。他们想到了与清政府签订平等条约，以换取与清朝在朝鲜交往上的对等的国际地位。① 这样，从国际交往的角度，也就得到了优于朝鲜的"上国"地位。此后，在以《中日修好条规》为法理依据的保护伞下，为推进"大陆政策"，日本出兵占领朝鲜，指出："朝鲜国北连满洲，西接鞑靼清之地。绥服此地实为保全皇国之基础，成为今后经略万国之基石，倘被他人占先，国事休矣。"② 后来，他们找到了清政府这一媒介，以与清政府订约来获取对朝的"上国优位"。与此同时，完成了搭建通向"侵略满洲的桥梁"③任务。

如此看来，在东亚被强行纳入"万国公法体系"的那一刻起，各国的外交心理都在变化。但是，对原有秩序的固守观念以及对西洋知识了解的多寡，决定了各国外交理念在发生近代转换时产生了差异。中国极力挽救"华夷秩序"，仍旧固守天朝大国的观念；朝鲜在与洋人交往上，事无巨细一应请求清政府定夺所体现出的"愚忠"，都与日本的"心眼多多"形成了极大反差。然而，在国际关系的发展中，近代中朝的落后意识不可取，而日本的扩张野望更不足称道。唯有以吸收先进的思想文化为前提，顺应时代的潮流，自我控制扩张欲望，将国际关系纳入双赢互利的框架内，才是未来世界的发展方向，也是本研究的现实意义。

---

① 刁书仁.中朝关系史研究论文集.长春：吉林文史出版社，1995：357.
② 日本外交文书.卷2.
③ ［韩］睦银均.清末中韩宗藩关系之考验//刁书仁.中朝关系史研究论文集.长春：吉林文史出版社，1995：389.

第八章 走向"东亚新秩序"

如前所述,"万国公法"进入东亚后打破了原有的"华夷秩序",使其让位于"万国公法体系"。在该体系范围内,中日朝不断做内部调试以适应新国际秩序。然而,三国应对能力的高下,直接决定了它们在体系内处理国际问题的灵活程度。显然,与中朝两国相比,日本在体系中步子大、速度快、灵活度高,因而在短短的40余年里,日本就获得了与西方列强对等处理国际事务的地位。以日俄战争为标志,日本在公法体系内获得了成功。这样,自幕末维新时起日本追求摆脱殖民地危机的目标率先达到。不仅如此,日本在日俄战争中打败俄国的实际作为,提升了国民的自信,助长了对外扩张的野心。因此,继续利用"万国公法"与西方列强周旋的"明流",与追求东洋霸主地位的"暗流"交互进行,此消彼长。这股暗流的目标指向是构建"东亚新秩序"。

从进入一种秩序到摆脱该秩序转而构建新秩序,需要有足够的理由和"勇气"。日韩合并恰好赋予了日本以"勇气"。而企图灭亡中国的"二十一条"归于流产以及《九国公约》对日本扩张欲望的控制等,逐渐成为构筑新秩序的理由。等到1932年日本扶植建立的伪满洲国没能得到1933年国联大会的承认,使得日本摆脱欧美各国主导下的"万国公法体系"转向构筑"东亚新秩序"的理由变得充分起来。因此,1933年日本宣布退出"国际联盟"(以下简称"国联")。虽然退出"国联"是对以公法为主体的国际秩序的反动,但日本的脱退举动却又是在利用公法的前提下完成的。

从进入一种秩序到摆脱该秩序再到构建新秩序,体现了外交理念的演变。从日本参入"万国公法体系"到脱退"国联",体现了由追随欧美列强以求修改不平等条约到与欧美列强分庭抗礼的转换。这一转换的指导思想是1905年前后在日本抬头的"亚洲门罗主义"。其实质是排除一切欧美势力,构筑日本的"霸权体系",建设以日本为中心的"东亚新秩序"。在走向这一目标的过程中,石井菊次郎①鼓吹"亚洲门罗主义",并为其寻找法理依据付出诸多努力,出现了"亚洲门罗主义"对公法的利用与对公法的背离,最终为日本退出"国联"提供了思想基础。退盟后,两次"天羽声明"将"亚洲门罗主义"发挥到顶峰。此后在走向全面侵华战争后,"亚洲门罗主义"归于沉寂,为"东亚新秩序"所取代。为了掩人耳目,日本在建设新秩序的同时,还构想出了一部规范东亚地域内国家关系的《大东亚国际法》。

第一节 日本退出国际联盟的"法理"思考

1933 年日本退出"国联",原因在于西方列强于伪满洲国的承认问题上投了反对票。日本的这一举动,无疑是对国际组织的强有力冲击。不断追问日本脱退"国联"的思想根源,在今天看来仍有一定的意义。简言之,在日本侵略野心急剧膨胀的时段,"国联"约束力的缺失与公法强制力的丧失,使得日本巧妙利用公法为一己之私服务,给今天的学界留下了耐人寻味的思考。

"国联"的出现是协约国与同盟国在一战中博弈的结果。以美国、英国、法国以及日本为代表的主要协约国赢得了战争,同时也赢得了重新规范世界秩序的话语权。尤其是美国,在大战临近尾声之际对德宣战,大肆彰显威尔逊提出的"十四点纲领",成为建立国际协调组织的最初构想国。但有趣的是,在 1920 年 1 月 10 日"国联"宣告成立的时候,因为《凡尔赛条约》(1918 年 6 月 28 日在巴黎和会上通过)在美国的众议院遭到否决,作为其一部分的《国际联盟盟约》落得惨遭否决的相同命运,因而至 1946 年 4 月 18 日"国联"宣布解散,美国自始至终都未参加"国联"。

---

① 石井菊次郎(1866~1945 年),子爵,官僚家庭出身的外交家。1905 年因成功窃得沙皇尼古拉与美驻俄大使麦耶尔有关将南库页岛割让给日本的情报,使得日本在朴茨茅斯谈判中得到最大实惠。从此,石井声名雀起。在 1912~1915 年,他曾担任过日本驻巴黎大使和大隈重信内阁的外务大臣。1917 年 11 月 2 日与美国签订了《兰辛—石井协定》,使日本在中国的"特殊利益"得到了美国的承认。自 1920 年起的七年时间里,他担任驻巴黎大使的同时,还兼任日本驻"国际联盟"代表。曾经多次在公开场合发表冗长的演说,阐释"亚洲门罗主义",用国际公法将其侵略本质掩藏起来。1933 年曾经反对日本退出"国际联盟"。他的外交思想体现在 1930 年完成的著作《外交余录》中。

在"国联"存在的26年间，有60多个国家先后加入，也有近20个国家相继退出。其中在几个主要的退出国中，有1933年3月退出的日本、1933年9月退出的德国以及1937年退出的意大利。它们脱退联盟的缘由虽然不尽相同，但可以归纳出的共性原因有两点：其一，"国联"本身的脆弱与约束力的缺失；其二，日本、德国、意大利等国追求的国家建设目标与"国联"的要求相左。换言之，如果说第一次世界大战的爆发是由资本主义世界经济发展不平衡带来的结果，那么日、德、意等相继脱退"国联"的举动则预示了在文明程度没有明显进化的特殊时期，各国的霸权心理与领土欲求，势必会带来对根基尚浅的新国际秩序进行再规范的行动与举措。然而，无论是重新规范世界秩序，亦或是打破之，都应该事出有因。本论拟从日本参与组建"国联"的思想史意义、日本与"国联"的关系概说以及日本为脱退"国联"找寻的借口及"法理"工具等方面，对日本退出"国联"问题加以考究。

1. 日本参与组建"国联"的思想意味

"国联"这一国际协调组织，以"确保永久国际和平"为目的。它是根据《国际联盟盟约》组建起来的。而《国际联盟盟约》是战后协约国及主要战胜国在巴黎和会上签署的系列条约 [1919年6月28日的《协约国及参战各国对德和约（"凡尔赛条约"）》、1919年9月10日的《协约国及参战各国对奥地利和约（"圣日耳曼条约"）》、1919年11月27日的《协约国及参战各国对保加利亚和约（"纳伊条约"）》和1920年6月4日的《协约国及参战各国对匈牙利和约（"特里阿农条约"）》] 的第一部分的主要内容。它既是需要各国遵守的国际公法，又是指导条约构成的纲领性文件。在根据其组建"国联"的过程中，日本虽然不是"国联构想"的主倡者，但它是积极的参与者。

在巴黎和会上签署的系列条约中，日本一直以战胜国的身份参与签约事宜，被纳入继"美利坚合众国、英帝国、法国和意大利"之后位居第五的"主要协约和参战国"行列。[①] 正因为这一"主要协约及参战国"的地位，使得日本顺理成章地成为"国联"的五大创始国之一。然而，在筹建"国联"的初期，对于是否参加这一国

①　国际条约集（1917—1923年）. 北京：世界知识出版社，1961.

际组织，日本国内存有不同的呼声。反对的"声音"强调，参加"国联"将会带来"受其他国家左右国运"的危险。而支持的"声音"则主张，与各国协调是大势所趋，遂日本决定参与"国联"，并在《凡尔赛条约》生效的 1920 年 1 月 10 日（也是"国联"的成立日期），日本天皇发布了《恢复和平之诏书》。内容如下：

"朕思之，本次战乱兵戈 5 年，搅动世界。然我联合友邦赖以奋勇努力之威烈，一扫战乱，恢复和平。朕甚为欣喜。方今为收拾纷扰之局，以固将来之安宁，诸友邦宜协同处理。议和会议在法国一经召开，朕亦派遣全权委员参与商议，以成和平永远之协定、以确立国际联盟之规模。此乃朕实感欣慰之事，同时亦深感今后国家负荷之重大。今世运一转，时局大变，宜自强不息、顺应时局。尔臣民宜深省，进则循万国情势、依据世界之大经，举联盟和平之实；退则以重厚坚实为旨，戒浮华骄奢之风，以培养国力、跟进时世之进步为己任。朕期望仰赖与友邦和平之喜，披广君德之恩泽。切望依赖朕之忠良臣民之同心协力、使百姓富足安康、广布文明教化、恢弘祖宗之洪业。尔等臣民宜充分体察朕之旨意。"[1]

这一和平诏书是由大正天皇发布的，其包括的内在含义应该有以下几点：第一，一战后，日本已经获得了与西方列强平起平坐的国际地位，并逐渐在国际事务中获得了话语权及规范世界秩序的"霸权"。从思想层面观之，这种话语权的获得，以公法意识的强化与对公法本质认识的加深为前提，以当时流行的国际公法为保障。这里的"前提"和"保障"，为大国主宰下的"世界和平"装点上了合法的外衣。因此，为顺应这一时代潮流，日本派出全权委员似乎最为合适了。第二，倡导"永久和平"，组建"国际联盟"是大势所趋。只因日本是发起国之一，故"国家负荷重大"。第三，顺应形势、扩大"联盟的和平果实"是主业，但"培养国力"、适时派军，似乎也在情理之中。第四，借助组建"国际联盟"及参与国际事务之机，将天皇的恩泽无限扩大，将日本文明布于四方，并以此弘扬祖先之基业。这是对明治政府成立之初的《亲征之诏》与《御宸翰》的思想精神的继承。

1868 年 2 月 28 日的《亲征诏书》中称：

---

[1] 近代史料研究会编．明治大正昭和三代诏勅集．東京：北望社，1969：347-348.

"朕早承天位，值此天下一新之际，文武一途亲裁公议。国威确立与否、苍生安顿与否，皆在于朕是否尽职尽责，故日夜寝食不安、劳心费神。朕虽不肖，欲继述先帝遗意，内安列藩百姓，外使国威耀于海外。然德川庆喜图谋不轨，天下解体遂及骚扰，万民陷于涂炭之苦，故朕决定断然亲征。按照布告天下所示，与外国交际方面也事关重大，故誓为天下万姓亲身凌驾于万里之波涛、彰显国威于海外，以对先帝之神灵。汝列藩宜不遗余力佐朕，同心协力、各尽其分，为国家努力奋斗！"①

虽然这是明治天皇针对德川庆喜而发布的讨伐诏书，但已经明确规定了新政府带有强烈野心的外交指向，并成为明治日本国家建设的指导精神。这一精神在《御宸翰》中再次得到重申：

"（前略）朝廷政事一切从简，因并非拘泥于尊重而君臣相亲、上下相爱，德泽遍及天下，国威耀于海外。然近来宇内大开，各国争相雄飞之际，独我疏于世界情势固守陋习而失一新之功效。朕安居于九重官（皇官），一日偷安忘却百年烦忧之际，已遭受各国凌辱。朕唯恐上侮列祖列宗，下苦黎民百姓，故于兹同百官诸侯相约盟誓：继述列祖伟业，不问一身之艰辛，亲营四方，安抚亿兆，开拓万里波涛，布国威于四方。置天下于富岳之安。（后略）"②

可见，遭受列强凌辱的事实，刺激了日本天皇乃至百官的神经。转化或消解这种愤懑情绪的良方，就是不断给自己民族以强烈的心理暗示，即努力成为可以恃强凌弱的那样一种存在。"那种存在"是一个国家前进的总体目标，当其目标一时还难以达成之际，无疑会在以发号施令式的文书中，作为具象化的路标而淋漓尽致地被表露出来。日本近代史告诉我们，在明治时代结束的前一年（1911 年），日本完成了修改不平等条约的任务，从而达成了上述目标的一半。而大正年间参与筹划与组建"国联"的举动，可以说是完成了明治外交任务的另一半。在这个意义上，日本的参与组建"国联"活动，是对明治精神的继承。

2. 日本与"国联"关系概说

从 1920 年 1 月 10 日加入"国联"至 1933 年 3 月 27 日退出"国

---

① 近代史料研究会编. 明治大正昭和三代诏勅集.
② 近代史料研究会编. 明治大正昭和三代诏勅集.

联",日本在这一国际协调组织中的活动维持了 13 年 2 个月 17 天。但是,日本继续参与"国联"各委员会的活动一直持续至 1938 年。从日本与"国联"的关系看,二者之间存在着"剪不断,理还乱"的历史缠绵与恩怨纠葛。根据日本在组建"国联"之际的前后作为及其后多年的活动史,可以将其与"国联"关系划分为四个阶段,即为制定《国际联盟盟约》的建言阶段、为处理国际事务献计献策的阶段、九一八事变为起点的分道扬镳阶段以及退盟后的后续阶段。

在第一阶段,日本一跃成为国际公法的制定者,时间大体在1918~1920 年。近代以来,日本始终处于对西方"万国公法"吸收与消化的过程。第一次世界大战为日本提供了与西方列强协商制定国际公法的契机,其主要体现在仅有 26 条的《国际联盟盟约》的制定上。然而,尽管日本热心十足,但以英帝国为首的西方国家仍然发挥了主导作用,以至于当日本提议将"人种平等原则"① 列入《国际联盟盟约》时,遭到澳大利亚的强烈反对,最终导致没有被英帝国采纳。"人种平等"之所以被提起,或许是"西方中心主义"作怪下的产物,抑或是追求与欧洲列强对等地位的日本针对种族差别而作出的强烈反抗。然而,反抗归反抗,不被采纳的结局似乎更能说明欧洲中心的霸权本质。可见,从"国联"成立伊始,就已埋下日本脱退联盟的"思想因子"。同时,也预示了"国联"及"国联盟约"并非能够有效约束各国的外交行为或抑制战争的发生。

在第二阶段,积极参与处理欧洲战后事务,属于日本在"国联"发挥作用的"黄金时代",时间上大体在 1920~1931 年。刚刚成立不久的"国联",为了表现其所谓的"公平公正",在涉及欧洲事务时,常任理事国中的欧洲籍国家采取了回避姿态,这样便给日本提供了"尽职尽责"的大好时机。因而作为常任理事国之一的亚洲国家日本,在国联理事会讨论的仲裁与安全保障、军备缩减、国际纠纷等问题上掌握了绝对发言权。然而,日本诸多努力是建立在确保日本在远东太平洋地区的既得利益基础上的,即在英法等国主导下的"国联"于一战后重新分割势力范围之际,日本的勤恳工作是为了换取英法对其固有利益的认可,尤其是急欲获得对已在中国取得

---

① 佐藤尚武監修.日本外交史 14 国際連盟における日本.東京:鹿島研究所出版会,1972:4.

的各项侵略权益的认可。在退出"国联"前，日本为配合"国联"工作采取了以下措施：

（1）成立专门机构进驻"国联"总部所在地（日内瓦）。

大正天皇于 1921 年 8 月 12 日发布了《敕裁国际联盟帝国事务局官制》之敕令 384 号文件，规定：①为便利日本于海外处理国际联盟事务，于联盟本部所在地设置国际联盟帝国事务局；②事务局职员构成如下：局长、次长各 1 人，事务官 7 人，书记 2 人；③局长由特命全权公使充任，负责监督指挥联盟理事会的帝国代表者，掌管局务；④次长由大使馆参事官充任以辅佐局长；⑤事务官由外交官充任，受命分掌局务；⑥书记由外务省的书记生充任，受命处理庶务。[1]

敕令发布后的第 10 天，松田道一就任特命全权公使局长，标志"国际联盟会议日本国事务局"正式成立。日本退出联盟后，1933 年 10 月一度改为"国际会议日本国事务局"。随着日本侵华战争不断扩大，1941 年 4 月 12 日该机构被废除，6 月 1 日人员撤回日本。在废止前，该机构的局长、次长任职情况如下表所示：

国际联盟会议日本国事务局局长、次长任职一览[2]

姓名	任职时间	职务名称
松田道一	1921 年 8 月 22 日	特命全权公使局长
杉村阳太郎	1924 年 8 月 19 日	大使馆参事官次长
杉村阳太郎	1926 年 6 月 23 日	特命全权公使局长
宇佐美珍彦	1926 年 10 月 16 日	大使馆二等书记官事务官（代理局长）
杉村阳太郎	1926 年 12 月 30 日	特命全权公使局长
佐藤尚武	1927 年 1 月 15 日	特命全权公使局长
伊藤述史	1929 年 10 月 27 日	大使馆参事官次长（代理局长）
佐藤尚武	1929 年 12 月 12 日	特命全权公使局长

---

① 内閣制作．御署名原本・大正十年・勅令第三百八十四号・国際聯盟帝国事務局官制．国立公文書館，http：//www．DAS/meta/MetaOutServlet。

② 秦郁彦編．日本官僚制総合事典．東京：東京大学出版会，2001：44．

续 表

泽田节藏	1931年1月16日	特命全权公使局长
伊藤述史	1933年3月28日	大使馆参事官次长（代理局长）
横山正幸	1933年12月16日	大使馆参事官次长（代理局长）
木内良胤	1936年3月15日	公使馆二等书记官事务官（代理局长）
横山正幸	1936年8月2日	大使馆参事官次长（代理局长）
木内良胤	1936年12月28日	公使馆二等书记官事务官（代理局长）
宇佐美珍彦	1937年8月31日	大使馆参事官次长（代理局长）
柳井恒夫	1938年11月6日	大使馆参事官次长（代理局长）
藤井庆三	1940年4月29日	公使馆一等书记官（代理局长）
小林龟久雄	1940年7月22日	大使馆参事官次长（代理局长）

可见，"国联"一经成立，日本立即组建上述机构并使其进驻欧洲，说明日本帝国主义的敏感性与跟进速度超乎了我们的想象。"国际联盟会议日本国事务局"存在了19年8个月，无论是1933年3月27日退盟日、1935年3月27日退盟生效日，还是1938年11月2日彻底脱离联盟各种委员会，都没有影响这一常驻机构的正常运转。截止1941年太平洋战争爆发的八个月前，该机构完成了"使命"被废止并于6月迁回日本。从这一变化状况，似乎也可揣测到日本帝国主义彻底推进战争的外交心理走向。可以说，1941年日本利用完"国联"并将其一脚踢开。这种手法，与近代之初日本吸纳"万国公法"并利用其进行外交欺诈的做法如出一辙。

（2）在国际联盟总会以及理事会逐渐增加"砝码"，利用常务理事国及联盟成员国的内部矛盾，将日本的利益最大化。

国际联盟理事会主要由五强国（最初设计的所谓常任理事国）的英国、法国、意大利、日本和美国，以及其他四个联盟国代表组成。根据《国际联盟盟约》，在大会第一次选定四个非常任理事国的盟国代表之前，比利时、巴西、西班牙和希腊具有行政院理事国身份，准予参与国联理事会。[①] 1926年德国加入"国联"并成为常任理事国，1934年苏联加入常任理事国。在日本退出"国联"后，国

---

① 国际条约集（1917—1923年）. 北京：世界知识出版社，1961：267-268.

联理事会由 4 个常任理事国（英国、法国、意大利和苏联）和经过选举产生的 8 个非常任理事国参与。①

国联理事会平均一年召开 4 次会议，除此之外有临时增开会议的情形，或有紧急事务时，或受联盟国政府要求，也有由事务总长召集增开理事会的情况。这样，自 1920 年 1 月 10 日国联成立后，1 月 16 日便召开了第一次"国联"大会及理事会。因日本为"国联"创始国及常任理事国之一，故在"国联"理事会中位置相对较为重要。这从退盟前日本以积极态势参与的 71 次国际联盟理事会中，可以得到佐证。具体情况如下表所示：

日本大使、公使参与国际联盟理事会一览表②

次数	大使、公使名称
第一至第九次	松井庆四郎驻法大使（1916 年 2 月 22 日至 1920 年 9 月 25 日）珍田舍巳大使、永井松三公使代理
第十至第四十五次	石井菊次郎驻法大使（1920 年 9 月 30 日至 1922 年 10 月 6 日；1923 年 6 月 10 日至 1927 年 9 月 2 日）安达峰一郎大使、有吉明公使代理
第四十六至五十八次	安达峰一郎驻法大使（1928 年 2 月 18 日至 1930 年 2 月 13 日）、1929 年国联理事会议长 著名的法学博士、国际法学家
第五十九次	永井松三驻芬兰大使（1925 年 1 月 21 日至 1928 年 2 月 16 日）、国联日本代表（1926 至 1929 年）
第六十至六十五次	芳泽谦吉驻法大使（1930 年 6 月 16 日至 1931 年 12 月 27 日）
第六十六次	佐藤尚武驻法大使（1933 年 12 月 20 日至 1934 年 6 月 30 日）
第六十七至七十一次	长冈春一驻法大使（1920 年 9 月 25 日至 9 月 30 日代理大使；1932 年 3 月 18 日至 1933 年 8 月 16 日）

---

① 立作太郎.国际連盟規約.東京：日本評論社，1937：29.
② 佐藤尚武監修.日本外交史 14 国際連盟における日本.東京：鹿島研究所出版会，1972：22.

上表中，松井庆四郎担任大使参与国联理事会时，于1920年完成对德国和约即《协约及参战各国对德和约》的签订工作。他在国联总会与理事会上，利用日本惯用的外交伎俩，逼迫包括美国在内的英、法、意等国支持日本从德国手中接管山东权益的无理要求。同时，将德国在太平洋的马绍尔群岛、加罗林群岛和马里亚纳群岛收归日本，由日本实施委任统治。因上述种种"功绩"，他被日本政府授予男爵。

也正因为如此，才有后继者石井菊次郎在担任联盟理事会议长期间，为解决意大利希腊之间的科尔夫岛争端、土耳其伊拉克边境问题时的种种"鞠躬尽瘁"表现；才会有安达峰一郎起草"国际司法裁判所规程"、担任"国际纠纷调停手续研究委员会议长"以及1931年起就任国际司法裁判所所长的"壮举"，并为他本人赢得了"世界良心"的美名。然而，针对中国在联盟总会上控诉1926年英军炮击万县事件（1926年9月5日，中国军民死亡近千人）以及1928年5月日军在山东济南制造的"五三惨案"（死伤近8000人）时，既是国联常任理事国又是"纠纷对象国"的英帝国和日本，对此置身法外（力主是中英、中日之间的事情，避免国联中的第三国介入）的做法再次暴露了"国联"宣扬"世界和平"的虚伪性。另外，中国在"国联"中根本没有发言权的事实，也恰好验证了"弱国无外交"的"铁则"。

此后，继任的永井松三、芳泽谦吉、佐藤尚武和长冈春一等人，在国联理事会上继续为解决欧洲事务贡献力量的同时，还不断为日军侵华的暴行进行遮掩与辩护。尤其是九一八事变后，"李顿调查报告书"在国联大会上以42∶1的票数获得通过之际，长冈春一与松冈洋右、佐藤尚武等人一同退离国联大会现场。这一阶段，日本在充分认识到"国联"的霸权本质后，将其发挥得淋漓尽致。

日本与国联关系的第三与第四阶段，是指以九一八事变为起点的分道扬镳阶段和退盟后的后续阶段。在这两个阶段中，日本极力掩盖九一八事变的侵略本质，并努力为"侵略有理"大造舆论。脱退联盟后，设在日内瓦的日本机构一直关注"国联"动向，在欧洲各地为日本的侵略活动作掩护。为了混淆视听，在为脱退联盟寻找法理依据上展示着日本人的狡黠与诡辩才能。

3. 日本脱退联盟的借口与"法理"工具

九一八事变发生后，中国政府借助《国际联盟盟约》不断向"国联"申诉。1931 年 9 月 19 日，中国政府致书中方派往"国联"的代表施肇基，命其请求"国联"根据《国际联盟盟约》条款，采取适当措施。9 月 21 日在《出席国联代表施肇基为根据盟约第十一条①申诉事致国联秘书长德留蒙照会》中，他告知"国联"中日战况的实情有两点：其一是日军在中国东北的暴行，诸如炸毁兵工厂、营房以及火药库，占领沈阳及安东各城；其二是为避免"情势"扩大，蒋介石采取的是"不抵抗政策"。②他还表示对"国联"作出的任何决议，中国均愿意完全遵行。可见，中国方面把解决纠纷的希望全部寄托于"国联"了。如此做法，其缘由无非有二，一是中国多年来积贫积弱、国力不振；二是中国尚未认清"国联"本质，对国际公法愚忠愚信。这说明在公法意识上，中国已经远远被日本甩在身后。当中国笃信国际联盟及《国际联盟盟约》之际，日本已经在破坏与反向利用《国际联盟盟约》的二元立场上前行了。

无疑，日本一直在利用《国际联盟盟约》，为脱退联盟寻找借口与制造"退盟有理"的"法理"工具。在此过程中，暴露了日本难缠的、极尽诡辩之能事的国民性格。

首先，在处理"国联"事务的过程中，日本外交官们动辄以挑剔的眼光或半威胁的手段，将自己的利益最大化，退盟前日本的外交活动与外交官的思想动态，似乎都在为脱退联盟准备口实。日本当时的评论家泽田谦与法学家兼外交顾问信夫淳平在各自的著述中，都曾对"国联"的目的与《国际联盟盟约》的相关条文做过诋毁性解释，这无疑为日本脱退联盟提供了坚实的理论基础。泽田谦论及"国联"的性质时，是以批判《国际联盟盟约》的序文③为切入点

---

① 第十一条内容："凡任何战争或战争之威胁，不论其直接影响联盟任何一会员国与否，皆为有关联盟全体之事。联盟应采取适当有效之措施以保持各国间之和平。如遇此等事，秘书长应依联盟任何会员国之请求，立即召集行政院会议。"

② 中华民国重要史料初编编辑委员会. 中华民国重要史料初编—对日抗战时期：第六编. 台北：中国国民党中央委员会党史委员会，1981：264.

③ 序文的内容如下："一、缔约各国，为增进国际间合作并保持其和平与安全起见，特允承受不从事战争之义务；二、维持各国间公开、公正、荣誉之邦交；三、严格遵守国际公法之规定，以为今后各国政府间行为之规范；四、在有组织之民族间彼此关系中维持正义并恪遵条约上之一切义务。"

的。他认为："——观此四原则，其意义甚见暧昧，文字甚为不备，且前后语义重复。但余以为其意义不在于单独各项，而在于整合全体，即合为全体加以考察，而后始有真意。"① 这一评价虽说道出了"国联"及其规约有失严密性，但更为重要的是开启了对"国联"及其规约带有批判味道的评价先河。尤其是在日本对外扩张野心不断膨胀的年代，以这种评价为基点，进行反向宣传的法学家们似乎找到了终身为之奋斗的学术分野。信夫淳平就是一个典型的例子。他在1927年写下的著作《国际纷争与国际联盟》中，针对《国际联盟盟约》第一条第三款和第二十六条第二款②与脱退联盟的相关规定展开了论述。他批判了这两个条款之间存在的矛盾表述，指出："退盟之际的2年前预告，实不足维持联盟之巩固。且本条约根据第二十六条所定之手续，而改正之际，联盟国若不同意，一面可不受改正之拘束，他面亦丧失联盟国之资格。故不同意修正，亦可为脱退之一法，联盟之结束（团结）力，于兹更见薄弱。"③ 因此，他批判"退盟之际的2年前预告"的条文规定，就是"一纸空文"。

其次，伪满洲国成立后，当时日本国际法学家松原一雄从法理上为日本的侵略活动寻找根据。他以所谓的"日本门罗主义"④ 对抗"李顿调查报告书"。他针对"报告书"第九章提议为解决中日纠纷需要"国际合作"的主张，提出了反对意见并认为与"日本门罗主义"发生冲突。进而他扬言，"日本门罗主义"是1905年美国总统西奥多·罗斯福为日本量身定制的指导原理，即"日本作为亚洲各民族的领导者、保护者有义务除掉欧洲诸国对亚洲的蚕食。且所谓亚洲诸民族是指西起苏伊士运河东至堪察加半岛的整个大陆。其中除却印度安南、菲律宾群岛、香港及其他欧洲殖民地。"⑤ 可见，

---

① 澤田謙.国際連盟概論.東京：巖松堂，1923：117.

② 第一条第三款内容："凡联盟会员国，经两年前预先通告后，得退出联盟。但须于退出之时将其所有国际义务，及为本盟约所负之一切义务履行完竣。"第二十六条第二款内容："联盟任何会员国有自由不承认盟约之修正案，但因此即不复为联盟会员国。"

③ 信夫淳平.国际纷争与国际联盟.萨孟武，译.上海：商务印书馆，1931：276.

④ "日本门罗主义"、"东亚门罗主义"与"亚洲门罗主义"等，虽然概念不同，但在日本侵华战争时，内涵却具有同一性。

⑤ 松原一雄.リットン報告と日本モンロー主義//東亜経済調査局編.『東亜』第五巻第11号，1932：7.

这完全是美国门户开放政策下的产物。然而，松原正是借用这一"指导原理"，否认了当时美国国务卿史汀生针对九一八事变以来的日本侵略成果而提出的"不承认政策"。他试图以其所构筑的"日本门罗主义"←→"不承认政策"的对立逻辑，混淆视听。而且，他还根据美英在海外殖民地保有"特殊利益"之际行使"自卫权"的现实，主张在"满洲问题"上排除一切来自联盟与美国的干涉，恰好是向世界张扬"日本门罗主义"的最佳途径。另外，针对"报告书"第十章提议的缔结"调停、仲裁审判、不侵略及相互援助之中日条约"，松原认为是"空想的、非现实的"。在"满洲问题"上，日本比附美国的外交心理占了上风。每当遭遇外交难题之际，"日本门罗主义"似乎就会成为指导外交的思想工具。

（3）利用《国际联盟盟约》的第二十一条做文章，强调在中国东北的"自卫权"，否认侵略的实质。

1933 年 1 月 21 日，日本外务大臣内田康哉在贵族院演说中，认为《国际联盟盟约》第二十一条（"国际协议如仲裁或区域协商类似门罗主义者，皆属维持和平，不得视为与本盟约内任何规定有所抵触"）[1] 承认"日本门罗主义"是有效的。在 2 月 21 日的国联大会上，日本代表团强调"日本负有维持远东和平与秩序之责任"，并正式宣布包括"特殊利益"、"亚洲人之亚洲"、"日本领袖地位"以及"生存权"的"日本门罗主义"。2 月 24 日，当国联大会决定"满洲国"为非法之际，日本首席"国联"代表松冈洋右气急败坏地丢下一句"日本政府就中国纠纷问题与国际联盟进行合作的努力，已经达到了极限"的话后[2]，率长冈春一、佐藤尚武等日本代表团当即退场。

（4）天皇颁布《国际联盟脱退诏书》为日本与"国联"的纠葛最终定音。

1933 年 3 月 27 日的诏书内容如下：

"朕思之，前此为恢复世界和平，国际联盟一经成立，先帝欣喜命帝国参加。朕亦继承遗志丝毫不怠，前后十有三年，始终协力。

---

① 国际条约集．北京：世界知识出版社，1961：274．

② 王绳祖．国际关系史：第五卷．北京：世界知识出版社，1995：83．

今值此满洲国新兴之际，帝国尊重其独立以促其健全发展，根除东亚祸根以确保世界和平之基。然不幸者，联盟所见与之背道而驰。朕乃命政府慎重审议，使其采取脱退联盟之举措。然确立国际和平乃朕常冀求之所在，未有停止。因而为和平之种种企图，今后亦应协力不渝。今与联盟分手，乃基于帝国所信，并非偏爱东亚而疏于友邦之举。笃信于国际、彰显大义于宇内，乃朕夙夜所念之。方今列国际会（偶遇）罕见世变，帝国亦遭遇非常之时艰。此恰逢举国振兴之秋，尔等臣民宜充分体察朕之本意，文武交互恪守各自职分，众庶各尽其业，向所履正、行所执中。戮力同心处此世局，进而翼成皇祖父之圣猷（计划），以期普及人类之福利。"①

　　在接到这一诏敕后，1933 年 3 月 27 日下午，日本外相内田康哉根据盟约第一条第三款，向国联秘书长德鲁蒙发出《日本退出国联通告》，最终退盟。可见，利用盟约的漏洞，加上奉旨接受天皇诏敕，日本帝国主义者编织了一副由"外法与内法"交互构成的最大的"法理工具"。

　　总之，从日本退出国际联盟的事件观之，《国际联盟盟约》的有失严密与殖民者的刻意歪曲，使"国联"彻底丧失约束力，并进而沦为心怀叵测的帝国主义赖以利用的"工具"。对"国联"相关话题的关注与研究，给人们带来的启示有两点：①在国际公法不断演进变化的当代社会，文明程度的高下与"国际精神"的发扬，是使国际组织（联合国）发挥效用的关键所在；②如何调整原有国际法与现行国际法之间的矛盾似乎已成为当务之急。例如，曾经成为全球焦点的南海问题，按照"先占性原则"进行解释，与根据《联合国海洋法公约》的 200 海里专属经济区的规定，得出的结论会有不同。这是新旧公法演进中疏于有效对接给现代人带来的"法理"困惑。这一点尤其应该引起我们的重视。

第二节　"公法"与"亚洲门罗主义"

　　历史上，"门罗主义"起源于 1823 年美国总统门罗的一篇国会

---

①　近代史料研究会编．明治大正昭和三代诏勅集．

咨文，集中反映了美国对拉美政策的形成。在美国解决地区事务和构筑区域霸权时，曾发挥了难以估量的作用。

在时下，某一国家经济快速发展至带有挑战权威的时候，“门罗主义”就被从历史纸堆中翻出用以形容这一国家的外交走向。例如，近年来中国经济的快速发展，引起了国际社会的普遍关注。因而早在 2003 年，就有美国学者鼓吹“中国门罗主义”以危言耸听。对此，我国军史作家刘怡在 2012 年发表的《“门罗主义”的亚洲现实》一文中，作出相应的回应。①

与外部势力强加的“中国门罗主义”不同，早在印度独立前，时任印度自治领总理的贾瓦拉哈尔·尼赫鲁就对美国的“门罗主义”十分推崇，提出了“印度门罗主义”。时至今日，“印度门罗主义”作为印度的外交指导思想一直被传承下来。其显著特征表现为“印度军备力量超出其国防需求”、“进攻性”、“挑衅性”以及“争夺印度洋地区霸主地位”等。②

可见，中国与印度的现实状况，诸如中国经济实力的增强、国内生产总值跃居世界第二；印度有望超过日本成为世界第三大经济体等，刺激了各国的神经，提升了本国的自信。

然而，经历了战争的各国，即便有“门罗主义”作为外交指导思想，但在本质内涵上，与近代的“门罗主义”思想已大不相同。仅就近代日本而言，从其被纳入“万国公法体系”到吞并朝鲜为止，可谓其凭借“万国公法体系”获取了最大利益。之后，日本在继续践踏万国公法的同时，以新增的“亚洲门罗主义”思维，在妄图吞并中国的道路上越走越远。

1.“亚洲门罗主义”的缘起

1905 年 7 月，在日俄战后即将召开朴茨茅斯会议前，美国总统

---

① 文中指出了几个具有代表性的美国学者的观点：一是 2003 年美国《纽约时报》刊载的《北京的魅力》一文，提出了“中国正在形成自己的门罗主义”的蛊惑性文字；二是 2011 年美国海军军事学院副教授詹姆斯·霍尔姆斯强调中国海军实力的发展最终将导致“中国式门罗主义”的出现；三是 2012 年芝加哥大学教授约翰·米尔斯海默以香港为发展参照系，力主一旦中国内地的发展与香港一样，将会成为在亚洲将美国因素消解掉的门罗主义国家。

② 李忠林．印度的门罗主义．亚非纵横，2012（4）：15.

西奥多·罗斯福规劝昔日同窗金子坚太郎推行"亚洲门罗主义"①，这是"亚洲门罗主义"一词出现的发端。其表面意义在于支持日本成为亚洲民族的"领导者和保护者"，本质上是为了便于使日本同意美国提出的"门户开放，机会均等"，为了达成共同攫取在华利益，由美方提出的诱惑与妥协政策。

从时间上看，如从1823年算起，"门罗主义"已有190余年历史。而从1905年日本接受"亚洲门罗主义"概念起，也有108年的历史了。除了罗斯福对金子坚太郎的劝告外，后来又有英国驻美大使卸任回国途经日本专程会晤金子坚太郎，将美国政府的再劝告等内容转达给日本。因此，1905年在日本外交史上具有不同寻常的意义。

既然如此，在1905年前后，日本是否已经准备好了接受"亚洲门罗主义"的土壤呢？

从国际社会发展态势看，日本虽然是后进型的现代化国家，但在明治初年"富国强兵"等三大政策的指导下，半个世纪就完成了工业革命，并在"神形"方面具备了欧美国家的形态，这给日后鼓吹"亚洲门罗主义"以足够底气。

从人种角逐的角度考量，1904～1905年日本大败俄国，不仅标

---

① 金子坚太郎在著述中，曾经作了如下回忆：1905年7月7日，金子坚太郎从纽约前往罗斯福的别墅与之会面。作为罗斯福的老朋友，金子坚太郎同罗斯福一家共进晚餐与次日早餐。早餐后，两人坐在别墅回廊的藤椅上，商量了有关谈判事宜。最终，"罗斯福对我说，恢复和平将由朴茨茅斯谈判决定。那么谈判后的日本在东洋确立何种政策，吾辈虽难以测知，但我有肺腑之言相告，那就是在东洋，日本帝国有必要向世界宣布亚洲门罗主义。其理由：日本在东洋各国中，是唯一一个以其自身数千年的历史文化为根基，引进欧美的新文明、新技术，对其咀嚼、消化，将其镶嵌在日本国风之中。同时，改良了教育、海陆军、经济机构等其他诸多设备，终于像欧美那样确立了立宪政治。其国运隆盛之状令世界瞩目。像这样的独立帝国，在亚洲尚无一个。因此，日本应该以东洋盟主自居，以同文同种沿革之关系与支那提携，援助支那革新统一，进而诱导启发东洋各国成为独立自营之国家。此乃日本的责任。百数十年前，美国以总统门罗的意见向世界阐明门罗主义，南北美拒绝来自欧洲各国的干涉，拒绝来自欧洲的侵略。因此美国不能放手不管南美洲事务。美洲事务尽由美洲处理，且美洲以北美合众国为盟主，待南美各国建成宏伟国家再抽手。这就是美洲门罗主义。今天日本也应向中外宣布亚洲门罗主义。然区域可西起苏伊士运河，东至俄罗斯堪察加，但区域内的英属印度、香港，法属印度支那、厦门及亚细亚北部的俄属西伯利亚等在此范围之外，其他亚洲属地皆为日本势力范围，可行亚洲门罗主义。"

志着世界进入帝国主义时代,而且还激发了日本人的侵略欲望。这次战争与发生在东亚内部的甲午战争不同,它是黄种人打败白种人的一场胜利。因此,在日俄战争后,日本国内沸腾了。一时间,"要求独立,从白人统治下解放黄种人"、"东方人管理东方的事务,恢复在列强铁蹄下东方弱小民族的权利"等成为日本人的诉求。这种动向很快被国外媒体捕捉到,并撰文加以阐释。例如,1908 年美国《纽约泰晤士报》以"日本之新门罗主义"为题,揭露了日本的野心:"日本现今所垂涎的东西,不是菲律宾,不是安南,而是使无妨害日本发展的另一方面,即想把欧洲人逐出亚洲,宣言亚洲的新门罗主义。唯时机尚未成熟,日本将相机而动,日本想做亚洲的指导者,所以非自由操纵中国不可。"① 可见,经罗斯福的指点,日本虽然还没有明言,但真实目标已经找好,那就是中国。

虽然如此,一战前日本并没有明言"亚洲门罗主义"。究其原因,不外有以下两点:其一,1905 年日本对朝鲜实行"保护",1910年吞并朝鲜,需要善后处理的事务成为阻碍之一;其二,时机尚未成熟。实际上,日本一直在等待一场大战的来临,那样才有名正言顺宣传"亚洲门罗主义"的可能,恰好第一次世界大战为日本提供了契机。

在"亚洲门罗主义"发展史上,一战期间日本提出的灭亡中国的"二十一条"为宣传该思想的第一个高潮期②,《兰辛—石井协定》是高潮期"有意义"的补充。在 1933 年 2 月 21 日的国联大会上,与石井菊次郎在不同场合的演讲相配合,日本代表在报告书中正式宣布了这一思想。③ 在脱退"国联"以后,两次"天羽声明"引发鼓吹"亚洲门罗主义"的第三次浪潮,但同时该主义也接近尾声,逐渐让位于"东亚新秩序"的建设构想。

2. "亚洲门罗主义"对公法的利用

如前所述,在美国的支持与鼓励下,日本接受了"亚洲门罗主义"的口号,并逐渐将其作为日本的外交指导思想。既然"亚洲门

① 蒋震华. 日本研究会小丛书第 35 种 日本之东亚门罗主义. 東京:日本評論社,1933:11.
② 横田喜三郎. 亚洲门罗主义之批评. 王明章,译. 外交月报,1934(2):125.
③ 白拉克西尔. 辟所谓日本门罗主义. 汤鸿庠,译. 大道月刊,1933(2):2.

罗主义"是外交思想层面上的存在，那它就有可能借助法律来实现。这样，它和已经沦为列强工具的国际法，便找到了对接点。

在二者关系上，"万国公法"是工具，"亚洲门罗主义"是目标。工具与目标的协调统一，已经外化为条约中的具体款项。条约一经签订，订约双方就已被赋予一定的法律义务，就有了存在的法理根据。一战后日本为了彰显"亚洲门罗主义"，在国际法体系范畴内，借助条约一步一步将"亚洲门罗主义"的内容完善起来。

用签订各种条约的方式来完善"亚洲门罗主义"，是因为日本没有得到类似于美国门罗主义所得到的法理保障。因而，在短时间内日本还不能大张旗鼓地宣传这一思想。美国则不同，自1823～1920年，门罗主义思想已有近百年的历史。在1920年国际联盟成立之际公布的《国际联盟盟约》第二十一条，已将门罗主义视为区域协商的手段之一[①]，使其得到了国际法的认可。

因此，在已没有可能将"亚洲门罗主义"变成公法中普遍认可的协商手段时，日本便转而利用"公法精神"[②]，巧妙地周旋于美、英、俄、法各国间，密切关注国际关系中的分化组合，来达到目的。

在日美关系上，原本西奥多·罗斯福是为了推行门户开放、利益均沾理念而建议日本采取"亚洲门罗主义"政策的，但狡黠的日本人却反而以此为口实不断伸张在中国东北的特殊权益。在《朴茨茅斯条约》中，因获得了经营南满铁路的权益，日本便将南满视为其"独有领地"。1905年10月，当美国铁路大王哈里曼提出共同经营南满铁路计划时，遭到日本的强烈反对，两国关系趋于紧张。此后开除日本学童事件、禁止日侨入美事件时有发生。1909年，塔夫脱继任美国总统后，提议由国际委员会共同管理中东铁路和南满铁路。[③] 这一计划因遭到日俄两国的反对再次失败，日美矛盾进一步激化。纵观这一时期的日美关系，双方上演了一场"猫教老虎"的游戏。美国的"亚洲门罗主义"建议成为日本对抗美国的利器，并

---

① 条约规定："国际协议如仲裁条约或区域协商类似门罗主义者，皆属维持和平，不得视为与本盟约内任何规定有所抵触。"

② 在近代，因公法已经沦为列强的工具，因此在处理国际事务时，列强间彼此认可与默契后的签约就是在遵守"公法精神"。日本充分体会这一精神后，利用国际矛盾，为逐步实现外交目标而努力。

③ 此即所谓美国提议的"满洲铁路中立化"建议。

将思想的践行镶嵌在与各国签订的条约中。

在与美国关系日趋紧张的 20 世纪初期,日本外交显得格外活跃,与英国、法国、俄国都保持了极为密切的关系。其中,日英之间为了维护彼此在中国、朝鲜的利益,不断更新日英同盟①以达成侵略目的。双方在《第二次日英同盟》的序言中声称:"维持两缔约国在东亚及印度之领土权利,并防卫其在上述地域之特殊利益。"可见,强调"特殊利益"已成为日本对外侵略的挡箭牌。条约正文第三条规定:"日本在韩国拥有政治上、军事上及经济上之卓越利益,英国承认日本在韩国的利益,为保护及增进此类利益,有采取其认为正当及必要之措置,以行指导管理及保护之权利,唯此项措置,须不违反各国商工业机会均等主义。"② 这为日后的日韩合并准备了条文依据。

在日法关系上,法国原本为"三国干涉还辽"事件的主要参与国,但是趁着 1907 年日本举借外债之机,为保护双方在中国及亚洲的各种权益,双方签订了《日法新约》。措辞虽然暧昧,但体现了这个时段利用公法随意践踏他国主权的国际关系的主流特点。条约规定:"两国相约尊重中国之独立,保全其领土,及在中国之各国商业臣民均等待遇主义,又两缔约国为保全两国在亚细亚大陆相互之地位与领土权,对于两国所有主权保护权占有权诸领域,接近于中国之诸地方,相约互维持其平和安宁。"③

与日美关系的紧张相反,在对抗美国门户开放政策上,原为死对头的日俄不断接近。两国通过《日俄协约》及《日俄密约》,将双方在中国东北的利益确定下来。尤其是第二次《日俄协约》签订后,两国已没有再次发生战事的可能。稳固的日俄关系,为日本赢得了践行"亚洲门罗主义"的时间。

---

① 第一次日英同盟签订于 1902 年 1 月 30 日;1905 年 8 月 12 日更新后成立第二次日英同盟,将使用范围扩大到印度,并具有了以德国为假想敌国的同盟性质;日韩合并后,1911 年 7 月 13 日日英同盟第二次更新,将美国排除在同盟范围之外。华盛顿会议后,1923 年日英同盟终止。参见:安冈昭男.日本近代史.北京:中国社会科学出版社,1996.

② 陈水逢.日本近代史.台北:台湾商务印书馆,1988:214.

③ 刘彦.中国近代外交史—欧战期间中日交涉史.长沙:湖南教育出版社,2010:307.

显然，日本与英国、法国以及俄国调整关系，主要目的是急于掌控对中国乃至于东亚地区的主导权。

一战爆发后，日本以"维护东亚和平"的口号对德宣战，11月7日占领青岛，接管德国在山东的权利，将其势力从山东驱除。此后，日本转入半公开地宣传"亚洲门罗主义"。

1915年1月18日，日本驻华公使日置益向袁世凯政府提出了"二十一条"。企图灭亡中国的"二十一条"同1905年《日韩协约》中将朝鲜变为"保护国"的内容惊人的相似。虽然条约没有生效，但暴露了日本的侵略野心。主要包括掌控中国土地对外租让权、胶济铁路修筑权、南满洲及东蒙的开矿权、插手南满及东蒙聘请财政、军事顾问及教习等；还禁止中国出租海港与岛屿，允许日本在中国内地开设工厂，允许日本在中国建立寺院、学校，允许日本人在中国内地传教，聘请日本人为政治、军事、财政顾问，聘请日本人为中国地方警察等。① 这样，日本制定了从政治、军事、财政、警察到宗教，从港口到内陆的一套完整的侵略目标。

日本侵略者在用条约将侵略构想合法化的同时，还辅以外交演讲进行舆论造势。第一次世界大战后，以外交理论家而"名声大噪"的石井菊次郎在北美洲与亚洲之间游走，为制造日本侵略有理竭力做蛊惑性宣传。1915年12月7日，石井在日本第37届帝国议会众议院做了外交演说。他针对袁世凯建立帝制可能引起的"东亚混乱"，强调帝国政府应采取相应措施，维持邻邦"支那秩序稳定、进而确保东洋之安宁现状"，并为其主张作了辩解："丝毫没有干涉支那内政之意，对支那毫无私心，实乃诚心诚意顾虑支那及列国利害所致。"此后，"确保东亚和平"等口号便成为石井张扬"亚洲门罗主义"的核心内容。可见，这仍然是于遮掩状态下宣传"亚洲门罗主义"的举措。

日本撕去伪装而公开宣称"亚洲门罗主义"的契机，是由1917年6月美国总统威尔逊向中国提出的"劝告中国停止纷争、建立统一负责政府"的照会提供的。1917年6月15日，日本政府在给美国的"备忘录"中，重申了"日本在华政治经济上的特殊利益"，结果遭到美国的反对。美国政府在7月6日回复的非正式"备忘录"中，

---

① 刘彦. 欧战期间中日交涉史. 台北：台北文海出版社，1987.

只承认在"领土接近情况下日本与山东、南满洲以及东部蒙古地方的特殊关系",并强调不曾承认过任何国家在中国拥有扩张政治势力的权利和拥有"卓越的利益"。双方带有浓厚火药味的"备忘录"交涉,恶化了日美关系,这正是特命全权大使石井菊次郎被派往美国的实际背景。1917年8月23日,石井在白宫拜见了威尔逊总统,以摸清美国政府在中国问题上的立场。此后,石井与美国国务卿兰辛举行了12次会谈①,始终围绕着"门户开放、机会均等"与"特殊利益"以及"日本在华的卓越利益"等问题展开。其中,石井一直将中国全境作为日本行使特殊利益范围。二人会谈期间,尽管石井渴望将"亚洲门罗主义"作为主张写进双方达成的共识中,但碍于与门户开放政策的抵触而暂时搁置。直到1917年9月27日离开华盛顿到达纽约后,在纽约市欢迎大会的演讲中,石井首次强调:"类似于'门罗主义'的观念,不仅在西半球,在东洋也存在。"② 1917年10月1日,他在纽约的公开谈话中,索性直接将自己的外交理念规定为"亚洲门罗主义",并在1917年11月2日双方签订的《兰辛—石井协定》中,将这一理念以条文的形式明确下来。即日本接受美国的提议将"保全中国领土完整,门户开放和机会均等"的内容写入条约;美国方面则承认日本"在中国享有特殊利益"。该协定在某种程度上使紧张的日美关系有所缓和。

从上文的表述可以得知,公法是规范世界秩序的法律,而"门罗主义"则是区域范围内的外交理念。这一理念从诞生的1823年起至二战结束的1945年,发挥了外交指导作用,以侵略为本质。为了完成侵略,公法及其固定下来的带有时代特色的国际行为被视为权威与规范,成为实现"亚洲门罗主义"的法理工具。

---

① 12次会谈的具体时间如下:1917年9月6日、9月10日、9月22日、9月26日、10月8日、10月10日、10月13日、10月20日、10月22日、10月27日、10月29日以及10月31日。参见:池田十吾. 石井—ランシング協定をめぐる日米関係(二)—中国に関する日米両国交換公文の成立過程から廃棄に至るまで—//国士舘大学政経論叢.1989(3):1-27.

② 池田十吾. 石井—ランシング協定をめぐる日米関係(一)—中国に関する日米両国交換公文の成立過程から廃棄に至るまで—」,収入国士舘大学政経論叢.1988:97-116.

3. "亚洲门罗主义"对公法的背离

《兰辛—石井协定》的签订,并不意味着"亚洲门罗主义"有了一劳永逸的法律保障。1921～1922年,列强在华盛顿召开了会议,并于2月6日签订了有美国、比利时、英国、中国、法国、意大利、日本、荷兰和葡萄牙等参与的《九国关于中国事件应适用各原则及政策之条约》(简称《九国公约》)①,明确提出处理中国问题要遵循美国提议的"门户开放与机会均等"的原则,否定了日本在华的"特殊权益"与"卓越利益",客观上将《兰辛—石井协定》变为一纸空文。同期,日本、英国和法国分别将胶州湾、威海卫和广州湾交还给中国。从结果上看,《九国公约》以"尊重中国之主权与独立,及领土与行政之完整",达到了由英美等国联手控制日本的目的,列强对中国的侵略由"互竞"转为"协同"。相反,"亚洲门罗主义"一度归于沉寂。可以认为,日本和以美国为首的西方列强在中国问题上的博弈,以日本失败告终。

然而,暂时的失败以及归于沉寂,并非意味着没有"东山再起"的可能。1929～1933年爆发的世界经济危机,为日本侵华提供了良机,为石井菊次郎等人重新提起并扩大宣传"亚洲门罗主义"提供了契机。他在1930年写下的《外交余录》中披露了与美交涉的细节,回忆并重申了所谓的"在华特殊利益",将"亚洲门罗主义"作为日本的"外交概念"。② 也正是在"外交概念"的指导下,日本在1931年发动了九一八事变,1932年扶植溥仪建立了伪满洲国。为了保护这一外交上的胜利果实,日本加大宣传"亚洲门罗主义"的力度。李顿调查团来访后,1932年6月21日,石井菊次郎在"东京日美协会"欢迎美国驻日大使格鲁的致辞中,针对当时国际社会流行的美日必将开战的传闻,佯装否认并预示两种可能开战的情况:他认为第一种在"日本妄冀非分干涉西半球事务"的情况下,日美会发生战事;第二种在"美国欲支配中国大陆的情况下",日本为了维持亚洲的和平,日美有战事冲突的可能。③ 此种致辞带有警告美国的真实用意。实际上,石井菊次郎的此番谈话是针对1932年1月7

---

① 《九国公约》于1922年2月6日签订,1925年8月5日生效。

② 石井菊次郎. 外交余禄. 东京:岩波书店,1930:132-163.

③ 徐公肃. 所谓亚洲门罗主义. 外交评论,1932.

日美国国务卿史汀生提出的"不承认主义"而言的。根据"史汀生主义",如果日本违背《九国公约》,破坏门户开放的原则,美国就将发动太平洋战争。

可见,"史汀生主义"的法理依据是《九国公约》,而"亚洲门罗主义"已彻底背离了公约。然而,不管其外交主张是否有法理依据,争夺地区霸权是日美交涉的本质。从1931年撕毁《九国公约》而发动侵华战争的那一刻起,日本便在摧毁"欧美系国际公法"的道路上前行。最终,1933年2月27日,日本退出国际联盟,公然对抗国际公法及国际协调组织。之后,1933年4月在华盛顿召开的世界经济预备会议上,日本派出以石井菊次郎为主席的代表团,为使"美国彻底认识日本之地位"即承认日本为"维持远东和平之担当者",而展开外交攻势。[1] 这一时期,美国媒体将石井鼓吹的"亚洲门罗主义",评价为"非驴非马"的一种存在,并强调不如称之为"石井主义"。[2]

在舆论界骂声连片的浪潮中,"亚洲门罗主义"发展到了顶峰,也走到了尽头。1934年,中国政府与"国联"合作,国际社会对中国的技术、军事进行援助,但遭到日本的强烈抗议。日本外务省情报部长天羽英二于1934年4月17日、4月20日先后两次发表"天羽声明"以反对。第一次声明继续强调日本须"全力履行在东亚的特殊责任",坚决反对"外国以技术或金融援助共管中国或瓜分中国的政治意图"。第二次声明援引日本外相广田弘毅在议会上所阐释的东亚政策,指出"帝国是维持东亚和平的唯一基础","如果美国方面也能充分认识东亚的复杂而特殊的情况,谅解我国成为东亚和平的安定势力的原因,则深信日、美间感情上的紧张状态会缓和","帝国政府对于维持东亚和平感到责任重大,并且具有坚定决心。"中国政府则发表声明,强调在内部要致力于"肃清匪患",大搞"生产建设",对外要致力于维护"国际安全及国际条约如《国联盟约》及《九国公约》",并呼吁各国遵守国际公法等。[3] 可见,在对"国

① 野民. 石井菊次郎赴美之使命. 外交评论,1933.
② 刘明强. 外交风云. 南宁:广西师范大学出版社,2010.
③ 张篷舟. 中日关系五十年大事记1932—1982:第一册. 北京:文化艺术出版社,2006:245.

际公法"的认识上，中国政府仍然将其视为"救命稻草"。日本则相反，抛弃了所谓的"国际公法"，以新的东亚政策取代了"亚洲门罗主义"。这一新政策便是建设"东亚新秩序"，即在东亚地区排除任何西方势力，构筑以日本为中心的东亚区域"霸权体系"，并以构想出的"霸权体系"与以美国为首的西方"霸权体系"分庭抗礼。这应该是 1941 年 12 月 7 日，日本挑起太平洋战争的政策原因。可见，美国怂恿日本张扬"亚洲门罗主义"的结果，助长了日本称霸东亚的野心，为自己树立了劲敌。

综上所述，当"门罗主义"被当成一种逻辑范式加以泛化宣传时，它本身十分富于蛊惑性与欺骗性。从提供行动指南的角度讲，"亚洲门罗主义"与"万国公法"一样，也是一种外交理念或外交指导思想。"万国公法"的概念大约在 19 世纪 60 年代进入日本，"亚洲门罗主义"的概念则初现于日俄战争胜利后。虽然"亚洲门罗主义"在利用与背离"万国公法"的双向维度上有所发展，但最终为"东亚新秩序"思想所取代。而且，一旦"东亚新秩序"的霸权构想成立，日本便积极寻找构筑"霸权体系"的法理依据。这便是多卷本"大东亚国际法"的成立。

结　语

　　远东国际关系告诉我们，近代日本国家为了构筑"霸权体系"，以国际法为依据积极参与万国公会，以相对活跃的姿态寻找在国际事务中的应有位置。从历史经验看，日本试图构筑的"霸权体系"是以日本为圆心，以台湾、关东州殖民地为据点，将韩国、库页岛、南洋群岛、伪满洲国、整个中国大陆乃至于全世界置于其同心圆圆周上的一种构想。其构想以"实像"与"虚像"的结合为特征。

　　日本近代"霸权体系"的"实像"，以日据台湾时期的总督府、日本设置的桦太厅、日本为吞并朝鲜建立的统监府、在南洋的帕劳群岛上设立的南洋厅以及在中国东北成立的伪满洲国为基础。落到实处的军队建制，将霸权体系的"实像"勾勒得更加清楚。20 世纪 30 年代，日本陆军平时编制由"朝鲜军司令部、台湾军司令部、关东军司令部、师团、台湾守备队、独立守备队、台湾及在满洲重炮兵大队、宪兵队、中国驻屯军"[①] 等九部分构成，是日本构筑"霸权体系"的有力保障。

　　相比较而言，日本海军实力的增长晚于陆军。19 世纪末期，当英国军舰驻扎在香港，俄国舰队盘踞在旅顺，德国舰队屯驻青岛的时候，日本海军虽然打败了晚清的北洋舰队，但仍在欧洲海军的夹缝中苟延残喘。而 1905 年日本战胜俄国后，为日本海军的发展带来了转机。根据《朴茨茅斯条约》，1907 年日本在库页岛设置了桦太厅（今天俄罗斯的南萨哈林斯克），将日本的海洋霸权势力范围延伸至北纬 50 度。1914 年，日本从德国手中接管山东事宜，驱逐了德国海

---

　　① 章倬汉．日本的陆军//上海图书馆整理．申报丛书贰 日本的陆军 日本的海军 日本的航空．上海：上海科学技术文献出版社，2012：15-16．1933 年 6 月，由申报馆编印发行的《申报丛书》，及时介绍了美、苏与日本在远东地区的争霸现状及力量对比。收录的文章有译文、有个人著述，还有围绕专题进行的编辑文献。2012 年，上海科技文献出版社再版了 80 年前由上海图书馆陆续编印的 40 多种《申报丛书》，再现了 20 世纪 30 年代初版的著作全貌。为研究 20 世纪二三十年代的大国争霸，提供了一手资料。

军舰队，改变了日本海军的软弱形象。等到英国为应付第一次世界大战而将驻留在亚洲的舰队调离后，日本的海军舰队则开始称霸太平洋。

在一战的善后处理上，日本完全取代德国，对南洋诸岛实施委任统治，并于1922年设立了南洋厅。后在"雅浦、塞旁、特拉岐、坡纳皮、雅鲁特以及帕拉奥（帕劳）"[①] 等六处设置6个分支机构，从而将霸权势力扩展至赤道以南和东经180度以东的广大海域。可见，桦太厅、南洋厅等行政机构的设置，都反映了日本"霸权体系"的实际存在。很显然，这一"实像"是日本对外扩张的结果，反过来该"实像"也助长了日本在远东地区对抗美苏势力的野心。

同期在美洲大陆，曾以"门罗主义"构筑美洲"霸权体系"的美国成为处理美洲事务的霸主。借一战提供的契机，美国以"门户开放、机会均等"为口号进军亚洲，于1919年向太平洋海域派出了由100余只战船组成的太平洋舰队。[②] 这一举动与企图称霸太平洋海域的日本发生了冲撞，这成为22年后日本偷袭美国珍珠港、挑起太平洋战事的远因。实际上，在走向日美对抗的过程中，美国主导的西方列强为了控制日本势力的增长，曾于1921年召开了华盛顿会议，便签订了针对日本的《九国公约》。

在本质上，《九国公约》是大国争霸的产物，它是老牌帝国主义国家在瓜分世界的华盛顿会议上达成的妥协性文件。在中国问题上，以遏制日本的对外扩张为主。但是，凡尔赛—华盛顿体系的分赃不均，为争霸提供了持久的内驱力。此外，1929年爆发的世界经济危机，为新兴帝国主义国家转移国民视线，进行新一轮的争霸提供了"良机"。日本就是一个鲜明的例子。1931年，日本撕毁了《九国公约》，发动了九一八事变，占领了中国东北。1932年3月1日，日本扶植溥仪建立了伪满洲国。至此，应该说日本将本国的"霸权体系"落到了最实处。

然而，鼎盛期是衰落期的开始，于"实像"处可以捕捉到"虚

---

① 李崇厚．大南洋论//上海图书馆整理．申报丛书拾肆 大南洋论 印度丛谈．上海：上海科学技术文献出版社，2012：115-116.

② 1918年美国整编的太平洋舰队通过巴拿马运河后暂时停靠旧金山港湾，随后美国在"西进"政策的指导下向太平洋进军。

像"的影子。在这个意义上,伪满洲国的成立使日本构筑"霸权体系"的"实像"达到了顶峰。此后,日本政府的外交举措不仅未能夯实"实像"的基础,反而使"霸权体系"走向了"虚像"。

从思想角度观之,把日本"霸权体系"带入"虚像"境地的是"亚洲门罗主义"。1931 年日本撕毁《九国公约》是为了实践"亚洲门罗主义";1933 年日本脱退"国联",表面上是因为列强在伪满洲国承认问题上投了反对票,实际上日本政府也是为了践行"亚洲门罗主义"采取的行动。1934 年 4 月发表的"天羽声明",是"亚洲门罗主义"最后阶段的表现形态。此后,该思想被"东亚新秩序"构想所取代。其目标在于:以伪满洲国为据点,将整个中国纳入日本帝国的版图,进而由日本领导整个世界。因此可以说,从脱退"国联"的那一刻起,日本追求的"霸权体系"开始带有自我陶醉的虚幻色彩,向"虚像"转变。为了构筑"虚像"化的"霸权体系",日本挑起 1937 年的全面侵华战争和 1941 年的太平洋战争,直至 1945 年战败。

战争期间,日本在中国大力培植亲日势力,成立伪政权。占领东北后,日军开始进犯华北,于 1935 年 11 月 24 日扶植汉奸殷汝耕在通县成立了"冀东防共自治委员会",后改为"冀东防共自治政府"。1936 年,蒙古王公德王德穆楚克栋鲁普在日本殖民者的支持下成立伪蒙古军政府,后来并入 1939 年成立的伪蒙古联合自治政府。1937 年"南京大屠杀"发生后的第二天,汉奸王克敏在日本侵略者的扶植下于北平成立了伪中华民国临时政府,收编了殷汝耕的"冀东防共自治政府"。1938 年,汉奸梁鸿志在日本特务长官的扶植下,于南京成立了伪中华民国维新政府。1940 年,在日本人的帮助下,汪精卫以南京为都,合并了北平、南京的伪政权,成立了南京伪国民政府,在日本的东亚战略上,积极配合日本的对外侵略,倡导"东亚联盟"运动。

这些伪政权,在政治、经济与民生方面的残暴,注定了其灭亡的命运。因此,日本在全中国以铺开建设伪政权来充实"霸权体系",决定了这一"霸权体系"的空洞化。随着日本战败,"霸权体系"的瞬间坍塌成为必然。

参 考 文 献

（一）日文著作

1. 平野国臣．培覆論//佐藤誠三郎等編集．日本思想大系 56 幕末政治論．東京：岩波書店，1976.

2. 荒川久寿男．近代日本思想史研究．伊勢：皇学館大学出版部，1975.

3. 横井小楠．夷虜応接大意//松浦玲．佐久間象山、横井小楠．東京：中央公論社，1984.

4. 中田易直．近世対外関係史論（増補版）．東京：有信堂高文社，1979.

5. 横井小楠．国是三論//佐藤昌介，植手通有，山口宗之等編．日本思想大系 55 渡辺華山、高野長英、佐久間象山、横井小楠、橋本佐内．東京：岩波書店，1982.

6. 徳富蘇峰．吉田松陰．東京：岩波書店，2001.

7. 勝海舟．古今人物論//江藤淳．日本の名著 32 勝海舟．東京：中央公論社，1984.

8. 山田洸．幕末維新の思想家たち．東京：青木書店，1984.

9. 荻生徂徠．政談//尾藤正英．日本の名著 16 荻生徂徠．東京：中央公論社，1983.

10. 佐久間象山．省愆録//松浦玲．佐久間象山、横井小楠．東京：中央公論社，1984.

11. 石井孝．幕末維新期の研究．東京：吉川弘文館，1978.

12. 石井孝．勝海舟．東京：吉川弘文館，1974.

13. 青木美智男，河内八郎．開国．東京：有斐閣，1985.

14. 林子平．海国兵談//林子平全集 第一巻．東京：生活社，1943.

15. 塩田道夫．人間勝海舟．東京：弘済出版社，1973.

16. 勝海舟．水川清話//江藤淳．日本の名著 32　勝海舟．東京：中央公論社，1984.

17. 勝安房．勝海舟全集 1：幕末日記．東京：講談社，1976.

18. 勝海舟．解難録//江藤淳．日本の名著 32　勝海舟．東京：中央公論社，1984.

19. 松浦玲．明治の海舟とアジア．東京：岩波書店，1987.

20. 田中彰．日本近代思想大系 1 開国．東京：岩波書店，1991.

21. 樽井藤吉．大東合邦論//竹内好．アジア主義現代日本思想大系 9．東京：筑摩書房，1963.

22. 尾崎秀実．'東亜協同体'の理念とその成立の客観的基礎//竹内好編集．アジア主義 現代日本思想大系 9．東京：筑摩書房．1963.

23. 坂野潤治．明治．思想の実像．東京：創文社，1977.

24. 芝原拓自．日本近代化の世界史的位置――その方法論的研究．東京：岩波書店，1981.

25. 乾宏巳．史料大系 日本の歴史 第 6 巻 幕末．維新．大阪：大阪書籍，1980.

26. 明治大学史資料センター監修．維新史 1 尾佐竹猛著作集第十三巻．東京：ゆまに書房，2006.

27. 明治大学史資料センター監修．維新史 2 尾佐竹猛著作集第十四巻．東京：ゆまに書房，平成 18.

28. 森鴎外．西周伝//鴎外全集第三巻．東京：岩波書店，1987.

29. 大久保利謙編．西周全集第二巻．東京：宗高書房，1961.

30. 福地源一郎．伝記叢書 110 懐事往談（伝記福地源一郎）．東京：大空社，1993.

31. 尾佐竹猛．明治維新上巻．東京：宗高書房，1978.

32. 宮内庁．明治天皇紀第七．東京：吉川弘文館，1972.

33. 有賀長雄．日清戦争国際法論．東京：哲学書院，1903.

34. 松原一雄．国際公法 国際私法：非凡閣大衆法律講座第十巻．東京：非凡閣，1935.

35. 井上勝生．万国公法．解説//日本近代思想大系 1 開国．

東京：岩波書店，1991.

36．明治文化研究会編．明治文化全集第 13 巻：法律篇．東京：日本評論新社，1957.

37．立作太郎．支那事変国際法論．東京：松華堂書店，1939.

38．吉井蒼生夫．西欧近代的受容と箕作麟祥//「明六雑誌」とその周辺—西洋文化の受容思想．思想と言語．東京：お茶水書房，2004.

39．堅氏万国公法．蕃地事務局訳，大音龍太郎校正．東京府平民坂上半七出版．1876.

40．箕作麟祥訳．国際法——名万国公法巻一．東京：弘文堂藏版，1873.

41．藤田隆三郎．海上万国公法．東京：博文館，1894.

42．外務省調査部編．大日本外交文書一巻第一冊．東京：日本国際協会，1936.

43．日本史籍協会編．木戸孝允日記一．東京：東京大学出版会，1967.

44．日本史籍協会編．日本史籍協会叢書 79 木戸孝允文書三．東京：東京大学出版会，1971.

45．春畝公追頌會編．伊藤博文伝．東京：東京春畝公追頌會，1940.

46．東京帝国大学．東京帝国大学五十年史上冊．東京：東京帝国大学，1932.

47．京都府教育会．京都府教育史上．京都：京都府教育会昭和 5 年発行，第一書房昭和 58 年翻刻．

48．文部省．小学教則．1872.

49．東京開成学校．東京開成学校一覧．1875.

50．福沢諭吉．西洋事情外篇//慶応義塾，富田正文編集，小泉信三監修．福沢諭吉全集第一巻．東京：岩波書店，1958.

51．福沢諭吉．通俗国権論．東京：慶応義塾出版社，1878.

52．大久保利謙．近代史史料．東京：吉川弘文館，1974.

53．台湾蕃地処分ニ付米国人李仙得ノ意見書．国立公文書館，レファレンスコード：A03022896600

54．台湾蕃地処分要略．国立公文書館，レファレンスコー

ド：A03022896700

55. 蕃地事務局設置達．国立公文書館，レファレンスコード：A03030104000

56. 蕃地事務局．処蕃趣旨書//明治文化研究会．明治文化全集第十一巻外交篇．東京：日本評論新社，1956.

57. 鹿島守之助．日本外交史3近隣諸国及び領土問題．東京：鹿島研究所出版会，1970.

58. ［意］巴特鲁纳斯特罗．国際公法講義．安达峰一郎，译．東京：講法会，1897.

59. 有賀長雄編集．万国戦時公法—陸戦条規．東京：陸軍大学校，1894.

60. 万国公法会編．陸戦公法．原敬訳，注．東京：報行社発行，1894.

61. 中村進午編．媾和類例．東京：哲学書院，1895.

62. 三澤盛三．干渉及仲裁、戦使及降服．東京：議員集会所調査部編纂発行，1895.

63. 外務省編纂．日本外交文書第二十七巻第一冊．明治27年一月至十二月．東京：日本国際連合協会，1953.

64. 清水書院編集部編．新版 日本史資料．東京：清水書院，1978.

65. 徐賢燮．近代朝鮮の外交と国際法受容．東京：明石書店，2001.

66. 姜在彦．朝鮮の開化思想．東京：岩波書店，1980.

67. 岡部牧夫．満州国．東京講談社，2007.

68. 近代史料研究会編．明治大正昭和三代詔勅集．東京：北望社，1969.

69. 佐藤尚武監修．日本外交史14国際連盟における日本．東京：鹿島研究所出版会，1972.

70. 内閣制作．御署名原本・大正十年・勅令第三百八十四号・国際聯盟帝国事務局官制．国立公文書館，http：//www. DAS/meta/MetaOutServlet.

71. 秦郁彦編．日本官僚制総合事典．東京：東京大学出版会，2001.

72．立作太郎．国際連盟規約．東京：日本評論社，1937.

73．澤田謙．国際連盟概論．東京：巌松堂，1923.

74．吉川弘文館編集部．近代史必携—史料編．東京：吉川弘文館，2007.

75．金子堅太郎．東洋の平和はアジアモンロー主義にあり．東京：皇輝会，1937.

76．石井菊次郎．外交余禄．東京：岩波書店，1930.

77．安井郁．大東亜国際法叢書Ⅰ欧州広域国際法の基礎理念．東京：有斐閣，1942.

78．松下正寿．大東亜国際法叢書Ⅱ米州広域国際法の基礎理念．東京：有斐閣，1942.

79．英修道．大東亜国際法叢書Ⅲ日本の在華治外法権．東京：有斐閣，1943.

80．大平善梧．大東亜国際法叢書Ⅳ支那の航行権問題．東京：有斐閣，1943.

（二）日文論文

1．荒川紘．横井小楠的教育、政治思想．東邦学誌，2011（1）．

2．仲尾宏．坂本竜馬と勝海舟——立憲政体と三国同盟論の先駆け．世界人権問題研究センター編．講座・人権ゆかりの地をたずねて．

3．佐藤慎一．文明と"万国公法"——近代中国における国際法受容の一側面//祖川武夫．国際政治思想と対外意識．東京：創文社，1977.

4．金凤珍．東アジア三国の「開国」と万国公法の受容．北九州大学外国語学部紀要．北九州大学外国語学部編集出版（通号84），1995（8）．

5．安岡昭男．日本における万国公法の受容と適用//東アジア近代史第2号特集東アジアにおける万国公法の受容と適用．東京：ゆまに書房，1999.

6．松本健一．ハリスの後ろ楯となった'万国公法'．エコノミスト．東京：東京毎日新聞社，1994.

7．香西茂．幕末開国期における国際法の導入．京都大学法学

会編．法律論叢．第 97 巻第 5 号，1975.

8. 吉野作造．我国近代史に於ける政治意識の発生．収入吉野作造．吉野作造選集 11 開国と明治文化．東京：岩波書店，1995.

9. 久保田恭平．幕末遣外使節と万国公法．収入函館大学論究通号 3，函館大学，1968.

10. 住吉良人．明治初期における国際法意識．明治大学法律研究所編：『法律論叢』明治大学法律研究所，1975.

11. 松本健一．世界へのまなざしーー『万国公法』をめぐって．収入日本及日本人．J&Jコーポレーション出版，（通号 16，19），1995.

12. 安岡昭男．慶応、明治初期の万国公法点描//日本古書通信．東京：東京日本古書通信社，1999（840）.

13. 石井良助．外国法による明治前期立法の影響//明治文化研究会編集．明治文化全集第十三巻．法律篇．東京：日本評論新社，1957.

14. 吉野作造．《性法略》《万国公法》《泰西国法論》解題//明治文化研究会編集．明治文化全集第十三巻．法律篇．東京：日本評論新社，1957.

15. 熊達雲．対華二十一か条交渉における有賀長雄//山梨学院大学研究年報．社会科学研究．2009（29）.

16. 有賀長雄．法学博士高橋作衛著．日清戦争国際法事件論．外交時報第 26 号．

17. 立作太郎．（支那善後策の一）包罗杰氏の支那分割論．外交時報．1900（33）.

18. 高原泉．清国版『万国公法』の刊行と日本への伝播——日本における国際認識転換の前提として．中央大学大学院研究年報．1998（28）.

19. 高原泉．開成所版『万国公法』の刊行——万屋兵四郎と勝海舟をめぐって．中央大学大学院研究年報．1999（29）.

20. 安冈昭男．万国公法と明治外交」，日本政治経済史学研究所創立 20 周年記念論叢．政治経済史学，1983.

21. 安冈昭男．日本における万国公法の受容と適用．東アジア近代史．1999.

22. 高原泉．"万国公法"観の諸相——維新政権と"公"をめ
ぐって．法学新報，2002.

23. 狭間直樹．番組小学校の創設と"万国公法"——京都文
化の国際性にみる山本覚馬の役割についての考察．京都産業大学
日本文化研究所紀要，2008.

24. 纐纈厚．台湾出兵の位置と帝国日本の成立．植民地文化
研究．2005.

25. 金鳳珍．朝鮮の万国公法の受容－上．下－開港前夜から
甲申政変に至るまで．北九州大学外国語学部紀要．北九州大学外国
語学部編集出版，1993年（通号78），1994年（通号80）.

26. 片山慶隆．ハーグ密使事件・第三次日韓協約をめぐる日英
関係．一橋法学，2009.

27. 李主先．'保護国'体制下における大韓帝国の外交主権_
日本政府による国際国際条約の締結と批准をめぐって//歴史学研
究会編．歴史学研究，2010（5）.

28. 金容九．朝鮮における万国公法の受容と適用//東アジア
近代史．1999（03）.

29. 松原一雄．リットン報告と日本モンロー主義//東亜経済調
査局編．東亜第五巻第11号．1932.

30. 資料来源．外交評論．1933年第2巻第4期．148—149．来
自： http：//www．tetsureki．com/home/library/shiryoukan/
dattai．html.

31. 池田十吾．石井―ランシング協定をめぐる日米関係（一）
―中国に関する日米両国交換公文の成立過程から廃棄に至るまで
一//国士舘大学政経論叢．1988（2）.

32. 池田十吾．石井―ランシング協定をめぐる日米関係（二）
―中国に関する日米両国交換公文の成立過程から廃棄に至るまで
一//国士舘大学政経論叢．1989（3）.

（三）中文著作

1. 田涛．国际法输入与晚清中国．济南：济南出版社，2001.

2. 井上清．日本军国主义．北京：商务印书馆，1985.

3. 陈乐民．西方外交思想史．北京：中国社会科学出版
社，1995.

4. 韩东育. 从"脱儒"到"脱亚"——日本近世以来"去中心化"之思想过程. 台北：国立台湾大学出版中心，2009.

5. 邓正来. 王铁崖学术文化随笔. 北京：中国青年出版社，1999.

6. 王韬. 弢园文录外编. 沈阳：辽宁人民出版社，1994.

7. 戚其章. 国际法视角下的甲午战争. 北京：人民出版社，2001.

8. 王铁崖. 国际法. 北京：法律出版社，1981.

9. 李广民. 准战争状态研究. 北京：社会科学文献出版社，2004.

10. 刁敏谦. 中国国际条约义务论. 北京：商务印书馆，1919.

11. 松本三之介. 国权与民权的变奏：日本明治精神结构. 李冬君，译. 北京：东方出版社，2005.

12. 中国社会科学院近代史研究所. 日本侵华七十年史. 北京：中国社会科学出版社，1992.

13. 周鲠生. 近代欧洲外交史. 武汉：武汉大学出版社，2007.

14. 安冈昭男. 日本近代史. 北京：中国社会科学出版社，1996.

15. 林学忠. 从万国公法到公法外交—晚清国际法的传入、诠释与应用. 上海：上海古籍出版社，2009.

16. 刘禾. 帝国的话语政治——从近代中西冲突看现代世界秩序的形成. 北京：生活·新知·读书三联书店，2009.

17. [美] 塞缪尔·亨廷顿. 文明的冲突与世界秩序的重建. 北京：新华出版社，1999.

18. 马克思恩格斯选集：第一卷. 北京：人民出版社，2004.

19. 樊浩. 中国伦理精神的现代建构. 南京：江苏人民出版社，1997.

20. [美] 惠顿. 万国公法. 上海：上海书店出版社，2002.

22. 王芸生. 六十年来中国与日本：第一卷. 北京：生活·新知·读书三联书店，1979.

23. 姜飞. 跨文化传播的后殖民语境. 北京：中国人民大学出版社，2005.

24. 鞠德源. 钓鱼岛正名：钓鱼岛列屿的历史主权及国际法渊

源．北京：昆仑出版社，2006.

25．陈杰．明治维新—改变日本的五十年：下册．西安：陕西人民出版社，2011.

26．柯平．反割台抗日运动．天津：天津古籍出版社，2004.

27．郑海麟．钓鱼岛列屿之历史与法理研究．北京：中华书局，2007.

28．曹中屏．朝鲜近代史（1863—1919）．北京：东方出版社，1993.

29．伊原泽周．近代朝鲜的开港—以中美日三国关系为中心．北京：社会科学文献出版社，2008.

30．沈克勤．增订版国际法．台北：台湾学生书局，1980.

31．鸦片战争史料选译．北京：中华书局，1983.

32．王铁崖，李兆杰．国际人道主义法文选．北京：法律出版社，1998.

33．李巍岷．制服杀人恶魔：禁止化学武器谈判纪实．北京：法律出版社，1997.

34．高晓芳．晚清洋务学堂的外语教育研究．北京：商务印书馆，2007.

35．马祖毅．中国翻译简史："五四"以前部分．北京：中国对外翻译出版公司，1998.

36．王俊彦．掠夺的开端——日本侵略中国的甲午战争．北京：花山文艺出版社，1998.

37．张雁深．美国侵略台湾史：一八四七至一八九五．北京：人民出版社，1956.

38．陆奥宗光．蹇蹇录．伊舍石，译．北京：商务印书馆，1963.

39．陈秀武．日本大正时期政治思潮与知识分子研究．北京：中国社会科学出版社，2004.

40．西里喜行．清末中琉日关系史研究：上册．胡连成，译．北京：社会科学文献出版社，2010.

41．王健．沟通两个世界的法律意义—晚清西方法的输入与法律新词初探．北京：中国政法大学出版社，2001.

42．菲利普·约瑟夫．列强对华外交．上海：上海商务印书馆，1959.

43. 刘达人，袁国钦. 国际法发达史. 北京：中国方正出版社，2007.

44. 杨天石. 寻求历史的谜底——近代中国的政治与人物. 北京：首都师范大学出版社，1993.

45. ［韩］崔博光. 东北亚近代文化交流关系研究. 济南：山东大学出版社，2008.

46. 刘小清，刘晓滇. 中国百年报业掌故. 南京：江苏人民出版社，2000.

47. 权赫秀. 近代中韩关系史料选编. 北京：世界知识出版社，2008.

48. 赵佳楹. 中国近代外交史. 北京：世界知识出版社，2008.

49. ［美］惠顿. 近代文献丛刊万国公法. 上海：世纪出版集团上海书店出版社，2002.

50. 郭铁桩，关捷. 日本殖民统治大连四十年史：上册. 北京：社会科学文献出版社，2008.

51. 中国史学会主编. 中国近代史资料丛刊中日战争（三）. 上海：上海人民出版社，1957.

52. 杨军，张乃和. 东亚史——从史前—20世纪末. 长春：长春出版社，2006.

53. 翦伯赞，郑天挺. 中国通史参考资料近代部分：上册. 北京：中华书局，1985.

54. 蒋廷黻. 中国近代史. 上海：上海古籍出版社，2010.

55. 詹子石. 帝国主义侵华罪行录——中国近代史上的不平等条约选编. 济南：山东人民出版社，1986.

56. 张存武. 清代中韩关系论文集. 台北：台湾商务印书馆，1987.

57. 李兆祥. 近代中国的外交转型研究. 北京：中国社会科学出版社，2008.

58. 伪满洲国的真相——中日学者共同研究. 北京：社会科学文献出版社，2010.

59. 曲铁华，梁清. 日本侵华教育全史：第一卷. 北京：人民教育出版社，2005.

60. 孙歌．竹内好的悖论．北京：北京大学出版社，2005．

61. 国际条约集（1917—1923 年）．北京：世界知识出版社，1961．

62. 信夫淳平．国际纷争与国际联盟．萨孟武，译．上海：上海商务印书馆，1931．

63. 丛文胜．战争法原理与实用．北京：军事科学出版社，2003．

64. 杨栋梁．日本进步史学家江口圭一．北京：人民出版社，2002．

65. 陈秀武．近代日本国家意识的形成．北京：商务印书馆，2008．

66. 陈水逢．日本近代史．台北：台湾商务印书馆，1988．

67. 刘彦著．中国近代外交史—欧战期间中日交涉史．长沙：湖南教育出版社，2010．

68. 刘明强．外交风云．南宁：广西师范大学出版社，2010．

（四）中文论文

1. 赵德宇．日本"江户锁国论"质疑．南开学报，2001（4）．

2. 冯玮．从"尊王攘夷"到"尊王扩张"——对日本近代国家战略思想演变轨迹的探析．日本学刊，2002（2）．

3. 内藤俊彦．论横井小楠"开国与殖产兴业"的哲学．国际政治研究，1998（3）．

4. 陈秀武．日本幕末维新期的"三国同盟论"．史学集刊，2012（1）．

5. 陈秀武．万国公法在明治初期的日本．东北师范大学学报，2009（2）．

6. 李少军．魏源、冯桂芬与横井小楠对外观之比较．武汉大学学报，1998（3）．

7. 陈秀武．论胜海舟的国家思想．日本学论坛，2008（2）．

8. 周颂伦．福泽谕吉中国政策观的骤变——东洋盟主与脱亚入欧．东北师范大学学报，2006（5）．

9. 何勤华．"万国公法"与清末国际法．法学研究，2001（5）．

10. 秦亚青．霸权体系与国际冲突．中国社会科学，1996

（4）.

11. 王海滨．中国国民政府与琉球问题．中国边疆史地研究，2007（3）.

12. 张雁深．琉球问题．太平洋杂志，1947（12）.

13. 李理，赵国辉．李仙得与日本第一次侵台．近代史研究，2007（3）.

14. 郑海麟．日本声称拥有钓鱼岛领土权的论据辨析．太平洋学报，2011（7）.

15. 石少颖．试论近代朝鲜对清朝政策的演变（1863－1905）．青海社会科学，2012（1）.

16. 陈秀武．近代日本多版本万国公法考察．东北师范大学学报．2012（3）.

17. 喻大华．日俄战争期间清政府"中立"问题研究．文史哲，2005（2）.

18. 张卫明．在宗藩体制与国际公法之间：晚晴中朝秩序的重新建构．学术研究，2011（3）.

19. 刘怡．"门罗主义"的亚洲现实．南风窗，2012（20）.

20. 李忠林．印度的门罗主义．亚非纵横，2012（4）.

21. 横田喜三郎著．王明章译．亚洲门罗主义之批评．外交月报，1934（2）.

22. 白拉克西尔．辟所谓日本门罗主义．汤鸿庠，译．大道月刊，1933（2）.

23. 徐公肃．所谓亚洲门罗主义．外交评论，1932（2）.

24. 野民．石井菊次郎赴美之使命．外交评论，1933（2）.

（五）伪满文献类

1. 满洲国政府公报．大同元年 4 月 1 日第 1 号

2. 奉天教育厅、奉天教育会．奉天教育，1933 年 3 月 1 日创刊号

3. 奉天：铁路总局总务处发行．同轨，1934 年 2 月 1 日号

4. "国务院总务厅弘报处"．弘宣半月刊创刊号第一卷第一号，1937 年 11 月 15 日．

附　录

《性法略》（神田孟恪）全译

目　录

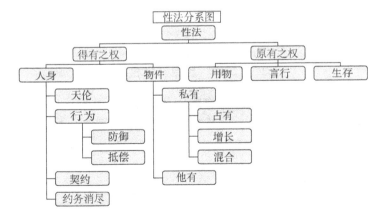

第一编　总论

第一条　性法乃基于人性之法。

第二条　人类于世相生相养，命使然也。

第三条　相生相养，故万事相依而兴。

第四条　既然有事不可无规则，法律所由生焉。

第五条　人性所能在于辨别善恶曲直。

第六条　为恶者能自知其为之所恶；受曲者能自知其受之所曲。

第七条　甲若对乙施恶之际，吾辈能知晓孰之曲直。

第八条　总判吾辈言行善恶属道学区域。

第九条　判断彼此相关事情之善恶乃属于性法区域。

第十条　性法之最大条例曰：己所不欲，勿施于人。

第十一条　性法最要条例曰：个人言行十分自在，然不得以己之自在而伤害他人之自在。

第十二条　与自在之权相反，存有一务。曰：不得不礼敬他人之权。

第十三条　性法，有三种类别。

其一，行于个人交接间之私法

其二，行于政府与人民间之国法

其三，行于彼政府与此政府间之万国公法

第十四条　前三种法律，皆与性法之要旨相通。

第十五条　三种律法，进而可有如下之分。

其一，原有之权

其二，得有之权

第二编　论原有之权

第一条　原有之权乃吾辈自降生之日起，就须臾不可分离之权。

第二条　原有之权，一名生来权。不生就已具备之权。

第三条　原有之权有三。

其一，生存权

其二，言行权

其三，用物权

226

第三编　论生存之权

第一条　生存权乃保护吾等生命之权。

第二条　吾辈有生存权。故任何人不得以非理所业剥夺吾辈之生命。

第三条　吾辈之从上苍接受之生命不受损伤之权亦属生存权。

第四条　依据前条，故任何人不得以非理所业伤害吾辈之身体与健康。

第五条　然在保我生命及健康之际，吾力不达而他人不与救助，不得记恨他人之行为。

第六条　养育小儿乃双亲之务。故小儿向双亲求助之际，不在前条之列。

第七条　救助贫穷废疾、临于危难者，乃属于道学区域，非性法之事。

第八条　吾辈不得以生存权为由在保我生命及健康之际，而损害他人之生存权。

第九条　根据前条，自己饥饿而夺他人之食为曲。两溺水之人奉遇一小木材，因难以同乘而排斥他人自己独乘者乃为曲。

第十条　他人若以曲行损害我生命健康，以相应之方略防止之乃在我生存权（第十三编）。

第四编　论言行之权

第一条　言行之权，乃指己之所往不待他人许可，可自在施行之权。

第二条　各人可自在遣其身体用其心志等权，亦属言行之权。

第三条　吾辈虽有言行之权，但不得妨碍他人之自在（第十三编）。

第四条　因此，以强力抑制他人之权，若非基于得有之权不得行之（第十四编）。

第五编　论用物之权

第一条　用物之权，乃直接由生存言行两权产生。

第二条　人在世上，必须不断资用百物得以生存。

第三条　吾辈为保全生命、避免疾病，不可或缺饮食。

第四条　吾辈如若快乐度过一生，必须使用更多物品。

第五条　用物乃属言行。故应吾之喜好而用物之权，乃自言行之权生。

第六条　行用物之权有得失。此得失可以道学论断，但不得论断性法。

第七条　根据性法行使用物权之际，有以下两点值得注意：

其一，不得在缩小他人权限的基础上行使用物权。

其二，用物之权一旦一人得之，不得转与他人。

第六编　论得有之权（第一编第十五条）

第一条　所谓得有之权，不仅是因生存之故，而且由作业事故所生之权。

第二条　得有之权分为两种。

其一，物件之权

其二，人身之权

第三条　物件之权，是指不管是独力或是合力，得到物件拥有之、消费之、受用之权等。

第四条　由物件行业派生者，属物件权。

第五条　人身权是与他人言行相关之权。

第六条　故存于人我之间，从事端中产生者属于人身权。

第七编　论物件之权

第一条　物件之权最急最要者乃为私有权。

第二条　私有权指将某物件完全据为己有，以专权或处置、或消费，他人与之无关。

第三条　物件权仍有其他，但毕竟属于私有权分支，即仅指没有充分处置与消费之权（第八编第十九条至第二十二条）。

第八编　论私有之权

第一条　私有权之根据众说不一。在此仅举其最明确者。

第二条　人在世上，如不资用物品就难保其生（第五编第二条）。

　　第三条　如扩充言行之权的话，消费物件亦属于私有权（第五编第五条）。

　　第四条　但是想要消费专属一人之物件之际，区分其物件会阻隔他人之言行。

　　第五条　假使为了供养自己身体而急欲饮食之际，只能消费专属于自己一人之饮料食料。

　　第六条　因此，私有权大体在占有，即取其物件以供自己专门之用。

　　第七条　大凡物件如果尚无其主，谁都可取之据为己有。

　　第八条　大凡物件，一旦占有无论何时何法何种形态，均可根据己意使用。

　　第九条　仅徒称其（物件）已有而无实际者，不可视为私有权。

　　第十条　不管移动物与非移动物，区分其一部分而得之者，可占有之。

　　第十一条　将固定于地面或地面上之物称为不移动物。将能够移动者或本身就能移动者称为移动物。

　　第十二条　如果非私有之地，不得耕之收取其物产。

　　第十三条　公司共有亦可称为私有。盖两人以上合同共有某物且使用之，而与他人无关，可将其称之为公司之私有。

　　第十四条　众人相合有之者一切为公司之私有。故一群人民居住之土地，亦为人民共同之私有。

　　第十五条　除上述以外，得私有之途尚有两道。

　　其一，增长

　　其二，混合

　　第十六条　增长亦分为二。

　　其一，劳吾力或不劳吾力，由私有之物而衍生出来者。例如，花卉之果实，畜牧之幼子。

　　其二，附着在私有物上而自然形成一体者，如流经己之所有的河边之泥沙。

　　第十七条　二物其主各异，将其混合以至于不可再分，为混同。例如，两包谷物或两瓶酒。

　　第十八条　二物其主各异而加以混同的话，其混同物应为二主合同私有（第七编第三条）。

第十九条　此外，物件权为私有权之分支。其名目繁多，其所指之处亦随之而异。

第二十条　上述物件权，有属于处置权者，亦有属于消费或使用权者。

第二十一条　所谓处置权是指与事务处理和借贷有关系之权（抵押或借贷契约类）。

第二十二条　所谓消费使用权是指用他人之物件权（租用房屋或物成收受类）。

第九编　论私有权以及其物件上之权的消尽放掷传授等

第一条　原有之权一名生来权。没有出生就已具备之权（第二编第一条第二条）。故不死就不会消灭。

第二条　故原有之权不得为他人所夺，亦不可给与他人。

第三条　得有之权与人之生死无关。故有消尽、有放掷、有传授给他人的可能。

第四条　私有之权及除此之外的物件之权，其物消尽其权亦随之消尽。

第五条　私有之物如若因混合增长与他物相合，以至于不能专有共用，其私有权应随之消尽。

第六条　所谓私有权之放掷，是指根据己意废弃私有物不复拥有之或不再用之。

第七条　人如若放掷其私有权，其物归取得之人所有。

第八条　所谓私有物的传授，是指将其物让与他人，由他人代己拥有之，自己放掷其权。

第九条　私有物传授之道并非单一。存在不事先立约遗赠之的途径，亦存在事先立约进行交易之的途径。

第十条　死后传授私有物在性法上其权是否可行，学界尚未达成共识。

第十一条　或曰：身死一切固有之权归于消尽，故生前有所之物亦失其归所。

第十二条　或曰：人有全权处置所有物之权力，亦可得将来处置之权。故临死前可将物件转给己所欲之人。

第十三条　主张上述之说者，认为存有根据遗言处置物件之权。

第十四条　如若死者遗言不明，可以将其遗物给予其子或亲戚视为死者遗志。故既无遗言又无后嗣尚可墨守遗物传授之说。

第十五条　或曰：物主生存之际，父子已对其拥有私有权、或构成亲戚亦通有之形势者，故遗物传授乃自然之理。

第十六条　基于自然之理之传授，如无死者明确之遗言，不得改变。

第十七条　或曰：人世上缔结之诸多条约，不随人死而消止。

第十八条　又曰：因人死条约即消失的话，与其条约相关的权利与义务并无消失之理，遗物传授之理仍在。

第十九条　简言之，从理论上讲，性法中无遗物传授之权。然而因须臾不可停止，而依从前成例成行于世。

第十编　论使用他有物件之权

第一条　人有将其私有物让他人使用的权利，不论是否收取报酬（借田借屋借器等）。

第二条　或曰：可以时宜反其意而用他人私有物。

第三条　所谓时宜，其一曰无伤害物主、无妨碍物主而用之，可谓无害用之之权。

第四条　其二曰人陷于危机之境为自救可用任何物件，即临危用之之权。

第五条　上述两种时宜于万国公法上屡有前例。

第六条　然而，上述两种时宜之权有悖于私有权要义，即与属于私有物者其主人有单独自在处理之权、他人无权干预之义相悖（第七编第二条）。

第十一编　论人身权（第六编第二条）

第一条　所谓人身之权，他人得以允许或忍受的物物授予与行事之权。

第二条　人身权之条目有三

其一，由天伦衍生

其二，由个人言行衍生

其三，由交互契约衍生

第十二编　论由天伦产生之人身权

第一条　由天伦产生之人身权，乃行于亲子间之权。

第二条　亲既然生子，必须养育其自立年龄，此乃双亲之义务。

第三条　小儿对于双亲尚无尽其义务之力，然小儿自然而然会具备其权。当其自己尚无保障生之能力时，已充分说明问题。

第十三编　论由行为产生之人身权

第一条　各人行为权原本属于原有之权，以与他人身上之自在不相悖为度（第四编第一条至第三条）。

第二条　他人若妨碍我人身自由，乃谓我人身自由权受损，即受到患害。

第三条　吾辈因受害可产生如下两种权利。

其一，防御权

其二，强偿权

第四条　所谓防御即指防御或躲避祸患。

第五条　性法上之防御权，指减少为害者超越其自在权而伤害我自在权。

第六条　他人受害之际可以救助，亦可谓防御。然并非义务。

第七条　若他人没有求救于我之意，而强行救之的话，我方则为侵犯他人人身权，即为加害他人。

第八条　采用何种防御之道无碍，但不可过度。如若过度，反而转化为我害彼，不叫防御了。

第九条　欲行防御之权。不能等他人对我加害事实已完成。如若那样，往往会丧失防御机会。

第十条　若他人加害于我，我方可在其动作前加以阻止。这也属于防御权。

第十一条　然虑及将来之害，或为言语恐吓而尚未有加害实绩显现，可不实施防御权。

第十二条　或曰：预防权不可不存。倘若根据此说，恐怕许多专横之事由是而起，此不可不引以为戒。

第十三条　所谓的强偿（补偿）之权，乃指对受害之我权进行补偿之权。

第十四条　行使上述之权，以恢复到受害前之情形为根本。

第十五条　然事多之故实际难行，故不得已可用于与受损之相当物品或事件以抵偿。

第十六条　抵偿之多寡以受害者心服为度，未达心服所受之害未除。

第十七条　定夺抵偿多寡之权在于受害者一方。

第十八条　在行使强偿之权时，对于对我是否故意加害无关。

第十九条　然而精神非正常者（精神失常类）所为，或偶然事件而出现的情况（因暴风雨树枝折断所为而受伤）欲行使防御权，虽受害但无强偿之权。

第十四编　论由契约产生的人身权

第一条　各人有人身自主权。因而可以随意赋予他人以处置事务权利。

第二条　二人以上相议，在授受处置权之际，有契约为据。

第三条　契约之道有三：

其一，双方事先以语言或书简互相示意。

其二，采用世上通用之契约验证者。

其三，实地进行收受者。

第四条　互相示意不必同时，可以书信往来进行。但若非双方同意后，契约难以成立。

第五条　契约既定，双方当有遵从之务。其趣意在于互相示意以定为契约要领。

第六条　遵守契约之任务，或在于一方，或在于双方。

第七条　为物与物，或免或忍等务，属一方者乃为单方任务。

第八条　为物与物，或免或忍等务，属双方者乃为双方任务。

第九条　契约有纯粹与带情之别。

第十条　任务若直接由契约产生，其为纯粹契约。

第十条　任务若与契约外的情状产生，则其为带情契约。

第十二条　完成契约以下两个条件缺一不可。

其一，需要双方契约的意志合一。

其二，契约主调合乎道理。

第十三条　一方无意签约，另一方不可强压为之。

第十四条　强压乃侮弱行暴，如若单以威力加之，尚未得强压之名。

第十五条　一方不得以欺诈之术使另一方心服。

第十六条　所说有伪皆视为误说或奸说。

第十七条　与欺罔相关者亦有数种。缔约之人或在于情状、或在于物件、或在于主意。

第十八条　若因自己愚钝对契约主旨实情误解而自取困顿者，乃自作孽。故承担条约之责任。

第十九条　并非心悦诚服而苟且承诺者，乃其自身之过。可视为其心悦诚服所致。如若其人损失之际不可以之为对手。

第二十条　无既成事实之条约，乃无道理之契约，故契约无效。

第二十一条　由无道理之契约产生的义务不必继承。

第二十二条　不仅仅是无既成事实，而且与法律及教化之道背道而驰者，亦可属于无道理。

第二十三条　故违背法律及教化之道的契约亦归无效。

第十五编　论由契约产生之义务之消尽

第一条　契约之义务失效之要因有四个。

其一，契约宗旨实现或履行完毕

其二，放释

其三，解约

其四，契约物件之丢失

第二条　契约之宗旨实现了，或者履行完毕，双方素志达成义务履行完毕。

第三条　立约以约束他人者一旦弃权即为放释。既已放释，反对他人意见者不得强行保有其权。

第四条　立契约者双方熟议废弃契约，谓之解约。此时立新约，以后相互不再援用签约。

第五条　作为契约主旨之文件消尽之际，相应之义务也随之消尽，故契约无效。

第六条　契约权以性法论之，不随岁月流逝而得失，即根据若干年用之规定，得以再运用，不失其效用。

第七条　然于现行法律上，不能没有岁月得失，为了裁断诉讼纠纷，乃不得已之方略。

第八条　岁月得失有二条。

其一，多年专制某事某物，概与其主不同者已得其主之权。

其二，忘却契约、多年无务者，遂可废除其务。

（吉野作造校）

清政府消极中立的文献资料

（一）《滇督抚丁振铎林绍年致枢垣日俄将战中国必受其殃请速变法以挽危局电》（王彦威．清季外交史料．北京：书目文献出版社，1987.）

俄日相持，瞬将开战，中国势处两难。无论俄胜，中日（疑为"国"）困将不堪。即日胜，中国亦必被侵削。且俄日即和，而东三省不得主权，亦从此无以立国。况各国所以坐视者，以乐俟俄日战毕于争割中土时从而瓜分耳。是此时，中国虽守局外而终归不可问也。惟闻俄覆日约于韩，事多肯退让，亦不夺日在满洲与中国所订商利。至治权归我则全不允，日则仍申前议等语。

以藐小不及中国十分之一之日本，而敢与大逾日本三十倍之强俄抗，且能使俄有退让、慎重、不敢遽战之心者，是何故耶？亦实行变法已三十余年之效耳。以堂堂中国，不特俄视之蔑如，各国亦皆藐我。犹待日本因自顾计始出而仗义执言，而俄且不允使主权归我，何也？政治与各国不同故。事危至今日间不容发，守局外既无可守，惟命是听亦不足以图存。为今之计，似惟有急宣上谕誓改前非，饬外部王大臣偏告各国使臣，并饬出使各国大臣迅告各国政府以中国自今以后一切即进行改革，期于悉符合各国最善之政策而后已。各国愿保东方和平之局，尽可出而与俄日劝和。即俄之不允归我主权者，亦须看我自治何如，再凭公断。各国当为力劝，俄亦无可借口。苟俄仍不肯，则中国惟有联日拒俄力图血战，亦不暇计及后事如何。则机局更紧或尚不至全行袖手，何也？各国虽均有割据之心，尚未见诸事实，犹可中止。且必虑亚洲战祸连结商务，现受其伤。更恐中日战不胜俄，欧美各洲亦遭受其害。

各国所以不管者，以恶我国未力图自强耳。即日言变法，亦毫无实际，彼亦不之信耳。兹以事变之亟，得我皇上国书，坚与相约，允我力行改革，期于不数年，我悉如泰西各国而后已。彼因事揣情，当无不信，苟肯相顾，则俄亦无不怯之理。况我本必须乘此危局亟图挽回。无论此次俄日衅成，我不能不变以图存。即俄日事平而日本变法之明效如彼，我未变之法之吃亏如此。则变与不变，不待再计而决，正乐得趁此言之矣。所虑者，苟再因循恐欲图变法而已。受分割被人挟制无可以自变之日。惟有此时急宣此意或其权尚自我操耳。不然，俄日或战或和，而东三省已万非我有，亦甚不足以立国矣。况非毅然决然如日本明治初年，则虽日言变法，亦必敷衍而终，无成效然。则与其幸存而必变法，受挟制而不能自变法则何如？先此借以自定主权，决然力改，尽力为之，尚不失有为之机，或可免俄日衅成终有鱼池之患。固本朝三百年缔造之基，存中国四千年强大之体，保中亚数万万生灵之种，存亡呼吸尽在于斯。臣等悬虑苦思，迂腐之见或冀挽回于万一。谨冒昧直陈，伏乞皇太后皇上圣明鉴察。天下幸甚，中亚幸甚，敬乞代奏。十二月初四日。

（二）《皖抚诚勋奏中立难久边防益亟拟请东三省速筹练兵折》（王彦威．清季外交史料．北京：书目文献出版社，1987．）

安徽巡抚诚勋奏为中立难久边防益亟拟请东三省速筹练兵：徐议屯田以瘳近患，而裕远谋事。窃以东三省根本重地拱卫京师，非止为朝廷发祥之原，不忍弃不敢弃而已。列圣于此经营备至，近百余年间，练兵屯田之说屡腾章奏。虽或意议偶殊，而终归于制外安内、善建不拔。今者，日俄构衅即在此门阀之间。然我国犹定议中立，退居局外者，良由创巨痛深之余，慎言战事，姑为此万不得已之举，原非以此为长恃无恐之善策也。数月以来，驻将添兵，破格用人，仰见宫廷东顾之忧。无时或释，凡在臣子能无疚心。

夫此三省者，俄则欲拓为东略之基础，日则欲倚为外重之屏障。内虽各急其私，而外犹市义于我。故我今日未得以局外中立自托。如此，夫局外有局外之权限，非两战国所得侵。中立有中立之法度，非两战国所得扰。侵扰者违公法，听人侵扰者亦违众法。是故公法无以局外之国为战地者，即无以局外之国听人战于其地者。且局外中立自我宣之，亦必两战国及局外国认明之。使日俄而果认可，则两军相见，宜在库页岛之东，西伯利亚之北。使英美各国皆认可，则必以公法责俄日另觅战地。然而，皆未闻有是者。日俄非特有意蹿我土地，且留此为他日寻衅口实。其他各国，英则忌俄，法则昵俄，德以法故勉附俄，奥意皆畏俄，美又向不多预外事。此时仗义则无。人异日责，言则多口。恐终无以守吾局外而全吾中立也。无论日胜俄退，俄胜日退。欲彼一胜退敌之后，举东三省拱手奉我，坐享其成，固必不可得。万一有此义举，其索赔之权利，必非意想所及。即论此时，中立之例不得以一兵、一饷假人。然彼或招或买或竟掳掠。若我兵力薄，则俄人必有是事听之，则何以守吾局外而全我中立？虽然我既宣言，此时稍缓须臾矣，他日终归决裂。而此时必皆容忍。盖彼方各严战备，必不肯故挑衅而多树敌也。然则及是时而慎固边防，厚集兵力，诚有万不可缓者。窃观外国一有战事，动至经年累岁，甚或十数年数十年不可止。日人计迫款绌，士气倍奋必郤俄而后已。俄奉彼得之遗言涎视东亚，五洲共知。近言之，则日可胜俄；远言之，则俄终有大举劳师袭远，俄固犯忌。顿兵持久，日亦难支，而我实逼处此动辄得咎，不如早为之所。且彼构兵之日愈长，则我修防之日愈宽矣。

　　奴才受恩深重，备职封疆，每念大局中心如捣，深维履霜之戒，勉求未雨之谋。惟有先就东三省酌练精兵，乘时屯垦以为自强之计。伏查光绪十四年间曾奉特旨派将军等督办练兵事宜，作辍因循未著成效，现值事机危迫，拟请谕饬东三省因时制宜，实力整顿，各就该省招募壮丁，迅速训练。每省务得精兵二万人，限以时日一律练成。将来日俄兵事即息，东三省地方果能如约归还，有此劲旅亦足为固守边围之助。即或敌思久占，毁我中立致启兵，端得兹可恃之军。较诸征调内地勇营，远道劳疲似为得力。况该处民风材武骁健，于训练亦易为功。此系我国自办防务，但不为人助力。按诸公法亦无远碍，伏恳圣裁。或特简知兵重臣专司其事，精选六万人训练成军，分派各该省择要驻扎。或即责令各该将军等，每省募二万人加以训练。值此财用匮乏，饷项必须预筹。目前拟暂请饬令户部及各省合力通筹，以资接济。共经久之方，莫妙于屯田一法。查东三省以东一带及俄国铁路左右旷地甚多。同治年间，叠奉上谕开垦，徒以荒漠之区民多裹足。今若以所募之兵就近择地屯垦，既借开未开之地，利亦足裕异日之饷源。远师赵充国塞下之规，近仿僧忠亲王津沽之策。一二年后屯田成熟、兵食足。自维持无用借助尚可，渐冀扩充似于筹边弭衅之方，不无交有裨益。至马贼，或可招抚，亦宜相机措理。与其驱归他人，不如自为薮渊。奴才愚虑所及是否有当，谨缕晰具陈以备圣明采择。谨奏。光绪二十九年十二月初七日。

（三）《使俄胡惟德致外部日俄已互撤使韩声明守局外电》（王彦威．清季外交史料．北京：书目文献出版社，1987.）

俄日议久未决。二十一日晨，日使接政府撤使电。同日，俄亦电撤驻日使并通电各国。韩使二十告俄外部韩守局外。光绪二十九年十二月二十三日。

（四）《粤督岑春煊致外部日俄开战宜乘势收回东三省电》（王彦威．清季外交史料．北京：书目文献出版社，1987.）

俄日相持宜急，若竟决裂，中国既难言战，又无肯与我订同盟之约者。为今之计，固以中立为宜。特中立非仅借一纸宣布空文便为可恃，必有可守中立之权力，又能合其规则尽其责任，乃能确保中立之地位。查战时公法云：不得借局外之地以备交战之用。又云：不得在局外之地行其战权。又云：调兵马船只皆属战事，不得行于局外之地。又云：局外之国与二战国均系友谊，无分彼此，故在其疆土内行战权者即为干犯公法。然则局外之国听容有战事之国，行战权于其境内亦为干犯公法，即不能确保其中立之地位。可知今俄国在东三省屯练兵马，又以东三省铁路调兵运饷，是迫我不能确守中立者。公法又云：局外之国不可借助兵马军器等类。又云：局外之国助兵已为不合，若听战者自来交兵尤为不合。今俄国在东三省招练华人充兵者已多。若战急时，俄军转饷需人，护路需人，伤亡补阙需人，兵力一有不敷势必再行就地招募。我既无力禁华人之不应募。若日本执公法以相责，何以应之？是迫我不能确守中立者。

煊愚以为，中国如欲确守中立，急宜乘此日俄将战未战之时，援引公法明告俄廷以中国确守中立必不助日。其在东之兵应遵照公法立即撤退，由我派兵保护彼国在东省之商民、矿路，一面严饬东省将军严禁华民应日俄之募。窃计俄之兵力既牵于土耳其，又须以全力对日，已极竭蹶。中国虽弱，及此时而议，其后彼必有兼顾不及之忧。若能因此退让，俾我收回东三省之主权。不但目前可保中立之局，亦免日俄战后各国借口瓜分。倘俄国不遵公法，必以我局外国之人供其备战之用。与其他日因此而结日人之怨，何若及今而绝俄国之交。惟有不问日俄之战否，自行出兵以收东三省为断。

煊亦知强弱悬殊，何敢轻于一掷。顾论理则陵寝所在既不能听俄人久假不归；论势则俄虽大，而在东方之海陆军均不如日。此次主战，在日则全国振奋、万众一心；在俄则仅其当国者一二人主持，其民并无战志，而且俄国乱党繁多咸图自隙。近又有土耳其之事，俄更不能分兵以保其黑海之权，备多力分内忧外患，俄皆不免以此卜之。日本必胜俄必败。倘日胜后向我兴问罪之师，则今日惧绝俄交者适为日后日人之口实。惧绝战败国之交，而结战胜国之怨。安用此中立为也？就使日人谅我之不能谢绝境内俄兵并非有心助俄之据，而日本此次与俄之战，固早经宣言为保全我东三省主权。异日战胜后示德，于我别索酬偿。是去一俄又来一俄，与今日何异？

煊非敢谓中国中立之不可、与俄开战之必胜。特筹思再三，以为既不能守完全之中立，不如乘此可为之事机，断然援引公法使俄兵出境，乘势收回东三省主权，确保局外中立之地位。此策之上者。如其不能则战事虽危，何能终避？我若奋然一战，不独可免日人之责问，亦可免日人他日之要求。事机甚迫，若不及今决计，中立不定则群起责难大局并不可问用。敢披沥电陈伏乞代奏。光绪二十九年十二月二十五日。

（五）《直督袁世凯致外部日已宣战请旨布告中立条规电》（王彦威．清季外交史料．北京：书目文献出版社，1987．）

昨日本已下命宣战，想日内必有知会到大署。祈早请降旨宣守中立，并迅颁发条规以定人心而资遵循。十二月二十六日

（六）《直督袁世凯致外部日拟由青泥洼金州击俄电》（王彦威．清季外交史料．北京：书目文献出版社，1987．）

据关外探电称：昨晚日水师复攻旅顺击沉俄舰一艘。闻日拟由青泥洼金州两处进兵。俄驻旅顺防兵现只六千。鸭绿江一带有俄兵屯驻。牛庄、老炮台地方，俄人现安设炮位。前驻营口之俄兵，昨晚已搭车赴旅云。谨转达。十二月二十六日

（七）《许台身公使为清政府于日俄失和持中立事与韩国外部照会》（权赫秀．近代中韩关系史料选编．北京：世界知识出版社，2008．）

许台身照会：大清钦差大臣许为照会事：

昨奉我外务部光绪二十九年十二月二十七日电开：日、俄失和，朝廷以两国均系友邦，重念邻好，奉上谕，按局外中立之例办理，通行各省一律遵守，并严饬弹压地面，保护商教，除照会驻京各公使外，希向外部切实声明，等因。所有此次本政府应守局外中立之意，自应备文向贵政府声明。为此，照会贵大臣，请烦查照。须至照会者。右照会大韩外部大臣、临时署理宪兵司令官李（李止镕）。光绪三十年正月初三日（1904 年 2 月）

（八）《许台身公使为再声明日俄战争严守中立事致韩国外部照会》（权赫秀．近代中韩关系史料选编．北京：世界知识出版社，2008.）

大清钦差出使大臣许为照会事：日、俄失和，本国应守局外中立一事，前于奉谕后，即行照达贵外部在案。兹接我外部来电，本政府既经宣告在先，自当始终严守中立，坚持不改，至近日各报讹传，皆系无稽之言，毫不足信，应再确切声明，等因。为此，备文照达贵大臣，请烦查照。须至照会者。右大韩外部大臣李（李夏荣）光绪三十年四月初四（1904 年 5 月 18 日）。

国联脱退通告文

帝国政府承认，为确保东洋和平、进而为世界和平做贡献，帝国政府的国是政策与企求各国间和平安宁之国联使命在精神上具有同一性。在过去之十有三年期间，帝国以联盟国且以常任理事国之身份，协力完成此高尚目的，想来不胜欣慰。此间，帝国常常投入不劣于他国之热情参与联盟事业，同时帝国政府鉴于时下国际社会形势为维持世界各地方之和平，要求将联盟规约用于各地方现实事态之中，并相信以此公正之方针才能保全联盟之使命、才有望增进联盟之权威。

昭和六年九月"日支事变（九一八事变）"提交联盟后，帝国政府始终确信联盟将在诸会议及其他机会，将以公正妥当之方法处理本事件，真正促进东洋和平，运用联盟规约，弘扬联盟威信。尤其是，支那已非完全统一之国家，其国内事态及国际关系复杂困顿多变，富于特异性，故一般国际关系基准的国际法诸原则及惯例用于支那之际应加以变换，故应考虑成立特殊且异常之国际惯行。

然而，经过去 17 个月间联盟审议之经过，多数盟国不仅未能把握东洋现实事态、并予以正面考虑，而且在关乎联盟规约诸条款以及国际法的使用及解释上，帝国与联盟国之间屡有重大意见分歧。其结果，本年（1933）2 月 24 日国联大会采取的报告书，不顾帝国欲确保远东和平之精神，且于认定事实上限于甚大之谬误。断定"九一八事件"当时及其后日军行动非出于自卫权之发动，疏忽同事件前之紧张状态及事件后的事态恶化之支那方面的全责。又因无视东洋政局中成为新纠纷的满洲国的真相，否认日本承认满洲国之立场，极欲破坏东洋事态安定之基础。报告书中所揭各条对于确保远东之和平毫无贡献，帝国政府于本年 2 月 25 日之陈述书中已有述及。

总之，多数联盟成员国值此处理"日支事件"之际，以为尊重不能适用之法则比起确保现实之和平更为重要，又以拥护架空之理论比起铲除将来之祸根更为重要。因之，帝国政府在维护和平、远东和平方针的确立上与联盟所信全然不同。在此之上，帝国政府相信与联盟再无继续合作余地，遂根据盟约第 1 条第 3 项，退出国联，特此通告。

后 记

在北国春城入伏以来的"桑拿天"里，我终于完成了书稿的修改与完善。虽然其中仍有文笔、逻辑思考、结论深浅度等诸多不尽如人意的地方，但对几于拼尽全力的我来说，能够以此向教育部人文社会科学基金会提交一份答卷，也是来之不易的一点安慰。

我依然清晰地记得，2010 年 9 月 30 日获悉本课题得到教育部资助立项的那一刹那，我激动得在家中跳了起来，心中充满了对教育部项目评审过程的公平、公正、合理的由衷赞叹和无限感激。无疑，这是对想在自己狭小的研究领域中出点成绩的所有人的一种激励。

在这种激励下，我开始梳理文献、整理资料。然而，在展开深入研究时，我遭遇到工作以来最为艰难的时期，即我踏入了与历史学相距甚远的国际法学领域。我每天硬着头皮啃读国际法学著作，耐心地比照国际法在东亚地域传播的共性与个性，冥思苦想世界范围内国际法发达史的特质，判别东亚国际法发展史的国际贡献等。就这样，春去秋来转眼已过了四年时间。

在推进课题的过程中，我曾经陷入缺少资料的饥荒窘境，是课题组成员利用国内外一切条件帮我找寻资料，帮我渡过难关。吉林师范大学图书馆的张冰老师为我传递的电子文献资料，日本的西村成雄教授及其弟子为我复印寄来的大量纸制文献资料，这一切为进一步充实我的研究增添了助力。在此一并谢忱。

2013 年 11 月，刚刚完稿的本书参与了东北师范大学图书出版基金征集书稿活动，并有幸被列入 2014 年度东北师范大学图书出版计划，这为我修缮书稿增添了无穷的动力。

作者

2014 年 7 月 20 日记于长春